ASAHI SENSHO
朝日選書
777

新版　雑兵たちの戦場
中世の傭兵と奴隷狩り

藤木久志

朝日新聞出版

新版　雑兵たちの戦場／目次

2 自由募集 213
3 縁故募集 228 247
4 「募集取」 267

エピローグ——事実としての離職 267

おわりに 283
朝日鎔匿日露 285
徳国の欧洲洋業 287

索引

図版/カバー・デザイン

新版 雑兵たちの戦場
中世の傭兵と奴隷狩り

藤木久志

プロローグ

掠奪は、軍隊の国家化が完成する以前においては、商人を仲立ちとして、軍の存在そのもののうちに、いわば構造化されていたのである。
——山内進『掠奪の法観念史』

食うための戦争

われらにおいては、土地や都市や村落、およびその富を奪うために、戦いがおこなわれる。日本での戦さは、ほとんどいつも、小麦や米や大麦を奪うためのものである(1)。

これは、戦国時代も末に日本の戦場を目の当たりにした、ポルトガル生まれの宣教師ルイス・フロイス(一五三二~九七)の比較戦争論である。中世の西欧の戦争は、領土を広げるのが目的だが、日本では戦争が食うために行われている、という。

「領土拡張戦争」か「食うための戦争」か、という比較は魅力に満ちているが、疑問もある。同じ頃、豊臣秀吉《とよとみひでよし》は九州全域に戦争の停止を呼びかけて、「国郡境目《こくぐんさかいめ》の争いを止めよ」「九州の国分《くにわ》け紛争は自分が裁く」といっていた。(2) つまり戦国の渦中にいた秀吉自身は、日本の戦争もまた領土の奪い合いだ、と見ていたことになる。

しかし、いま私が注目するのは、フロイスが永禄六年(一五六三)七月、九州の横瀬浦《よこせのうら》(長崎県西海町)に上陸してから、慶長二年(一五九七)五月、長崎で死ぬまで、つまり日本の戦国末の三十年余りを、九州や畿内で暮らしていた、という事実である。(3) だから彼の説は、戦国日本の戦争の真っただ中で書かれた、いわば実感戦争論であり、日ごと激しさを増す目の前の戦争が、彼の目に「食うための戦争」「生きるための戦争」と映っていたことは間違いない。殺し合いの戦争を、「食うための戦争」「生きるための戦争」と見た、逆転の発想に、私は意表を突かれる。

九州各地で日ごと目にした「食うための戦争」のありのままを、フロイスはこうも語っていた。

薩摩《さつま》軍が豊後《ぶんご》で捕虜にした人々は、肥後《ひご》の国に連行されて売却された。その年、肥後の住民はひどい飢饉と労苦に悩まされ、己《おのれ》が身を養うことすらおぼつかない状態にあったから、買いとった連中まで養えるわけがなく、彼らをまるで家畜のように、高来《タカク》(たかき、島原半島)に連れて行って、(そこで)売り渡した。(4)

またフロイスはいう。島津軍に蹂躙《じゅうりん》された人々の運命は、捕虜として連行されるか、戦争と疾病によって死んでしまうか、さもなければ飢餓のために消え失せてしまうか、三つのうちのどれかだった。彼らは互いに殺し、掠奪しあっていた。ことに島津軍に捕虜として連れ去られた人々は「薩摩や肥後に連行された後、羊の群のように、市場を（廻り）歩かされ（たあげく）、売られていった。彼らの多くは、一、二文《トストン》の（安）価で売却された」と。(5)

慢性化していた飢饉の状況を背景に、戦場で絶え間なくくり広げられる、人や物の激しい掠奪と売り買いは、フロイスの『日本史』全十二巻のいたるところに満ちている。戦争に対するフロイスの心象は、とくに九州戦場での生々しい体験と観察に根ざしていた。

この実感戦争論は、耳なれた華やかな戦国群雄論や合戦物語の底に、実は飢えた雑兵《ぞうひょう》たちによって、生きるため食うための戦争が戦われていた、という戦場の現実を告げ、私たちに戦争観の転換を迫る。いま私は、「英雄たちの戦場」から「雑兵たちの戦場」へ、戦国史を見る目を懸命に切り換えて、戦場の現場から戦国社会像を描いてみようとしている。

雑兵とは、ふつう「身分の低い兵卒」をいう。(6) 戦国大名の軍隊は、かりに百人の兵士がいても、騎馬姿の武士はせいぜい十人足らずであった。あとの九十人余りは次の三種類の人々からなっていた。①その武士に奉公して、悴者《かせもの》とか若党《わかとう》・足軽《あしがる》などと呼ばれる、主人と共に戦う「侍《さむらい》」。②その下で、中間《ちゅうげん》・小者《こもの》・あらしこなどと呼ばれる、戦場で主人を補《たす》けて馬を引き、槍を持つ「下人《げにん》」。③夫《ぶ》・夫丸《ぶまる》などと呼ばれる、村々から駆り出されて物を運ぶ「百姓《ひゃくしょう》」たちである。

①の若党や足軽は戦うことを許された戦闘要員であり、②の中間や小者や③の人夫は、戦闘から

は排除されるのが建前（侍と下人の差）であったが、激戦の現場でそのような区別が通用したわけではない[7]。いま私が雑兵と呼んで光を当ててみたいのは、これらの若党や小者や人夫たち、それにまだ得体の知れない戦場の商人・山賊・海賊たちのことである。

英雄中心の伝統ある通俗戦場論に逆らうのは大きな冒険であるが、私の「雑兵たちの戦場」の大まかなデッサンは、およそ次のようになるだろうか。

I　濫妨狼藉の世界

フロイスは、イエズス会の公務として日本年報の主筆を務め、日本史の執筆に当たったが、上司からは「誇張癖があり、口の軽い男」と評されていたという[8]。彼がくり返し語っていた実感戦場論は、果たして事実だったのか。

まずは、彼が見た九州の戦場から出発して、一世紀にわたって戦闘がくり広げられた、日本中の戦場を訪ねてみよう。「食うための戦争」の現場では何が起きていたのか。ひと口に「濫妨狼藉《らんぼうろうぜき》」といわれた戦争の惨禍《さんか》の内側に、何とか入りこんでみなければならぬ。

やがて中世の終わりに、秀吉の平和（天下統一）によって、日本中の戦場がすべて閉鎖されると、たちまち公称十五万の日本軍がこんどは朝鮮の戦場に殺到する。よその国に持ち出された「食うための戦争」の実態も見逃すわけにはいかないだろう。

さらに、この侵略の戦場が閉ざされると、ふたたび日本国内を戦場として、国政を賭けた最後の内乱が戦われる。その関ケ原《せきがはら》・大坂の戦場では、いったい何が起きていたのだろうか。

Ⅱ　戦場の雑兵たち

戦場で濫妨狼藉の主役を演じていた雑兵たち。彼らはいったいどこから来たのか。

凶作と飢饉のあいついだ戦国の世、懸命に耕しても食えない人々は傭兵になって戦場へ行った。戦場に行って、わずかな食物や家財や男女を奪い、そのささやかな稼ぎで、なんとか冬を生き抜こう。そんな雑兵たちにとって、飢えに見舞われる冬から夏への端境期《はざかいき》の戦場は、たった一つのせつない稼ぎ場であった。そこには、村にいても食えない二、三男坊も、ゴロツキも悪党も、山賊海賊や商人たちも殺到して、活躍した。戦場にくり広げられた濫妨狼藉、つまり掠奪・暴行というのは、「食うための戦争」でもあったようだ。

Ⅲ　戦場の村——村の城

一方、濫妨狼藉にさらされた戦場では、村も町も自らの力で生命財産を守る、たくましい試みを重ねていた。ふつう権力の象徴とされる領主や大名の城も、いざという時、領域の民衆の避難所になったし、城から遠い村々は、勝手知った近くの山に、山小屋・山城など自前の避難所をもった。境目の村は、両軍に年貢を半分ずつ納めて中立を確保し、あるいは敵軍に大金を払って村の安全を買った。村自身もふだんから武装し、敗残の落人と見れば、村をあげて襲いかかり掠奪もした。戦火を免れ、村や町を守るために、戦国の世は実に多様な自力の習俗を作りあげていた。

Ⅳ　戦場から都市へ——雑兵たちの行方

そしてついに戦国の人々は、無残な濫妨狼藉の世界にきっぱりと別れを告げて、「秀吉の平和」を選択し、国内の戦場はすべて閉鎖される。戦場を稼ぎ場にして食いつないでいた雑兵たちに、国の外には朝鮮侵略の戦場が、国内の各地には数々の大規模な城普請《しろぶしん》やゴールドラッシュが、新たな稼ぎ場として用意され、彼らはその現場へ殺到する。戦場（中世）から都市（近世）へ、「秀吉の平和」の震央にこの激動があった。大がかりな戦争も築城も金銀山も、あいつぐ凶作と飢饉の最中には、あたかも巨大な公共事業ともいうべき、生命維持装置《サバイバルシステム》の役割を担わされていた様子である。

エピローグ

転々と売りとばされた戦場の生捕《いけど》りや、戦場を失った雑兵たちは、最後にどこへ行ったか。フロイスは口を閉ざして語らないが、彼ら戦争奴隷や雑兵たちを、ポルトガルはじめ世界列強の船や、それと結んだ日本の海賊たちが、九州各地の港で待ち受け、傭兵や人夫として、東南アジアの戦場に連れ出していた形跡がある。その追跡を最後に、私も「雑兵たちの戦場」の物語を閉じよう。

「雑兵たちの戦場」という主題に、私が引かれるようになったのは、山内進氏（西洋法制史）の大作『掠奪の法観念史』に出合ってからである。[9] 中世のヨーロッパでは、慢性的に続く飢餓を背景にして、戦場の人の掠奪と、傭兵と商人とは、軍隊の中に一つの構造として組み込まれていた。彼らにとって戦場はたった一つの稼ぎ場であった、という。

また、平城照介氏（ドイツ中世史）にも教えられた。[10] フランク族の農民は、ひどく低い生産力のもとで、いくら働いても食っていけないから、農民としては怠け者であったが、食うために戦士となって戦争に行き、実に勇敢に戦った。それは、戦争が生活資源を獲得し、生計を補助する重要な手段であり、ある種の引き合う経済行為だったからだ。しかし、やがて中世の農業革命によって、農業生産力が飛躍的に高まり、農業だけで十分食っていけるようになると、農民は戦士を兼ねる必要がなくなって専業農民となり、専業的な戦士とはっきり分離するようになる、と。ここにも「食うための戦争」という目が光る。

この平城氏の逆転の兵農分離論も、私には衝撃であった。いままで私たちは、戦国武士はいつ兵だけで（農を兼ねずに）食えるようになったのか、と武士の側から「専業戦士の成立」ばかり問題にしてきた。ところが、ここにあるのは、中世農民はいつ農だけで（兵を兼ねずに）食えるようになったのか、とひたすら「専業農民の成熟」を問題とする農民の側からの目であり、兵農分離の見方がまったく逆だからである。

日本では、近世史の高木昭作氏ひとりが、戦場でも人や物の掠奪が盛んで、それは戦争の目的で、正当な行為と見られていたことを明らかにし、その主役であった「侍・中間・小者・あらしこ」ら、雑兵たちのありようにも、光を当てていた。侍とは足軽・若党など底辺の兵士を指すことばで、武士のことではないという指摘によって、私の雑兵を見る目は広げられた。日本の十六世紀末は「渡り奉公人の花時」だった、と指摘した朝尾直弘氏にも多くを教えられた[11]。

また長く狩猟の伝承を追究してきた民俗学者の千葉徳爾《とくじ》氏は、「たたかいの原像」をヒトと野獣との戦いの中に発見して、民俗の深みから日本の戦争の実像を見すえていた。私の戦場を見る目もいつしかその魅力に染まっていた[12]。

もとより、戦国史の研究者が戦場の苛酷な現実を知らなかった、というのではない。近年、小林清治氏が世に問われた渾身の力作には、その新たな到達点が見事に示されており、私も大きな影響をうけた[13]。

ただ、これまでの多くの研究は（私も含めて）、戦場の人や物の掠奪を見ても、捕虜や現地調達は戦争の常とし、女性や子どもの生捕りや家財の掠奪にまで免罪符を与え、戦場の村の苅田《かりた》や放火も「刈《か》り働き」「焼き働き」などと呼んで、大名の戦術だけに矮小化し、戦場の村の安全を保障する「制札《せいさつ》」に注目しても、その裏にある村の戦禍に目を向けず、人身売買を論じても、戦場の奴隷狩りは問題にもしなかった。民衆はいつも戦争の被害者であった、という類いの記述も、至るところにあふれていた。だが、その叙述は具体的な事実との間の緊張を欠き、民衆は哀れみの対象でしかなかった。私にはその反省がある。

この二十一世紀初まで、ほぼ半世紀も続いた日本の平和と飽食。その幸せ色に深く染まって、私たちは、つい海の彼方に広がる戦争と飢餓の現実を忘れ、「戦争と飢餓の時代」とさえいわれる日本の中世までも、わけもなく安穏無事な世の中と思い込んできた。その結果、日本中世の戦争と飢餓をあわせて見すえる作業には、まだほとんど手が着けられていない。天地に異変の兆しが続くいま、私はその想いをひとしお強くしている。[14]

二十年ほど前に私は、天下統一（戦争から平和へ）という、十六世紀末の大きな社会変動の意味を問い、「秀吉の平和」には、中世の苛酷な自力社会（自力の惨禍）からの脱却という意味が込められていた、と論じたことがあった。[15]しかし、戦国社会の焦点にあったはずの、戦争の惨禍についても、平和な暮らしのもたらした現実についても、何ひとつ明らかにすることはできなかった。

それから後、私は「英雄たちの戦場」から「雑兵たちの戦場」へ、戦争を見る目を少しずつ反転させながら、「戦争と平和の社会史」の楽しみをゆっくりと温めて、今日に至った。そのナゾ解きの跡を、ここに「雑兵たちの戦場」と呼んで、まとめてみることにしよう。

〔注〕
（1）松田毅一、E・ヨリッセン『フロイスの日本覚書――日本とヨーロッパの風習の違い』一〇九頁、中公新書、一九八三年。
（2）藤木久志『豊臣平和令と戦国社会』一七頁、東京大学出版会、一九八五年。
（3）『日本キリスト教歴史大事典』、松田毅一「フロイス」の項、教文館、一九八八年。

(4)松田毅一・川崎桃太訳『フロイス日本史』8、豊後編Ⅲ二七八頁、中央公論社、一九七八年。
(5)同右二七六頁・三二三～三二四頁。
(6)『広辞苑』第五版、岩波書店。なお第二版までは「身分の卑しい歩卒」とあった。
(7)藤木久志『織田・豊臣政権』(『日本の歴史』15、小学館、一九七五年)三二五～三二七頁。高木昭作『日本近世国家史の研究』Ⅸ章、岩波書店、一九九〇年。根岸茂夫「『雑兵物語』に見る近世の軍制と武家奉公人」(『国学院雑誌』九四―一〇、一九九三年)。なお近世初期の加賀藩の場合、四百石程度の武士が戦場に引き連れるべき人数は、①の若党が一～二人、②の小者が三～六人、③の人夫が一～二人であった(木越隆三「大坂冬陣における家中奉公人と給人夫役」『加能史料研究』7、一九九五年)。
(8)巡察使ヴァリニァーノの評、『日本キリスト教歴史大事典』松田毅一「フロイス」の項。
(9)山内進『掠奪の法観念史――中・近世ヨーロッパの人・戦争・法』、東京大学出版会、一九九三年。なお藤木久志『戦国史をみる目』(校倉書房、一九九五年)三二七頁以下参照。
(10)平城照介「戦士から軍隊へ」『西欧前近代の意識と行動』、刀水書房。注(9)山内前掲書一八八頁注6。
(11)高木昭作「乱世」(『歴史学研究』五七四、一九八七年)。同「禁制――庶民と戦争」(週刊朝日百科『新訂増補・日本の歴史』27、二〇〇二年)。同『日本近世国家史の研究』Ⅸ・Ⅺ章。朝尾直弘「十六世紀後半の日本」(岩波講座『日本通史』近世1、一九九三年)。なお菊池浩幸「戦国期人返法の一性格」(『歴史評論』五二三、一九九三年)も奉公人に注目する。
(12)千葉徳爾『たたかいの原像』一九九一年、同『負けいくさの構造』一九九四年、ともに平凡社選書。
(13)小林清治『秀吉権力の形成――書札礼・禁制・城郭政策』、東京大学出版会、一九九四年。
(14)藤木「生命維持の習俗三題」(中世史研究会会報『遥かなる中世』14、東京大学文学部日本史研究室気付、一九九五年)。
(15)注(2)藤木前掲書。

I　濫妨狼藉の世界

あなたの神、主《しゅ》はその町をあなたの手に渡されるから、あなたは男子をことごとく剣《つるぎ》にかけて撃《う》たねばならない。ただし、女、子供、家畜、および町にあるものはすべてあなたの分捕《ぶんど》り品《ひん》として奪い取ることができる。あなたは、あなたの神、主が与えられた敵の分捕り品を自由に用いることができる。

——新共同訳『旧約聖書』申命記二〇

（アッラーは）……続いてすぐに勝ちいくさを与え給うた。そしてみな沢山の分捕りものが手に入った。まことにアッラーは偉い、賢いお方。アッラーはお前たちに沢山の分捕りものを取らせてやるぞと約束し給うたが、早くも（その約束を果して）下さった。

——井筒俊彦訳『コーラン』四八

1　戦国の戦場

乱取りの世界

九州島津軍の戦場の生捕り

まず、フロイスの『日本史』をたよりに、彼も見たはずの九州の戦場を訪ねることから始めよう。果たして「食うための戦争」「掠奪目当ての戦争」という彼の証言に偽りはないか。その裏付けは見つかるだろうか。

十六世紀末の九州戦場の主役は、薩摩の島津氏であった。その軍は限りなく北上を続けて、天正十四年（一五八六）には、かつて九州「五カ国の絶対領主」とまでいわれた、大友氏を豊後一国に追い詰め、ほとんど全九州を征服しつくそうとしていた。その中枢にいた家老の上井《うわい》覚兼《かくけん》は、北へ兵を進め肥後に入って間もなく、こんな光景を目にし、日記に書き留めていた。

路次すがら、手負いなどに行き合い候、そのほか、濫妨人など、女《め》・童《わらわ》など数十人引きつれ、かえり候に、道も去りあえず候、(1)

日記の編者はこれを「負傷者の後退、及び狼藉人女童の押送《おうそう》にて、路次雑踏す」と解説している。街道筋は、戦場で傷ついて故郷に帰る島津軍の兵士たちや、濫妨人らの引き連れた数十人もの女性や児童などの列でごったがえしていた。覚兼が見た濫妨人の一行というのは、北の大友側との戦場で精いっぱい濫妨狼藉を働いて、南の島津領へ引き揚げて行く人々の一群であり、先にみたフロイスの記事を見事に裏書きする光景といえる。

また覚兼は、四年前の天正十年（一五八二）末、肥前で有馬氏を助けて、龍造寺《りゅうぞうじ》方の千々石《ちぢわ》城を攻め落としたときの戦果報告を、「敵二、三百討ち捕る」「執《と》る人などは数を知らず」「分捕りあまた」と書き留めていた。(2)

その時の島津軍の動きをフロイスも同じように記していた。「彼らは大勢の敵兵を殺し、捕虜にし、その地を蹂躙し掠奪した。だが山頂にいた指揮官と若干の兵士たちは、（早く）戦利品をもって帰りたいと野望するのあまり、（敵を）思う存分に撃破するに必要な一両日を待ち切れず、最良（の獲物である城）を放棄したまま……目標を達することもなしに、引き揚げてしまった」と。(3)

フロイスと覚兼の証言に矛盾はない。島津軍の兵士たちの中には、その日の戦いの目標（城攻め）などそっちのけに、「早く戦利品をもって帰りたい」と、掠奪だけに熱中する「指揮官と若干の兵士たち」、つまり明らかに組織された掠奪集団が含まれていた。覚兼が街道で行き合った「濫妨人など」の一行も、その一部であったに違いない。

島津軍が戦場でくり広げた、人の生捕りや牛馬の掠奪や田畠の作荒しは、他の島津方の日記・覚書・軍記の類にも満ちている。ここには三つの日記から、人の生捕りの記事だけを少し挙げよう。

『北郷忠相日記(4)』

五十余人討取り候、男女・牛馬、数知れず取り候、（天文十五年＝一五四六＝正月）
頸数《くびかず》二百三十六、生捕り多し、（同十八年＝一五四九＝四月）

『蒲生《がもう》山本氏日記(5)』

敵三人打取り候、この外に壱人生捕りにて参り候の由、（弘治元年＝一五五五＝八月）
敵二人打取り候、この外に十五、六の童子壱人、生捕りにて、のき候、（同年閏十月）
足軽七人出で候て……下々の者四、生けどって来り候、（弘治二年三月）
敵十人ばかりかけ出し、したく〳〵の者三人取て、のき候、（弘治三年二月）
北村麓にて、人壱人生捕り候て……（同年三月）

『北郷時久日記』(6)

打取《うちとり》廿八人、取人《とるひと》四十人、具足七百取る、（永禄八年＝一五六五＝五月）
舟いくさ、伊東衆廿九人打取、生捕九人、切捨以上六十三人、舟五艘取る、（永禄九年四月）
くび百七つ、その内生取一人、大将五人、切りすて、以上百七十人、（永禄十二年五月）
庄内よりゆきて、人三人かどい候、（同月）
村の分はことごとく御破り候、馬・人多く取られ候、（元亀三年＝一五七二＝四月）
城切捕《きりと》られ候、伊地知《いじち》一門三人、以上七十余人、取人は員《かず》を知らず（同年九月）
六十人打死、肝付《きもつき》の人を取ること四百人余り、（天正二年＝一五七四＝正月）

こうした島津軍の戦闘の記録で、いま注目したいのは、「人を取る」「生捕る」という記事の多いことである。そのうち「敵三人打取り……一人生捕る」というように、同じ戦場で「打取り」（戦闘で首を取る）と対になった「生捕り」は、捕虜になった兵士たち（戦争捕虜）のようでもある。だが「男女・牛馬、数知れず取る」「人を取ること四百人余り」という数多い男女の掠奪、それに「童子一人生捕る」「人三人かどい候」という小さな生捕りは、とても戦争捕虜とは思えない。なお「下々の者（が）壱人取る」とか、「足軽七人、したく〳〵の者三人取る」というのを見ると、戦場の人取りの主役もその犠牲者も、下層の雑兵や人夫たちに集中していた気配がある。

南肥後の戦場

南肥後の小大名だった相良《さがら》氏の領域でも、人取りはしきりに行われていた。戦国相良氏の年代記『八代日記《やつしろにっき》』は語る。(7)

敵千余人打取り、いけ取り惣じて二千人に及ぶ、　（天文九年＝一五四〇＝三月）

与七兵衛と申す者、夜討《ようち》仕り候、人一人取り候……あくる三日に、和泉の者両人取る、　（天文十六年十月）

かこいやぶりて候て、四人打取り、生どり十一人、そのほか牛馬とり候、　（天文十九年十月）

鷹戸《たかど》大道《だいどう》破り候て、六人打ち、いけ取り廿人、　（弘治二年＝一五五六＝九月）

打取り五人、生取り五十三人、牛馬卅疋、　（同年十一月）

菱刈より伏草《ふせくさ》候て、二人打ち、二人取り候、　（弘治三年十一月）

よせ候て、男女廿余人打ころす、また取り候、またかれこれ卅八人ともいう、　（永禄二年＝一五五九＝三月）

伏草候て、海にすなどりに出候者、三人打取り、八人いけ取る、　（同年九月）

池浦・佐敷《さしき》より夜討候て、一人打ち、二人取り候、　（永禄四年閏三月）

小野の者、薪（採り）候を、七人取り候、　（永禄七年十二月）

「取る」「生取る」など人取りの表記は島津方の日記によく似ており、累計二一四四人にのぼる。しかも、生取りの数は戦死者（打取り）よりも明らかに多い。まるで、敵は殺すよりむしろ生かして捕らえよう、としているかのようである。

戦場で人といっしょに奪った牛馬の数も多く、また海へ漁に出た者や山で薪取りをする者までも生け捕っている。戦いの規模もみな小さい。「夜討」とか「伏草」というのは、夜の闇にまぎれた忍びの工作をいい、正規軍の正面きった城攻めというより、雑兵たちの仕掛けた、掠奪目当てのゲリラ戦、というふうである。

紀泉国境の戦場

戦いさなかの人取りは、西国でもさかんに行われていた。ことに十六世紀初め、和泉日根荘《いずみひねのしょう》（大阪府泉佐野市）は紀伊との国境に近く、いつも和泉の守護と紀伊の根来寺《ねごろじ》との激突する戦場となり、戦禍も深刻であった(8)。

上守護《かみのしゅご》（細川氏）の披官人、日根野へ打ち入り、地下《じげ》といい寺庵《じあん》といい、ことごとく乱法《らんぼう》せしめ、先番頭刑部太郎と脇百姓と、両人を生取りおわんぬ、（文亀元年＝一五〇一＝八月）

国（守護細川氏）より押し寄せられ候て、大名を召し捕り、宅を焼き、資財・雑具・牛馬など、ことごとく濫妨し候……、（同年九月）

（根来寺）宗兵衛衆《そうべえしゅ》ら、なおもって出張、吉見・海生寺・シンケ・佐野らの地下人、男女をいわず生取りおわんぬ、（文亀二年九月）

隣郷・傍庄は、ことごとく放火、あるいは生取り、あるいは切棄て、濫吹《らんすい》およそ法に過ぐ、（永正元年＝一五〇四＝七月）

この都に近い西国でも、乱法（濫妨）は戦場の人馬や家財の掠奪や放火を意味した。侵入する兵士たちによって、村の小農（脇百姓）も村役人（番頭）も豪農（大名）も、男も女も、見境いなく人取り・生捕りの犠牲となっていた。

奥羽の戦場

南奥羽の一帯に広がった伊達政宗の戦場でも、生捕りは、敵軍の首取りや鼻取り、家財の掠奪や作荒しと合わせて、大がかりに行われていた。その実情を伊達氏の『天正日記』が伝える。(9)

首八つ、いけどりあまた、とり申され候、（天正十六年＝一五八八＝四月）

首十三、いけ取り八人、御座候よし……（同年五月）

くび三百あまり御前へ参り候、いけどり、きりすて、そのほか数は知れ申さず候、（同年閏五月）

首七つ……そのほか、諸道具・きりすて・いけどり、かぎり御座なきよし、（同年閏五月）

首さいげんなく……きりすて、そのほか、いけどり、さいげん御座なく候、（天正十七年五月）
わたりより、はな廿四・いけどり廿人あまり、とり申し候よし御注進、（同年九月）

伊達軍の人取りには、二つのタイプが見える。一つは「いけどり一人」「いけ取八人」などと、生捕りの人数を細ごまと記して、兵士たちの生捕り（戦争捕虜）かとも思わせる。もう一つは、首や鼻の数は細かく記すのに、生捕りの方は数多とか際限なくなどと、大ざっぱで数も多い。これらは戦場の村や町で見境いのない人の生捕りが行われていた様子をしのばせる。

また「くさいり」「草いだし」など、夜半に草原の戦場に放たれた、忍びのゲリラの活躍が目を引く。奥羽の戦場でも、もっぱら生捕りに励んでいたのは、こうした軽輩の雑兵や忍びたちだったのではないか。

男女牛馬いっさい取るべからず

次に、ことに名のある群雄を生んだ、東海・北陸の戦場に目を移そう。

北富士の山深い甲斐の郡内（都留・勝沼）のある寺で、のちに『勝山記』『妙法寺記』としてまとめられる詳しい年代記が、戦国の中頃まで書き継がれていた(10)。この寒冷の地をくり返し襲った激しい飢饉と戦争を、ひたむきに見つめ続けた僧たちの目差しは、苛酷な戦国の世の証言として、ひときわ異彩を放つ。

①相模の青根の郷を散らしめされ、足弱《あしよわ》を百人ばかり御取り候、　（天文五年＝一五三六）

②世間ことごとく餓死致し候て、言説に及ばず、……男女を生け取りになされ候て、ことごとく甲州へ引越し申し候、さるほどに、二貫・三貫・五貫・拾貫にても、身（親）類ある人は承《う》け申し候、　（同十五年＝一五四六）

③世間富貴すること言説に及ばず、……さるほどに打ち取るその数五千ばかり、男女生け取り数を知らず、それをてぎわ（手柄）になされ候て、甲州の人数御馬を御入れ候、　（同十七年）

④信州へ御動き候、……要害をせめおとしめされ候、打ち取る頭五百余人、足弱《あしよわ》取ること数を知らず候、　（同廿一年＝一五五二）

⑤一日の内に要害十六落ち申し候、分取り高名、足弱は生け取りに取り申し候こと、後代に有るまじく候、　（同廿二年）

①村を攻めて、足弱《あしよわ》を百人ほど捕まえた。②男女を生捕りにして甲州へ引き揚げた。③④無数の男女を生捕った、という。①④⑤によれば、生捕りの犠牲は、いつも女性・老人・児童など足弱に集中していた。足弱は村の足軽だという説もあるが、この足弱の生捕りは男女の生捕りと同じ意味で、侍の分捕り高名とも峻別されている。

また戦国の初め、駿河の草庵で晩年を過ごした連歌師の宗長《そうちょう》は、永正元年（一五〇四）九月、今川軍兵から聞いた武蔵野（東京都立川市辺）の戦場の様子を「行《ゆく》かたしらず二千余、討死・討捨・

生捕・馬・物の具充満」と書いていた。また、同十四年（一五一七）八月、遠江引馬城《ひくま》（浜松市）の戦いの時も「つゐに敵城せめおとされ、生捕かれこれ千余人とぞきこえし」と記していた(11)。

フロイスも戦いの終わった戦場の光景を、「勝利者たちも、過ぎ去った労苦を（自ら）ねぎらおうと、途次見つけた戦利品を拾い集めて行った。それらの中には、金や銀（を用いて）作った、豪華な太刀や短剣など、高価な品もあった」と書いていた(12)。

戦場はいつも勝者の掠奪にさらされた。

またこれは、天正三年（一五七五）八月、織田信長が越前の一向一揆を制圧したときのことである。追われた一揆方の男女が村を捨てて山々に逃げ込むと、信長は徹底的に山狩りして、男も女も切り捨てよと命じた。やがて生捕られ信長のもとに送られ殺された数は一万二二五〇人余り。「その外、国々へ奪い取り来たる男女、その員《かず》を知らず」といわれ、「生捕りと誅《ちゅう》させられたる分、合わせて三、四万にも及ぶべく候か」といわれた。生捕っても信長に報告せず、諸大名軍がひそかに国元へ連れ去った男女も二、三万人には上った筈だ、という(13)。

次は徳川家康の戦場である。天正十年（一五八二）二月、富士川を挟んで北条氏と敵対した家康は、駿河の安倍郡の一帯に「いっさい人取りの事」を禁じ、同九月、新たに味方についた小池・津金・小尾の三人の領域の村々に、次のような保障を与えていた(14)。

一、両三人と申し組む者共の妻子・被官、何方《いずかた》へ取り候とも、返し付けべく候事、
一、津金の郷、男女・牛馬、いっさい取るべからざる事、

三人に縁《ゆか》りある者の妻子や家来は、すでによそへ奪い去った者も、元の村へ返せ。こんど味方についた津金村では、男女の人取りも牛馬の掠奪もいっさい禁止する、というのである。いったん敵軍に襲われると、男女から牛馬まで、根こそぎ奪い去られてしまうのが常であった。何とかそれを取り戻し、二度と同じ被害にあわない、という確かな保障が欲しい。それが戦場の村の切実な願いであった。

制札や禁制によって、権力が戦場の村に与える安全保障の内容は、中世を通じて「兵の濫妨狼藉を禁止する」と、ごく大まかに記されるのがふつうであった。人の掠奪も物の掠奪もみな「濫妨狼藉」の中に含まれていた。しかし、天正期（一五七〇年代）頃になると、制札や禁制に「濫妨狼藉の禁止」とは別に、右のような「人取りの禁止」が特記されるようになる。戦争が激しさを増すとともに、人取りの被害がいっそう深刻化し、その抑制に世の強い関心が集まるようになっていた。

乱取り・乱妨取り

天正十八年（一五九〇）二月、家康は豊臣秀吉の命令で北条攻めにかかったとき、自軍に「下知《げち》なくして、男女を乱取りすべからず、もしこれを取り、陣屋《じんや》に隠し置かば、きっとその者の主これ

を改むべし」と命じていた。[15] 同じ東海生まれの加藤清正の軍法も、まず「一、陣取り放火、これあるまじき事」といい、次いで「一、陣取りにおいて、小屋具《こやぐ》乱妨とり、御意なき以前、遣わすまじき事」と定めていた。[16] ともに、部隊ぐるみの組織された掠奪、という気配が濃厚である。

戦場に押しかけた兵士たちは、放っておけば、勝手に敵地の村々に放火し、百姓の家に押し入って家財を乱妨《らんぼう》取りする。戦場では村の放火と物取りは一体であった。大名は乱取りを作戦の重要な一環としたが、そのむやみな暴発を防ぎ、大名の命令の下にどう有効に作動させるか。それが「陣中法度《じんちゆうはつと》」の課題であった。フロイスも、城攻めをそっちのけにして人や物の掠奪に熱中し、戦利品を手にすると、城攻めをやめて引き揚げてしまう兵士たちを見ていた（一六頁参照）。「下知なくして」「御意なき以前」という言葉を裏返せば、作戦や軍律を乱さぬ限り、敵地での人取りは野放しであったことになる。

乱取りは乱妨取りともいい、人の掠奪のほかに戦場の物取りをも意味していた。織田信長が徳川家康軍とともに、初めて上洛したとき（永禄十一年＝一五六八＝九月）、両軍の兵士は乱取りに熱中し、あげくは古烏帽子《えぼし》一つを奪い合って戦闘を始めたという。[17]

また、その後、信長が一万余りの軍を率いて上洛した天正元年（一五七三）四月にも、兵士たちの乱妨取りはすさまじく、「京中辺土ニテ、乱妨ノ取物共、宝ノ山ノゴトクナリ」といわれた。[18]『大坂夏の陣図屏風』（大阪城天守閣蔵）にも、この光景さながらの一場面がある。野盗集団の仕業どころか、葵の紋をつけた徳川方の兵士をはじめ、れっきとした大名軍の雑兵たちが、大坂の町中で乱取りに熱中する姿を、この屏風絵は見事に活写している（カバー写真参照）。

フロイスによれば、ある掠奪者は、修道士を襲って、帽子と長衣の上に着ていた着物を奪い、その身体を改め、長衣を脱がせることができなかったので、その前後を剝ぎ取ったという。また安土《あづち》落城のとき、城下にあった教会は、いっさいの物が奪われ、家財のみならず、窓・戸・部屋の内装などが一つ残らず持ち出され、運び出されなかった柱と屋根以外には、何も残らなかった。

信長一代を描いた『信長公記』には、「乱取《らんどり》」と名づけられた信長の愛鷹が登場する。その鷹は白い鷹で、ことに羽ぶりよく飛翔力にすぐれ、鮮やかに獲物を襲う。その鷹野にはいつも見物人が群集したという。戦場の乱取りを獲物に襲いかかる猛禽になぞらえた、戦国の乱取り観がみてとれよう。

古いことわざに「乱妨の取り残し」（『世話尽』）といい、それを「盗人の取り残し」（『毛吹草』）ともいう。無残な掠奪のあとでさえ、被害を免れたものが少しは残っているものだ、という例えだという。(19) このことわざは、おそらく戦国の世の乱妨取りのすさまじさに由来する。

『甲陽軍鑑』の描く乱取り

こうした戦場の乱取り・乱妨取りの世界を、ひときわ大らかに活写するのが、武田信玄流の軍書『甲陽軍鑑《こうようぐんかん》』である。この江戸前期の軍書について学界の評価は厳しい。だが戦場の底辺で活躍する雑兵たちを描き出す迫力は、同期の『雑兵物語《ぞうひょうものがたり》』と並んで、他の追随を許さない。

武田信玄の戦場といえば、越後の上杉謙信（輝虎）と戦った北信濃の川中島合戦がよく知られるが、その戦場で雑兵たちの演じた乱取りも異様な精気に満ちている。(20)

某《それがし》大将にて、此のあたりの衆を引き連れ、関の山のあなたまで放火いたし、輝虎公の御座城へ……近所まで働き候て、越後の者をらんどり仕り、此方《こなた》へ召し遣うこと、ただこれ信玄公御ほこさきの盛んなる故なり、(21)

越後の内を此方へ少しもとる事なけれども……越後へはたらき、輝虎居城春日山《かすがやま》……近所へ焼きつめ、らんぼうに女・わらんべを取りて、子細なく帰る……(22)

北信濃に進出した武田軍は、信越国境の関山（新潟県妙高市）を越え、春日山城（上越市）近くまで侵入し、村々に火を放ち、どさくさに紛れて女性や児童を乱取りし、生捕った越後の人々を甲斐に連れ帰って、自分の召使い（奴隷）にした、という。「越後の者をらんどり」、「らんぼうに女・わらんべを取り」の、乱取り・乱妨の被害は女性と児童に集中していた。

なお『甲陽軍鑑』が、この作戦で武田軍は越後を占領こそしなかったが、掠奪に大成果をあげた、それもみな信玄の威光のお陰だ、と力説しているのも見逃せない。戦国の戦争には、明らかに乱取り目当ての戦争もあり、大名さえ強ければ、それは思いのままであった。

武田軍の乱取りについては、上杉家の正史も「近境まで働き出て、郷里の男女を劫《おびやか》した」と明記している。[23]「劫」には「かすめとる（強奪する）」「おびやかす（脅迫する）」という表と裏の意味があり、その被害は上杉側も認めるほどに大きかった。ところが上杉軍の戦場でも「人執《ひとと》り」は常であった。詳しくは後にみるが、たとえば天正初期（一五七五年頃）に能登を攻めたとき、味方に付いた寺や村には、自軍の濫妨・放火・人執りを禁じていたほどである。[24]

乱取りする日

武田軍が信州に攻めこんだときのことであった。大門峠《だいもん》（茅野市・長門町・立科町境）を越えて敵地に入り、ここで七日間の休養が告げられると、陣中は「下々いさむ事かぎりなし」という事態になった。「かせ侍衆・下々の者ども」など雑兵たちは歓声をあげて、一帯の民家を襲って「小屋落し」「乱取り」を働き、田畠の作物を奪う「苅田」に熱中した。初めの三日間で近辺の村々を荒し尽くすと、「乱取する日は、三日ならではなし、明日よりは、ちと遠く行かん」といって、戦場でもない地域にまで遠出し、朝はやく陣を出て夕方に帰る、という大がかりな乱取りを始めた。

ところがその夜ふけ、武田軍の三人の侍大将の夢枕に、地元の「諏訪明神の使い」という山伏が現れて、「このたび晴信（信玄）ここもとに逗留中に、乱取り無用」という神託を告げた。驚いた侍大将たちは、すぐ「乱取法度《らんどりはつと》」を出して乱取りを禁じ、おかげで信濃の人々はその後の被害を免れた、という。

『甲陽軍鑑』は乱取衆を「後さき踏まえぬ意地汚き人々」と評しているが、神様のお告げでも持ち出さなければ、彼らの乱取りはやまなかったのであろう(25)。

作戦のない日ばかりでない。敵方の城を落とした後にも、褒美の乱取りが認められていた。信玄が上野箕輪《こうずけみのわ》城の小幡図書助《おばたずしよのすけ》を攻め落とすと、「武田の家のかせもの・小もの・ぶども迄、はぎとりて、その上、図書介が居城にて、次ぐ日まで乱取り多し」という事態になった(26)。敵方の城主や兵士たちが松井田・箕輪・安中など一帯の城から散りぢりに逃げ出すと、武田軍の悴者《かせもの》(侍)から小者(下人)・人夫(百姓)までが、きそって追い剝ぎをかけ、城を足場に明くる日まで城下の乱取りを続けた、という。なお、小幡図書助の実際の居城は、上野の国峯城であったらしい。

こうした乱取りを活写する『甲陽軍鑑』も、ときに「乱取りなどにばかり気をよせ、敵の勝利もみしらず(27)」とか、「乱取りばかりにふけり、人を討つべき心いささかもなく(28)」などと、雑兵たちの乱取りを非難する。だが、けっして乱取りそのものを真っ向から否定はしない。戦いの勝ち負けにも無関心で、乱取りばかりに熱中するのは困るというだけで、戦闘を妨げない限り乱取りは勝手、というのが通念であったらしい。

おそらく雑兵たちには、御恩も奉公も武士道もなく、たとえ懸命に戦っても、恩賞があるわけでもない。彼らを軍隊につなぎとめ、作戦に利用しようとすれば、戦いのない日に乱取り休暇を設け、落城の後には褒美の掠奪を解禁にせざるをえなかったに違いない。

分捕りの刀・脇差・目貫《めぬき》・こうがい・はばきをはづし、よろしき身廻りになる。馬・女など乱取につかみ、これにてもよろしく成る故、御持ちの国々の民百姓まで、ことごとく富貴して、勇み安泰なれば、騒ぐべき様、少しもなし、(29)

「馬・女など乱取につかみ」とはすさまじいが、戦争帰りの兵士たちは、敵を倒して巻き上げた刀・脇差の類や、戦場の村から奪い取ってきた馬や女たちなどをいい稼ぎにして、戦いを重ねるごとに身なりや羽振りがよくなって行く。

雑兵たちは自分の身の廻りを飾るだけでなく、「分捕・乱取つかまつり、おのれが村里へ越し、親・妻子・兄弟にくれ(30)」た。だから自分の国が戦場になることのなかった武田信玄の領内は、民百姓までみな豊かで、国は活気にあふれ安泰で、戦争だといえば、嫌がって騒ぎ立てるどころか、みな喜んで出て行く。これもみな信玄の威光のおかげだ、と『甲陽軍鑑』はいう。

ところで、いま手元に、ゴマ(ザイール)発の「恐怖の的、ザイール兵――ヤクザ並みの恐喝、強盗」という、一九九四年の特派員記事がある。(31) この戦場の町を、自動小銃で武装し巡回するザイール民間防衛隊が、地元の難民や市民から外国の報道陣にまで、公然と脅しや強盗を働いている。市民は「かれらの奪った金品は上司に納め、部下に分け前がおりる。稼ぎの悪い部下は配置を換えられる」と語っている。その背景には兵士たちのひどい安月給や遅配もあるようだ、と。

給料代わりの掠奪というのも、上司に命じられた組織ぐるみの掠奪というのも、その稼ぎによる分け前の配分というのも、十六世紀日本の戦場にそっくり当てはまりはしないか。少なくともその疑いを向けてみる必要があるだろう。

身代金の習俗

武田軍に生捕られ、甲府へ連れ去られた男女のうち「身類（親類）アル人」は、二〜十貫文ほどの身代金で買い戻されていた、と『勝山記』はいう。『小栗判官《おぐり》』の照手《てるて》姫は、もつらが浦の商人に料足一、二貫文で売られていたし、中世の奴隷論に詳しい磯貝富士男氏は、中世の人の売買相場はおよそ二貫文ほどだった、という。(32) それに比べると、武田領の生捕りの身代金は人によってはかなりの高値がつけられていたことになる。親類のある人といえば、村々でも有力な階層の人々を意味していたから、相場の二倍から五倍もの身代金を支払って、身内を買い戻せる人は限られていたであろう。

同じ十六世紀の初め、和泉の日根荘では、足軽に生捕られたある館の妻女を買い戻そうと、百貫文もの身代金がかけられていた。この話を書き留めた九条政基の日記『旅引付《たびひきつけ》』には、ほかにも「百姓を捕らえて献料を押し取る」とか、「代物を払って乞い請ける」という、身代金（献料・代物）目当ての人取りや、その買い戻しの話が、数多く記されている。(33)

身代金のやり取りには、戦争目当ての商人たちが深く関わっていたらしい。次は軍記の伝える浦賀水道を挟む北条・里見の戦場である。(34)

相模・安房両国の間に、入海ありて、舟の渡海近し、故に敵も味方も兵船多くありて、戦いやんごとなし、夜になれば、ある時は小船一艘・二艘にて盗みに来て、浜辺の里をさわがし、ある時は五十艘・三十艘渡海し、浦里を放火し、女・わらわべを生捕り、即刻夜中に帰海す、島崎などの在所の者は、わたくしに和睦し、敵方へ貢米を運送して、半手と号し、夜を心やすく居住す、故に生捕りの男女をば、これらの者、敵方へ内通して買い返す、

江戸湾に面した北条方の浦々は、夜ごと房総の里見領の海賊船が仕掛けるゲリラ戦で、いつも大がかりな女童・男女の生捕りの被害にあっていた。それら生捕りの男女を、両軍に年貢を半分ずつ払って「半手《はんて》」と自称して憚らない、どっちつかず（両属）の海賊商人たちが、仲立ちして（おそらく仲介料を取って）買い戻すのにすご腕を振るっていた、というのである。

九州にいたフロイスも「海賊が時々その地を襲って、掠奪したり、捕虜として人を連れ去ったりするのが常だった」と報じていた(35)。海賊といっても海上だけの賊だったのではない。海賊はしばしば海から陸を襲う賊であり、人の掠奪がその大きな狙いであった。

奪われた人の買い戻しといえば、よく似た例が駿河にもある。天正の初め（一五七五〜八〇年）頃、武田方の駿河支配を担う江尻《えじり》（静岡市清水区）の城主穴山信君《あなやまのぶきみ》は、駿府今宿（静岡市）の商人衆に、敵の徳川方の商人から、大量の鉄砲を買い付けるよう命じた時、敵方との武器の取引の方法を指示して、「償銭《まよいぜに》の取替わしのごとく、水川の郷において、互いに河端へ出合い、商売すべし」と

いい、それを「半手《はんて》において商売の事」といっていた。

この頃の東国で「半手」といえば、敵味方のぶつかり合う境目の「どっちつかず」の地域を意味していた。この水川（静岡県中川根町）の川端は、大井川をさかのぼった右岸の渡し場で、現在の朝鮮半島の板門店のように、当時は武田・徳川両軍の緩衝地帯になっていて、互いの折衝にはもっぱら商人たちが当たっていたらしい(36)。ふつう償銭は弁償金をいう。先の江戸湾の例からみると、これは身代金のことで、武田・徳川双方の商人たちが、よくこの境界の川端に出合って、互いに両軍の乱取りした生捕りを買い戻していたらしい。

またフロイスは、戦場で斬られて敵の捕虜になり、敵方に売られてしまった主人（怒留湯殿《ヌルイドノ》）を苦心して買い戻した忠実な下男の話を伝えている。男は主人が薩摩のある家で奴隷にされているのを探し当てると、反物を商う他国の商人に頼んで、大金を払って買い戻してもらったという。兵士に捕まっても金銭を払って自由を得る者もあったし、キリシタン大名大村純忠の領内では、教会の手で、この海域に出没する海賊の手から、奴隷を身受けする事業も進められていた、という(37)。身代金（償銭）目当ての人取りも、その買い戻しも、ほとんど戦場の習俗と化していた模様である。

身代金の習俗といえば、下総（茨城県）の結城《ゆうき》氏の法にこんな条《くだ》りがある(38)。この時代、牛や馬はゆるやかな囲いの放し飼いがふつうで、すぐに囲いを抜け出してしまう。そんなよその放れ馬を捕まえては、身代金をよこせ、さもなければ返さない（「返すまじ……代《しろ》を取り候はん」）などと、もめごとが絶えなかった。何かにつけて身代金を取るのは、根強い中世の習俗であった。

奴隷売買の痕跡

戦国の商人たちは、ただ身代金のやり取りや買い戻しなどで仲介料を稼ぐばかりか、実は自らも生捕りやその売り買いにも手を出していたようである。関東の戦場に、それを示唆する衝撃の記録がある。永禄九年(一五六六)二月のことである。

小田(氏治)開城、カゲトラ(上杉謙信)ヨリ、御意ヲモツテ、春中、人ヲ売買事、廿銭・卅弐(銭カ)程致シ候、(39)

小田氏治の常陸小田城(茨城県つくば市)が、越後の長尾景虎(上杉謙信)に攻められて落城すると、城下はたちまち人を売り買いする市場に一変し、景虎自身の御意(指図)で、春の二月から三月にかけて、二十~三十文ほどの売値で、人の売り買いが行われていた、という。折から東国は、その前の年から深刻な飢饉に襲われていた。

同じ頃、北関東の戦場からは、筑波(常陸)の城に乱入し、籠城する二百人余りを破ったときも、また藤岡城(上野)で籠城する敵数十人を討ち取ったときも、ともに城下で「人馬際限なく取る」という戦いがあった。(40)城攻めはまず城下を押し破って、人や馬を根こそぎ奪い去り、ついで本城を攻め落として籠城する軍兵はみな殺しにする、という二段構えで戦われていた。

小田城下の上杉軍による人の売り買いは、こうした戦場の人取りの結果に違いなく、軍と人買い商人の深い結託さえも疑わせる。「春中、人ヲ売買」とあるから、城下の人の売り買いは、かなりの期間にわたり、相当な人数にのぼった様子である。二十〜三十文といえば、飢饉のさなかとはいえ、中世の人買い相場（二貫文）のわずか一パーセント余りという安値である。

先にフロイスは、島津軍から戦争奴隷を買い取った肥後の人々が、飢饉のために奴隷を養いきれず、島原へ連れて行って転売したといい、さらにこう書いていた[41]。

かくて三会《ミエ》や島原の地では、時に四十名（もの）売り手が集まる（有様で）、彼らは豊後の婦人や男女の子供たちを（貧困から）免れようと、二束三文で売却した。（売られた）人々の数はおびただしかった。

ほとんど只同然の安値で（彼は口をつぐむが、おそらくポルトガルの商船に）転売された、戦争奴隷たちの売値は、一、二文ないし二束三文だったという。北関東の戦場の二十〜三十文よりさらに安い。その理由として、彼は飢饉をあげていたが、北関東もまた飢餓のさなかにあった。

苅田狼藉の世界

大久保彦左衛門は『三河物語』で、武田方の長篠攻めの戦場を「ここかしこを放火して、刈田をして、打ち散りて乱取りをする」と描き、それを「濫妨狼藉」といっていた[42]。放火（村や町を焼き払う）・苅田（田畠の作物を荒す）・乱取り（人や物を奪う）が、雑兵たちの作戦の三点セットであった。城攻めが敵に正面から挑むアッパーカットなら、「敵をつかれしむる」放火・苅田・乱取りは、雑兵が城廻りの住民に加えるボディーブローで、その作戦抜きには戦闘も城攻めもありえなかった。その苅田の現実は想像を超える。『永禄伝記』は中国地方の大名・毛利元就《もとなり》の戦法を伝えた小早川隆景《たかかげ》の戦術書とされるが、その「攻城」の条は苅田戦法をこう語る(43)。

春は、苗代草《なわしろ》・麦を返して、田畠を荒らし、夏は、麦作を刈り、植田を混《まじ》うに民を労し、秋は、畠作を取り、刈田をして、年貢を障《さわ》り、冬は、倉廩《そうりん》を破り、民屋を焼き、餓凍《がとう》に至らしむる……

こうして、春先なら苗代の早苗やまだ青い麦が荒らされ、夏なら実った麦は奪われ、田植えのすんだ田も荒らされ、秋なら熟した畠作や稲が奪われ、冬にも収穫を収めた倉や家が焼かれ、穀物が奪われる。ことに三～五月には、実った麦を狙う「麦薙《むぎな》ぎ」が、また七～九月には実った稲を狙う「稲薙ぎ」が集中した。その事実を確かめた山本浩樹氏は、こう説いている(44)。

作薙《さくな》ぎの目的は、①麦や稲を奪い取るためというより、むしろ敵を兵粮攻めにするためで、②敵地の村を襲ったのは、敵地の村々を脅かし味方につけるためで、③その作戦を担ったのは、正規軍とそれに率いられた土豪や百姓であった、と。②の指摘はとくに重要である。だが①に掠奪の狙いはなかったか、③に乱取りのプロの活躍はなかったか、あらためて史実調べに興味を引かれる。

武田方の『甲陽軍鑑』がいう「敵をつかれしむる三ケ条」もこれとそっくりである。春は早苗をこなし、夏は植え田をこね、あるいは麦作をこなし、敵地、民百姓までの家を焼く(45)。西国でも東国でも、軍隊が村を荒らす戦術には、大きな差がなかったようである。

さらに飢餓の戦場の苅田について、東国方言で記された『雑兵物語』はこう語る(46)。敵地で苅田をするときは、手当たりしだいに稲を（稲穂はもとより）根こそぎ掘り取って、煮てやわらかくして、馬に食わせるがいい。だが「味方の地を掘りたらば、来年の田作《たづくり》がちがうべい程に、必々ほらない物だぞ。敵地ならば、見付次第ほぢくるべいぞ」。味方の地でそれをやると（土地が痩せてしまい）、来年の実りが悪くなるからやってはいけない。

また秀吉の軍に攻められて飢餓に瀕した鳥取城でも「雑兵ことごとく柵際までまかり出で、木草の葉を取り、中にも稲株を上々の食物とした」という(47)。飢えた戦場では、稲を刈り取った後の切り株さえ、馬にも人にも大切な食物であった。それは、雑兵たちが飢餓の戦場で生き抜く、せつない手立てであったが、その根こそぎの苅田によって土地は荒廃した。

だから関ケ原合戦の後、加藤清正は家来に、「乱妨・苅田にあい迷惑」する百姓に麦種や資金の貸付けを命じていた。乱妨・苅田のすさまじさ、百姓がこうむる被害の深刻さを、大名もよく知っていた(48)。

あるとき逃げる土佐軍を追撃し、優勢に立ったさい、土居方の部将の桜井某は、自軍に向かって

「下々の乱取りするを、そのままに置き、心任せにせよ」と、下々の兵士たちに、敵地での乱取りを自由に許した。つぎの日、清良《（土居）》がこれをとがめると、桜井某は進んで答えて、こう説いた、という。

> 昨日は、心任せに、取りたき物は取りてもよし、と言いしこそ、下々は、かようのことに利を得させねば勇まず、下々たびたびの軍に出て働くといえども、一度、一度に恩賞はなしがたければ、手柄をし、骨折りたると思いながら、むなしく打ち過ぎ、あまつさえ、法度を強くすれば、気を屈し、かつて徳なきと思い、ひそかに伏す、さるにより、場所を見合わせ、味方の費えにならざるところにては、わが物いらず、敵の捨て散らしたる物を取らせぬれば、喜びいさむ、……制法も控えざれば、下々放らつす、しかれば下知をきかず、これによつて、常には乱取りなどのこと、堅く無用といましめ置き、さて、間に見合わせで、これをゆるす、何事も一概には定めがたし、時宜によると心えられよ、（『清良記』）

すなわち、下々の兵士に対しては、「常には乱取りなどのこと、堅く無用」といましめ、戦況をよく見極めたうえで、自軍の攻勢にゆとりのできた、敵方の戦場では、ときには「心任せに、取りたき物は取りてもよし」と、自軍の兵士たちに、乱取りの自由を認めてやるのが大切だ。なぜなら、ふだん下々の兵士たちは、戦場でよく働くが、かりに手柄を立てても、そのつど恩賞があるわけでもないので、乱取り禁止の法を厳しくすれば、やる気を失って、無軌道になってしまう。だから、ときには「敵の捨て散らしたる物を取らせぬれば、喜びいさむ」のだし、褒美には「わが物いらず」（自腹を切るわけではない）ではないか、と説いていた。

ときに下々の兵士たちに公認された、こうした戦場の自由な乱取りは、戦場で奔走しても恩賞のない雑兵たちの士気を高める、大切な機会であったのだ、というのである。

だが、なぜか放火・苅田・乱取りに対する公の評価は低く、表向きはほとんど無視された。毛利氏が家来に与えた八百余通もの公式の感状（戦功証書）を見ても、戦功として特筆されるのは、敵を何人打ち取り、頸をいくつ取ったか、だけである。戦場の村や町を狙った放火も、稲薙ぎ・麦薙ぎも人取りも、戦いには欠かせない戦術であった筈なのに、名誉ある武士の手柄として評価されることはなく、それにわずかでも触れる証書は、「毛利家感状」のわずか一パーセントにも満たない(49)。

その傾向は、おそらくどの大名にも共通する。私たちがつい戦場の村の惨禍に無関心だったり、中世の戦争に楽観的であった、大きな原因の一つはここにある。

放火・苅田・乱取りは、草の根の雑兵たちの手柄（稼ぎ）とされて、名誉ある武士の戦功とはまったく別の世界に属していた。だが、公文書や公式の証書類から日記や年代記の類へ、さらに覚書や軍記にまで目を移せば、戦場の惨禍の陰には、放火・苅田や物取り・人取りに熱中する雑兵たちの世界が広がっていたのである。

天下統一の戦場から

天正十五年夏の奴隷問答

天正十五年（一五八七）四月、秀吉は自ら大軍を率いて南九州まで乗り込むと、すでにほぼ全九州を手にしようとしていた島津氏を降し、自らの平和の下においた。その六月、博多に軍を返すと、イエズス会の宣教師コエリュを責めて、「ポルトガル人が多数の日本人を買い、これを奴隷として、その国に連れ行くは、何故であるか」と詰問していた。コエリュはその事実を認めつつも、「ポルトガル人が日本人を買うことは、日本人がこれを売るからだ」とつっぱねた、という(50)。

秀吉の平和の下で、日本の人身売買が初めて深刻な外交問題として論じられたことになる。その秀吉の言い分を、『九州御動座記』がこう代弁していた(51)。

伴天連《ばてれん》ら……日本仁《にほんじん》を数百、男女によらず、黒舟へ買い取り、手足に鉄のくさりを付け、舟底へ追い入れ、地獄の苛責《かしやく》にもすぐれ、……見るを見まねに、それを所（九州）の日本仁、何れもその姿を学び、子を売り親を売り妻女を売り候由、つくづく聞召《きこしめ》し及ばれ……

バテレンは、日本人が人を売るからポルトガル船が買うのだといい、秀吉は、バテレンやポルトガル船の奴隷商売を日本人が真似ているのだ、と反論する。いずれにせよ、現実に九州の領主たちやバテレンと結託した黒船が、日本から数多くの男女を買い取っては、東南アジアに積み出していたのは事実であった。後段は「子を売り親を売り妻女を売り」と、貧しさゆえの子女の身売りを連想させるが、前段はむしろ「日本仁を数百、男女によらず、黒舟へ買い取り」と、男女の大がかりな海外流出ぶりを示唆している。

岡本良知氏の大著『十六世紀日欧交通史の研究』は、ポルトガル側から、日本人の海外への流出を裏付ける数々の事実を、早くから明らかにしていた(52)。以下、そのいくつかを紹介しよう。

たとえば、すでにこれより三十年以上も前の一五五五年十一月（弘治元年十月末）、マカオ発のパードレ・カルネイロの手紙は、多くの日本人が、大きな利潤と女奴隷を目当てにする、ポルトガル商人の手でマカオに輸入されている、と報じていた。その中国のマカオは、ポルトガルの日本貿易の拠点であり、日本貿易のごく初めから、奴隷は東南アジア向けの主力商品であった形跡がある。

ポルトガル国王は、日本人奴隷の輸出は布教の妨げになる、という日本イエズス会からの要請をうけて、一五七〇年三月十二日（元亀元年二月六日）以来、しばしば日本人奴隷取引禁止令を出していた。それは「ポルトガル人たる者は何人《なんぴと》も、日本人を買い、もしくは捕うるべからず」というもので、あわせて、すでに買い取った者の解放を命じ、もし禁を犯せば全財産を没収する、と警告していた。一五九六年以来、イエズス会も「少年少女を購《か》いて日本国外に輸出」する奴隷貿易者に対する、破門令を重ねて議決していた。また、一五九七年（慶長二）四月、インド副王もポルトガル国王の名で、日本人奴隷および日本の刀剣のマカオ輸出を禁止した。奴隷と武器は明らかに日本からの輸出品の中心であった。

しかし、東南アジアに暮らすポルトガル市民は、国王の禁令はわれわれに致命的な打撃を与えると抗議し、莫大な資金で奴隷を買ったのは、あくまでも善意の契約であり、正義にも神の掟にも、人界の法則にも違反しない、と主張した。それほど、現地のポルトガル人は公私ともに日本人奴隷を必要としていたから、この勅令はまったく無視された。

しかも国王に禁令を要請したイエズス会自身が、実はもともと、日本から少年少女の奴隷を連れ出すポルトガル商人に、公然と輸出認可の署名を与えていたのであった。イエズス会といえども、奴隷の存在をすべて否定したわけではない。当時のヨーロッパの通念にしたがって、正しい戦争によって生じる捕虜は、すべて正当な奴隷として認められていたが、どの戦争が正当で、どの奴隷が正当な捕虜なのか、それを峻別する習俗は、戦国の日本にはない、というのがイエズス会の立場であった。

秀吉人身売買禁止の初令――バテレン追放令のなかで

さて秀吉は、コエリュと激論した直後、天正十五年（一五八七）六月十八日、バテレン追放令の第一〇条（秀吉令A）で、こう宣言した。

一、①大唐・南蛮・高麗へ日本仁を売り遣《う》わし《つか》候事、曲事《くせごと》(たるべき事)付、②日本において
(は)人の売り買い停止の事、

①中国・ポルトガル・朝鮮などいかなる外国へも、日本人を買い連れ出すのは違法であり、②日本国内での人の売り買いも禁止する、というのである。

この十八日付け「秀吉令A」は、数種の写本だけで原本が伝わらず、解釈も大きく揺れていたが、近年、新たな写本が発見され、この箇条にも、あらためて次の二通りの読みが可能になった。そのどちらを採るかで、重点(主文)も大きく変わる。(53)

その一は、カッコ内の「たるべき事」があって、文はそこで完結するから、次の「付」は「付けたり」と読むことになる。つまり、①の日本人奴隷の海外禁輸が主文で、②の国内の人身売買禁令は付則ということになる。

その二は、カッコ内(たるべき事)がないから、「付」はすぐ上の「曲事」に続けて「曲事に付き」と読むことになる。つまり、①の海外禁輸はわかりきった前提で、②の国内の売買禁令が主文、ということになる。

私は当時の現実から見て、新たに提示された二の読みに注目する。以下、この②の文言に従って、秀吉令Aを「人身売買停止令《ちょうじれい》」と呼ぼう。この命令をバテレンにもたらした使者は、次のような秀吉のことばを伝えていた。

九州に来るポルトガル人・シャム人・カンボジア人の商人たちが、数多くの日本人を購入し、奴隷として諸国へ連行しているのを、自分はよく知っている。今までインドはじめ遠くへ売られていった、すべての日本人を日本へ連れ戻せ。それが無理ならせめてポルトガル船に買われて、まだ日本の港にいる人々だけでも買い戻して解放せよ、その分の代銀は後で与えよう、と。

バテレン側はこう抗弁した。日本人の人身売買や奴隷売買を廃止したいというのは、イエズス会の長年の方針である。むしろ問題なのは、外国の貿易船を迎える九州の港々の領主たちの態度だ。彼らは日本人の売買をいっこう厳しく禁じようとしない、と(54)。

この抗弁が利いた結果かどうか、秀吉は、この禁令を、外国の買い主ばかりか、奴隷を売ったり、それを仲介する日本人にも及ぼし、現にポルトガル船に奴隷を運んだ舟の持主を磔刑にした、と日本イエズス会は報じている。

先にみた通り、イエズス会もようやく一五九六年以後、しばしば奴隷貿易者の破門令を出し、ポルトガル人が日本から少年少女を買い取って輸出することを厳禁した。

秀吉の見た九州戦場の乱取り

さて、私が注目したいのは、人身売買停止令が、なぜ天正十五年の夏、つまり九州戦国の戦争の終わった直後に発動されたのか、ということである。

九州戦国の戦場にくり広げられた激しい人取りと、ここにいう「男女によらず、黒舟へ買い取り」という、大がかりな日本人男女の海外流出との間には、どのような関わりがあったのであろうか。秀吉自身は九州の戦場をどう見ていたのか。

まず、一通の秀吉朱印状（秀吉令B）をあげよう。文禄二年（一五九三・推定）十一月二日付けで、戦国九州の主役を演じてきた薩摩の島津義久に宛てられている(55)。

①先年、豊州において乱妨取りの男女の事、分領中尋ね捜し、有り次第、帰国の儀申し付くべく候、②隠し置くにおいては、越度《おつと》たるべく候、③ならびに、人の売買一切相止むべく候、④先年相定められ候といえども、重ねて仰せ出され候也、

①先年、島津軍が大友領の豊後で「乱妨取り」した男女は、島津領内をよく探して、見つけしだい豊後へ帰せ。②隠しだては違法だ。③あわせて人身売買はいっさい停止させよ。④これは先年以来の掟だが、ここに再令する、というのである。豊後から買われて島津領に連れ去られた男女は、戦場の乱妨取りによるものだ、と秀吉は見ていた。③の「人の売買」は、明らかに①の「乱妨取り」に起因するものであった。③の文言は秀吉令Aの②とそっくりである。つまりAは、国の内外に向けた基本法であった。

①のような政策は、ふつう人返令《ひとがえしれい》と呼ばれ、自分から村を捨てた人々の連れ戻し策をいう。だがこれは、乱取りされ売り買いされた人々が対象という、いかにも大戦の後らしい異様な人返令であ

った。いったい、①の先年の乱妨取りとは何か。またこの指令の根拠となった④の「先年の相定め」とはAの法を指すのか。まずは①の疑問を追い、④のナゾ解きは後に回そう。

この秀吉令Bは年未詳だが、文禄二年と推定される。それは、その五月、豊後の大友吉統《よしむね》が朝鮮の戦場での「卑怯」を口実にお家断絶の処分をうけ、秀吉はただちに豊後の接収に乗り出していたからである。

それ以前（先年）、島津軍自身が豊後で行った「男女の乱妨取り」といえば、秀吉による九州制圧の直前まで続いていた島津・大友戦争以外にはない。天正十四年（一五八六）、島津軍は大友氏の本拠、豊後府内（大分市）まで攻めこみ、当主の義統を追い出した直後、秀吉軍に攻められ撤退を余儀なくさせられていた。この秀吉令Bによれば、島津軍は豊後国内で大がかりな人取りをはたらき、奪った人々を国もとへ連行し、その売り買いをしていたことになる。

これにはフロイスの証言もある。同じ天正十四年「薩摩軍が豊後で捕虜にした人々は、肥後の国へ連行されて売却された」と書いていたことは、前に紹介した。また「（薩摩勢）が実におびただしい数の人質、とりわけ婦人・少年・少女たちを拉致《らち》するのが目撃された」とか、「敵は臼杵（大分県臼杵市）地方からだけで、婦女子を含めて、三千の捕虜を連行したらしい」とか、「国内で敵が荒らしまくっており、すべてが焼き払われ、婦女子の大群が各地から捕虜となって拉致されて行くのを毎日耳にし」たと、くり返し書いていた(56)。この「敵」は明らかに島津軍を指していた。

次も、戦場の激しい乱取りを証言する、秀吉令Cをあげよう。文禄二年（推定）七月六日、加藤

清正と小西行長の留守居中宛てである。(57)

先年乱入の刻、豊後国の男女によらず、あるいは買取り、あるいは押取り、その国（肥後）にこれある由に候あいだ、相い改め、元のごとく返付すべく候……、

カギは男女の「買取り」「押取り」である。「買取り」は活字本では「関取り」と解読しているが、神戸大学蔵の原本では「買取り」と読めるから、戦勝で乱取りされた男女を転売するのであり、「押取り」は強奪するというのであろう。いずれにせよ「押取り」とともに、戦場の男女の人取りを意味するのは確実である。秀吉は島津宛ての指令Bよりも前に、豊後の戦場で兵士たちに捕まり、肥後に連れ去られた男女の処置を大きな問題にし、その人返しを肥後の大名となった加藤・小西に命じていた。

このCの「先年乱入の刻、豊後国の男女……」は、Bの「先年、豊州において……男女……」とよく似ている。フロイスも島津軍に奪われた豊後の男女は肥後で売られたと書いていたから、この「乱入」もおそらく島津軍の豊後乱入を指している。ただし、加藤・小西ら自身の乱入、つまり秀吉軍による天正十四～十六年の九州攻めや国一揆との戦いをも含む、と見る余地もある。この点は、後で「フロイスの告発」を聞こう。

さて次は、八月二日付けの秀吉朱印状（秀吉令D）二通をあげよう。ともに年未詳だが、ほ

ぼ同文である。一通は肥後の加藤清正・小西行長宛て、もう一通は筑後（福岡県）の立花宗茂・小早川秀包《ひでかね》宛てで、いずれも豊後と境を接する国々の大名たちである。(58)

①豊後国の百姓、そのほか上下を限らず、男・女・童を近年売買せしめ、肥後（筑後）国にこれある者の事、申し付け、きっと返付すべく候、②殊に去年以来、買い捕り候人の事、なおもって買損たるべきの旨、堅く申し付くべく候、……

前段①では、大友領の豊後から、百姓をはじめ様々な人々が、この近年、さかんに売り買いされて、周りの肥後や筑後に連れ去られていた。それを現地の大名の責任で、もとの国へ返させよ、という人返令である。後段②は、とくに去年以来の人の売買はすべて無効だ、と宣言する。

この豊後の男・女・童の売買もまた、大友・島津戦争によるものかどうか、フロイスの証言を聞こう。なお後段②に見える、去年以来、人身売買無効の宣言については、後に検討しよう。

フロイスの告発

フロイスは、島津軍の掠奪ばかりでなく、天正十四年の冬以来、九州に乗り込んできた秀吉軍の激しい乱妨にも、厳しい批判の目を向けていた。「豊後の国に跳梁《ちょうりょう》していた最悪の海賊や盗賊は、とりわけこれら仙石《センゴク》（権兵衛）の家来や兵士たちにほかならなかった」といい、「彼らはなんら恥とか慈悲といった人間的感情を持ち合わせていない輩であり、当不当を問わず、できうる限り盗み取ること以外に目がなかった」と酷評していた(59)。

さらにフロイスは、肥後国一揆の激しい抵抗を制圧したあと、天正十六年（一五八八）春、秀吉が佐々《さつさ》成政《なりまさ》から肥後を没収したときの現地の惨状にも目を向ける(60)。

その執行にやってきた秀吉軍は、戦禍にあえぐ村々に検地を強行し、人々から年貢を厳しく取り立て、支払えない者に虐待を加えた。深刻な苦しみと窮地に立たされた、肥後の人々の生活は全国最悪であった。

ある者は親族、両親、子供、兄弟の虐待と死を救おうと、二、三文の金で己れを売り渡し、その金で支払おうとした。また彼らのある者は身を隠し、または逃亡を試みようとしたが、それは不可能であった。なぜなら、彼らはただちに捕らえられて殺され、彼らの家屋は掠奪されたり蹂躙され、女子供たちは捕虜とされたからである。己れを売る者、息子や娘を売る親たちは数限りなく……彼らは集団となって、雌雄の牛よりもはるかに安い値段で、身を売り歩いていた。

島津軍による戦場の掠奪に追い打ちをかけるように、秀吉軍による戦争と検断と新政の暴力が加えられ、それが人々に絶望的な身売りや逃亡を引き起こしていた。この後さらに文禄二年（一五九三）の夏、大友氏から豊後を接収に来た秀吉軍も「見つけ次第にことごとくを、己れの物として没収してしまう。それがために（ここ豊後の）人々の間で惹起された混乱と暴動は、地獄さながらの観を呈した」とフロイスは報じていた。その後、慶長元年（一五九六）、ある商人が大坂で売春を目的に豊後出身の十八歳の美しいキリシタンの娘二人を買ったが、彼女たちは豊後大友氏の滅亡のときに奴隷の身にされ、上方にまで売り飛ばされていたのであった[61]。

こうして豊後・肥後などの国々では、人の掠奪や売り買いが、戦国の島津氏との激戦に始まり、秀吉の大軍による制圧、国一揆の反撃と制圧、朝鮮侵略、大友改易と、とめどなく襲う激動の中で、絶望的にくり返されていた。天正十五年の夏以来、秀吉が九州で直面し対応を迫られた、全国最悪とか地獄の光景とまでいわれた、戦場の村々の荒廃は、秀吉自身の側に多くの原因があった、というべきであろう。

天正十六年令（人身売買破棄宣言）の発見

さて、この戦後の激しい人の売り買いに、秀吉はどのような対策をとったのか。注目されるのは、先の秀吉令Dの後段にいう「去年以来、買い捕り候人の事、なおもって買損」という文言である。Bにも「先年の相定め」とあった。いったい「去年」「先年」とはいつのことか。

実は「去年以来……買損」とよく似た秀吉令Eが、天正十八年（一五九〇）八月十日付けで、奥羽に出されていた[62]。

一、①人を売り買う儀、一切これを停止すべし、②しかれば、去る天正十六年以来に売り買う族《やから》、棄破なさるるの条、③元のごとく返付すべし、④向後《きょうこう》においては、人を売る者のことは申すに及ばず、買い候者ともに曲事に候……

①人の売り買いはすべて停止せよ。②去る天正十六年以後の人の売買は破棄する。③だから買い取った人は元へ返せ。④以後、人の売り買いはともに違法だ、というのである。

秀吉令Dの「去年以来、買い捕り候人の事、なおもって買損たるべし」は、このEの「去る天正十六年以来に売り買う族、棄破なさる」と文脈がそっくりで、買損・棄破はともに無効・破棄を意味し、さらにDの「去年以来」とEの「去る天正十六年以来」もよく似ている。DとEの二令は明らかに同じ法に準拠している。もしそうなら、去年とは天正十六年のことで、先の秀吉令Dは翌十七年に発令されていたことになる。

では秀吉令Dは、天正十七年八月令と見ることができるか。いまDには二通が知られ、ともに無年号である。一通は肥後を二分する加藤清正と小西行長宛て。もう一通は筑後を支配する、羽柴柳川侍従（立花宗茂）と羽柴久留米侍従（小早川秀包《ひでかね》）宛てで、ともに豊後と境を接する国々の大名たちである。この宛所《あてどころ》（宛名）の書き方が年次推定のカギをにぎる。

その一、加藤清正と小西行長が揃って肥後の大名になるのは、天正十六年閏五月、佐々成政が肥後国一揆の責任を問われて自死した後である。だからDはその後に出されたことになる。

その二、小早川秀包が筑後久留米（福岡県久留米市）の大名になったのは天正十五年六月だが、久留米侍従の称号を得たのは同十七年七月。だからDはその後に出されたことになる。

その三、二通とも宛所に「留守居中」と付記されないから、四大名ともに朝鮮に駆り出されていないようだ。だからDは天正二十年（一五九二）三月以前の発令であろう(63)。

一～三から見て、秀吉令Dが出されたのは、天正十七年から同十九年までの三か年に限られる。だから、Dの「去年」を天正十六年と見ても無理はない。秀吉の人身売買停止令は、（発令時期は未詳だが、その発動は）天正十六年を画期としていたことになる。

その発動と見られる例が、一つはBの「先年の相定め」で、その他にも文禄二年（推定）八月廿九日付け秀吉朱印状（秀吉令F）がある。寺沢志摩守（正成）宛てである(64)。大友改易と同時に、薩摩の出水《いずみ》や肥後の水俣の領主だった島津忠辰《ただとき》（泉又太郎）も、秀吉に領土を没収され、肥前唐津の寺沢正成がその執行に当たっていた。その騒動の中で、侍（下っぱの武家奉公人）から百姓まで、男も女も奪われ買われて、薩摩・大隅・日向など近隣の国々へ連れ去られていた。

その惨状を知った秀吉は、指令Fで「御法度の旨に任せて、早々召し返せ」と命じ、売り買いされた人々の人返しと還住《げんじゅう》を求めた。文脈から見て、ここにいう「御法度の旨」が、A・B・Eの停止令か、D・Eの「天正十六年以来の人の売り買いは買損（棄破）」の法を指すことは、まず疑いあるまい。

この人返令にしたがって出水へ送還された者もあったらしく、彼らは「返り者」と呼ばれた。その「返り者」を、こともあろうに寺沢の下代官が横取りし、「百姓めいわく」と告発されて、船で夜逃げする、という事件まで起きていた[65]。奴隷にかけがえのない価値のある時代であった。

秀吉人身売買停止令の位置

天正十五年に秀吉令A（バテレン追放令第一〇条）が宣言した人身売買停止の国禁は、明らかに戦争の惨禍に深く根ざしていた。「奴隷は最もふつうには戦争中に生ずる」という厳粛な現実があればこそ、戦場と人の売買は、同時に封じ込められなければ、平和にはならなかった。

次いで秀吉は「天正十六年以後の人の売り買いはすべて破棄する」と、人身売買の無効宣言をくり返し発していた。だがその法自体は発見されていない。秀吉は十六年に新たに人身売買停止令を定めたと見ることもできるが、むしろ十五年夏の秀吉令Aの再令と見るのが妥当かもしれない。

というのは、バテレン追放令の直後から、あいつぐ土着の国一揆の反撃によって、九州各地は激しい戦場に逆戻りし、九州が再び秀吉の平和の下に置かれるのは、翌十六年春のことだからである。なお秀吉の海賊停止令もまた、初令はおそらく十五年で、一般に知られる十六年令は再令である。

つまり、この人身売買停止令は、天正十四年冬から十六年春にわたった、秀吉軍の軍事行動（いわゆる九州征伐と国一揆の制圧）の後、ついに九州の戦争が終わった天正十六年を決定的な画期とみなし、ついで大友氏らの改易による豊後などの直轄化と連動して、くり返し発動されていた。

それは、自らの介入によって激化させた、九州戦場の深刻な奴隷狩り・奴隷売買を、どうやって救済するかという課題に迫られた結果であり、同じ年に出された海賊停止令・刀狩令とともに、豊臣平和令の不可欠の一環をなしていた。それは単なる人身売買の国禁の復活などではなかった。
事情は戦国最後の戦争となった、秀吉の関東・奥羽攻めにも一貫していた。

東国の平和と秀吉令

天正十八年（一五九〇）四月、小田原城とその城下だけを残して、北条方の全領域を制圧するめどが立つと、秀吉は広く関東の戦場に展開する諸大名軍にこう指令した。

G　越後上杉景勝の軍宛てに(66)

①国々の地下人・百姓ら、小田原町中の外、ことごとく還住の事、仰せ付けられ候条、その意をなすべく候、②然るところ、人を商売仕り候由に候、言悟（語）同（道）断、是非なき次第に候、売る者といい、買う者といい、共にもって罪科軽からず候、③しょせん、買い置きたる輩は、早々本の在所へ返し付くべく候、自今以後においては、堅く停止……

H　信濃真田昌幸の軍宛てに(67)

①在々所々の土民百姓ども、還住の儀仰せ出だされ候、そこもと堅く申触れべく候、②東国の習いに、女・童部をとらえ、売買仕る族候わば、後日なり共、聞召し付けられ次第、御成

敗を加えらるべく候、③もしこれを捕え置く輩これあらば、早々本の在所へ返し置くべく候、

これらは共に西上野《にしこうずけ》（群馬県西部）の松井田城や箕輪城で戦う上杉・真田両軍に宛てた、わずか二日違いの指令の一部で、ほぼ同じ文脈である。

①は戦場の村々に対する還住令《げんじゅうれい》で、豊臣方になった村人の帰村を保障した。②は戦場における人取り・売買の禁令で、「小田原町中」の外では、人取りとその売買をすべて禁じ、背く者は処刑するという。Gは「人を商売仕る」者といい、人買い商人だけを規制しているように見えるが、Hは「女・童部をとらえ、売買仕る族」と具体的で、明らかに戦場の人取りが焦点である。③は人返令《ひとがえし》であるが、その対象は自分で村を捨てた人々ではなく、九州令と同じく、戦場で掠奪され売買された人々が焦点であった。

①の還住の保障＝住民の安堵は、②の奴隷狩りとその売買の廃絶を核心とし、③の人返令とともに、戦後復興策の柱となっていた。ただしGは、これら一連の安全保障も「小田原町中の外」だけで、敵地の小田原町中には秀吉の平和を適用しない、と明記していた。戦場の小田原城下の町中では、奴隷狩りもその売買も野放しであったことになる。

なお、Hの「東国の習いに、女・童部をとらえ、売買仕る」というのは、秀吉が東国で人の勾引《かどわかし》や人身売買の習俗を目の当たりにし、非難しているようにも見える。だが秀吉は、それが東国だけの習いではないことを、九州でも知りつくしていた筈である。おそらくその真意はこうだったので

はないか。

人の売買の禁止は、すでに天正十六年を画期とし、秀吉の基本法として、全国（秀吉の天下）に施行されており、この十八年の段階で、「女・童部をとらえ、売買」する戦場の習わしが残るのは、もはや東国だけとなった。だが、いまや秀吉の平和のもとで、ここ東国においても、その習わしは厳禁されねばならない、と。先にみた秀吉令E（奥羽宛）はその総括であった。

秀吉の人の売り買い停止令は対九州令と同じく、ここ東国でも戦争終結を機に発令されていたのであった。この事実をもとに、あらためて日本の人身売買禁令の系譜をたどれば、律令法から公家新制（治承令以後）・鎌倉幕府法を経て江戸幕府法まで、どの統一政権の法にも一貫する国禁であり、いわば日本の祖法であったことに思い至る。

とすれば、豊臣政権が人身売買停止令を秀吉の平和令の一環として、天正十六年を画して全国法として打ち出したことは、ここに天下一統過程の終結、全国政権の確立を天下に宣明する意義が籠められていた、と見ることができる。峯岸賢太郎氏も、この秀吉の人身売買禁令は全国支配の達成と密接に結びついていた、と説いている。

2　朝鮮侵略の戦場

平和と侵略

天正十八年（一五九〇）七月、東国に君臨した北条氏が滅び、翌月、奥羽仕置《しおき》（東北地方の豊臣化）を最後に日本の内戦は終わり、国内の戦場はすべて閉鎖された。人々はこれを「天下一統」と呼んだ。その直後から、奥羽の各地に反統一の土着一揆があいつぐが、翌十九年九月、北奥（岩手県）の九戸《くのへ》一揆が敗れると「秀吉の平和」は日本中をおおった。

だが、まさしくその瞬間、朝鮮侵略への大動員が日本中に発令された。日本の平和（ポジ）と朝鮮の戦争（ネガ）は疑いもなく表と裏の関係にあった。秀吉の平和、日本の平和は、戦場のエネルギーを強引に朝鮮の戦場に放出することで、ようやく保障され安定した。戦国の戦場にあふれ返っていた「女・童部をとらえ売買」する営みや、それに熱中していた雑兵たちは、いったいどうなったのか。

男女生捕り、日々に参る

侵略が始まったばかりの天正二十年＝文禄元年（一五九二）春、常陸《ひたち》佐竹軍の平塚滝俊は大本営の肥前名護屋《なごや》城（佐賀県唐津市）に着くと、国元へこう書き送った(68)。

高麗《こうらい》のうち二、三城せめ落し、男女いけ取り、日々参り候よし、くびを積みたる舟も参り候よし申し候、これは見申さず候、女男は何《いず》れも見申し候、

朝鮮の戦場では勝ち戦さが続き、戦場で生捕られた男女が日ごと名護屋の港へ送り込まれている。自分もそれを確かに見た。首を積んだ船も来ているそうだ。敵の首は大名の手柄として秀吉の首実検に備え、戦功を認めてもらうためであったが、男女の生捕りは海賊商人たちの船に積まれ、名護屋・呼子《よぶこ》の一帯に広がる舟入りから、名護屋の町へ歩かされていたのであろう。

実は秀吉も、その四月末から日本軍に宛てて、高麗国向けに「今度乱入の刻、人捕り仕り候わば、男女によらず、その在所々々へ返付すべし」という禁制や掟を、大量に出してはいた(69)。明らかに、日本の戦場の人取り習俗の朝鮮への持ち出しが、予期されていたのである。

翌年の六月、加藤清正も朝鮮晋州《チンジュ》城の戦場で、「清正に知らせず、乱妨狼藉に下人を一人遣わす者これあるにおいては、その主人にかかり成敗」と定め、「下々の人足以下まで、よく申し聞かすべし」と命じていた(70)。どうやら清正軍の武士たちは、自らは手を汚さず、手下の雑兵や人夫たちに掠奪をやらせ、その上前をはねていたらしい。しかも「清正に知らせず」という以上、モグリの掠

奪のほか清正公認の掠奪もあったことになる。

また島津義弘も石田三成に「御家中の船ども、苅田または乱妨に、先々へ参り候こと、堅く停止たるべし」と、軍の逸脱ぶりを警告されていた。事実、島津軍の海賊兵たちは、船を使って川伝いに勝手に奥地まで入りこみ、苅田や乱妨などを働いていた(71)。

ところが秀吉自身も、戦場の大名たちにこう指示していた。

朝鮮人捕え置き候内に、細工仕り候もの、並びにぬいくわん(縫官)、手のきき候女、これあるにおいては進上すべく候、御用に召しつかわるべく候、家中をも改め、相越すべく候也、

大名軍の捕まえた朝鮮人の中から、腕利きの技術者や女性たちを選び出して献上せよ、というのである。「家中(大名軍)をも改め」という通り、秀吉もやはり各日本軍の大がかりな奴隷狩りを見越して、その一部を召し上げようとしていた。

立花家に伝わったその原文書を見ると、四七×六六センチという大型の折紙《おりがみ》に、秀吉の朱印をすえた、文字も大きい堂々たる命令書で、同日付けの指令が十もの大名に出されている。この命令を受けて、鍋島氏は縫官二人を、島津又七郎も一人を秀吉に献上して、礼状をもらっていた。雑兵たちから秀吉まで、国ぐるみの人の掠奪であった(72)。

サルミ・テルマ・カクセイ

文禄四年（一五九五）夏、中国側の介入でようやく講和が実現しかかったとき、中国（朝鮮）側が日本に「直ちに朝鮮人の日本連行をやめよ」と要求したのは当然であった。小西行長と寺沢正成は講和を進めるため釜山に渡ると、日本軍に「陣こぼち」つまり倭城《わじょう》（日本軍の城）十五城のうち十城の城破《わ》りを命じ、あわせて「さるみ日本へ遣わされ候儀、御法度」と宣言した。この二つが講和実現の柱であった。

その「御法度」の骨子は、①サルミを日本に連行するな。②すでに捕らえたサルミ・テルマ・カクセイを調べて台帳を作り、検使立会いの下に朝鮮側に引き渡せ。③日本から来た町人以下の者が（兵士たちから）買い取ったサルミも没収する、という徹底したものであった[73]。

日本軍が倭城を壊して日本へ撤退するのは勿論、そのとき兵士も人買い商人もともに、朝鮮人を日本へ連れ帰るのは絶対に許さぬ、すべて朝鮮側に引き渡せ、というのである。それをきびしく監視するために、中国と日本双方の検使が各倭城に向かった。しかし秀吉はこの講和を拒み、再び泥沼の戦いに落ちて行く。

慶長二年（一五九七）、再侵略の真っただ中の戦場から、一人の島津軍の武士が国元の妻（内方・宿本《やどもと》）宛てに、ひらがなの長い便りを書いていた。彼は大嶋忠泰といい、伴に小者を四人ほど引き連れた小身の武士で、この戦いを通じて①『高麗御供船中日記』、②『大嶋久左衛門忠泰高麗道記』、③『大嶋久左衛門忠泰従高麗之文写』などをまとめた、筆まめな男であった[74]。

その③に、こんな便りがある（要約）。

こんどの戦いはひどかった。二十万もの敵を相手にわが島津軍は、三万余人もの敵の首を取り、首塚に葬った。私も大いに戦って敵を四人も討ち取った。傍輩たちはみな、やっつけた敵の懐から五百目・三百目と金を奪い取って、大もうけした（人は過分の利を召し候）。ところが私は乱戦の最中に乗馬を失ったうえに、四人の小者たちとも離ればなれになった。そのため、ついに「敵の古着さへ剝ぎ申さず……何共ぶのわろさ、くちおしく候」。いっしょに戦った角内も敵を二人も倒したのに、懐には金をもっていなかった。私の倒した四人は金をもっていたかも知れないが、激戦の最中では、手柄の証拠に鼻を削ぐのがやっとだった……。

ゴヤの版画「戦争の惨禍」さながらの光景である。

また、こんな便りもあった。

こんど、家来の角右衛門が日本へ帰るので、テルマとカクセイをお土産に届けさせた。無事に着いただろうか。そのうちコカクセイ一人は娘にやってほしい。私も戦場で十一歳の子どもを手に入れ（求め）て召し使っているが、ひどい病気もちで困っている。いずれ娘にもテルマを一人、手に入れ（求め）て贈ろう。また、拾左衛門尉《じゅうざえもんのじょう》殿にも下女にできそうな子を一人、手に入れ（取り）て、次のお土産にしよう。ただ、いまは加徳《カドク》という島の暮らしで、食べるのがやっとだから、そのうちに手の者をやって、手に入れたら（取り候わば）送りたい……。

まるで旅先から「お父さんの土産を楽しみに」と書き送っているような、なにげない雰囲気である。コカクセイ一人とか、テルマ一人、下女にまかりなるべき一人などとあるから、家族への贈物にされたテルマ・カクセイ・コカクセイは、明らかに朝鮮の人々を指している。それを手に入れるのに、「もとめて」とか「一人取り」とか「内衆つかわし候て取り」などといっている。「求めて」は、買い求めてという意味のようでもあるが、「取り」は買い取るのか奪い取るのか、曖昧である。いずれにせよ、島津軍の武士たちが、朝鮮の戦場でもさかんに人取りや人の売り買いをしていたことに変わりはない。朝鮮の人々を日本の留守宅へ土産に送り、家族もまたそれを楽しみにしていたらしいのである。まして倒した敵を身ぐるみ剝ぐのは、戦場の常であったようだ。

戦場の人買い商人

いったいカクセイ・テルマ・タルミとは何か。調べあぐねた私は、ナゾ解きに期待を込めて、秀吉の侵略拠点となった肥前名護屋城跡を訪ねた。もう六回目の旅である。佐賀県のもと鎮西町から呼子町の一帯にかけては、日本全国の大名軍の大半を集めた、本格的な陣営の跡がいまも累々と遺っている。その巨大な遺跡を発掘保存し、侵略（韓国では壬辰《じんしん》・丁酉《ていゆう》の倭乱《わらん》と呼ぶ）の歴史のありのままを世に伝えようと、一九九三年秋、佐賀県立名護屋城博物館が開館した。ここで侵略文献を研究する学芸員の本多美穂さん（現・県立佐賀城歴史館）から、私は多くの手がかりを与えられた。

カクセイ・テルマ・タルミは、ほかにも用例がある、という。その一つは、臼杵（大分県臼杵市）から朝鮮に動員された、老僧慶念《きようねん》の『朝鮮日々記』であった。あの島津軍の武士と同じ頃、朝鮮南部の戦場で書き継いだ、狂歌まじりの日記である。(75)

かくせいや　てるま・たるみの　にやくわんども　くゝり集めて　引きて渡せる

かくの如くに買い集め、例えば猿をくくりて歩く如くに、牛馬を引かせ、荷物持たせなどして、責むる躰《てい》は、見る目いたわしくてありつる事也、

カクセイ・テルマ・タルミが縄につながれて引き廻されている。これは（日本軍に捕らえられ）人買い商人に買い集められた人々で、まるで猿のようにつながれ、牛馬を引かされ荷を負わされ、責め立てられる姿はあまりにいたわしく、思わず目をそむけた、という。また「日本よりも、よろずの商人も来りしなかに、人商いせる者来り、奥陣より（日本軍の）後につき歩き、男女老若買い取りて、縄に首をくくり集め、先へ追い立て」とも書いていた。

石田三成の出した港ごとの通過証明にも、朝鮮から日本へもどる四十八人の船乗りと、テルマ・カクセイ三人の連行が記されていた（小林家文書）。

また後の軍記『日向記』にも、朝鮮の戦場で日本兵たちが、村々から大量の大豆を奪ったうえ、「テルマ・カクセイノ郷民等、十八人ヲ捕ヘ」て引き揚げた、とあった。カクセイ・テルマ・タルミは、おそらく朝鮮語の音の日本風の表記で、日本兵の間でよく使われたらしい。

タルミはサルミとも書き、ハングルで人を意味するサラムの訛りで、木村理右衛門『朝鮮物語』の朝鮮語解説にも、人はサルミとあるし、数ある朝鮮従軍記にもしばしば出てくることばである(76)。

ではカクセイとは何か。日本軍が戦場で使ったという軍政用語を三百六十語ほども集めた「高麗《こうらい》詞《ことば》の事」には「美キ女連《つれ》テコヨ(美女を連れてこい)＝コブンカクセイボトラオラ」とある。別に「連れてこい」はボトラオラとあるから、コブン・カクセイはいい女ということらしい。

また平戸の松浦《まつら》鎮信《しげのぶ》には、慶長三年に朝鮮から連行した小麦様と呼ばれる側室がいた。彼女は朝鮮王の娘と伝えられ、その名を「かくせい」とか「廓清姫」といったという。カクセイはカクシの日本訛りで、若い女性を、コカクセイはもっと年少の女の子を指すようである(77)。

しかしテルマは難解である。島津軍の武士はテルマを「下女にまかりなるべき一人」といっていたから、これも若い女性を意味するらしい。まだ、ほんの推測に過ぎないが、カクセイ・コカクセイ・テルマは、人取りした朝鮮の女性たちを、細かく区分する言葉であったのかも知れない。

朝鮮戦場からのメッセージ

一五九八年のイエズス会による奴隷売買者破門令の決議は、こう告発していた。日本人が無数の朝鮮人を捕虜として日本に連行し、ひどい安値で売り払っている、とくに長崎一帯の多くの日本人は、ポルトガル人に転売し巨利をあげるために、日本各地を廻って朝鮮人を買い集め、また朝鮮の戦場にも渡って、自ら朝鮮人を掠奪した、と。日本の国内で朝鮮人を買い、外国に転売した奴隷商人やその周旋人は、戦場で活躍した兵士たちか、長崎の商人たちであった。イエズス会の宣教師が「日本人は計り知れぬ程の朝鮮人を捕虜にし、彼等を日本に連れ戻った後、捨値で売り払った」と書いていたのは、このことであった。また一五九六年度、長崎発のフロイスの年報も、朝鮮から連行されて長崎に留まっている、多数の男女に布教したが、その数は一三〇〇人以上にのぼった、と記していた。その頃、長崎や平戸は世界有数の奴隷市場として知られていた[78]。

朝鮮の戦場から連行された人々の運命を追って、大作『文禄・慶長役における被擄人の研究』を著した内藤雋輔《しゅんぽ》氏によれば、奴隷狩りはとくに朝鮮南部の諸州に集中し、侵略初期の文禄（壬辰）戦より、末期の慶長（丁酉）戦の方が十倍もの惨状を呈し[79]、掠奪連行された人々は、島津領の薩摩だけでも三万七〇〇余人はいた、との見方もあるという。

こうして少なくとも数万にのぼった被虜人の返還問題は、やがて、朝鮮との復交をめざす徳川外交のもっとも重要な課題として追求された。だが、正規の外交ルートを通じて実際に朝鮮の故郷へ帰されたのは、内藤氏の試算によれば、朝鮮側の正史『李朝実録』（朝鮮王朝宣祖実録）に記録されるもの約五七二〇人、諸記録を含めても七五〇〇人ほどに過ぎなかった[80]。

かつて私はこれら衝撃の証言に圧倒され、まだ反日の感情もけわしかった戦禍の国へ長い踏査を試みて、侵略の惨禍を一書にまとめた(81)。もう三十年余り前のことである。そのとき私は、十六世紀末の日本軍による激しい掠奪行為を、外国の戦場ゆえの逸脱、侵略戦争ゆえの頽廃、近代に先行する強制連行の史実、と見るにとどまった。朝鮮戦場での人取りが、実は日本国内の戦場の人取り習俗の持ち出しであったなどと、当時はとても信じられなかったのであった。

3　江戸初期の戦場

関ケ原戦場の人取り禁令

戦争を国外に持ち出すことで、国内の戦場が閉鎖され、秀吉の平和は実現した。しかし戦争そのものが消滅しないかぎり、戦場の人取り習俗が廃絶されることは、まずありえなかった。江戸初期の戦場でも、人取りはなおさかんに行われていた様子である。

関ケ原合戦の戦場で何が起きていたか、その実情を私はよく知らない。ただ慶長五年（一六〇〇）七月七日、戦場に臨む徳川方の軍法は、味方の地での放火・濫妨・狼藉を厳禁し、「敵地において、男女乱取りすべからざる事」とも付記していた。一見、敵地をも含む徹底した禁令のようであるが、別に「男女みだりに取るべからざる事」という禁令もある以上、軍律を乱す勝手な人の掠奪を禁止する、というのが軍法の狙いで、原則的な人取り禁令と見ることはできない[82]。

また、この合戦の最中に、東と西の両軍がそれぞれ、味方になった戦場の村々に安全を保障した禁制＝制札にも、しばしば「一、濫妨狼藉、ならびに男女以下を押し取る事[83]」、「一、男女によらず人を捕る事[84]」、「一、妻子・牛馬を取る事[85]」など、戦場で男女を掠奪するのを禁止する、という旨が明記されていた。これは、戦国期の禁制＝制札では大まかな「濫妨狼藉を禁止する」という条項があるだけで、人取りの禁止が特記されることがなかったのと比べると、大きな違いである。

この傾向は、戦国も末の天正期（一五七〇年代）頃から、豊臣期を経て江戸初期にかけて、次第に顕著になっていた。戦場の奴隷狩りは、それに伴う人身売買とともに、戦争の惨禍の大きな焦点とみなされ、天下の平和を目指す中世末の社会の、最大の課題として登場していた。

大坂の陣の奴隷狩り

ついで大坂夏の陣の終わった元和元年（一六一五）五月、醍醐寺の義演《ぎえん》は「将軍、昨日、伏見城へ御入りと云々、女・童部ども取りて陣衆帰る、あさまし」と、戦場での人取りを言葉少なに書き留めていた[86]。戦争が終わると、徳川家康は大坂から伏見城に入り、大坂に在陣していた徳川軍の兵士たちも、「女・童部ども」を掠奪して引き揚げていった、というのである。

『大坂夏の陣図屛風』にも、戦場の町から避難する民衆に、人の掠奪、物の掠奪を働く場面が、実に克明に描かれている。乱妨を働く兵士たちの具足には、「みつば葵」の紋も見える。紛れもない徳川軍そのものの奴隷狩りの図である[87]。

この戦争では『三河物語』も、「ことごとく女子をば、北国・四国・九国・中国・五畿内・関東・出羽・奥州迄、ちり〲にとられけり」と書いた[88]。「女子をば……とられけり」は、義演の「女・童部ども取りて……」とそっくりである。この頃の「取る」の語には、「奪い取る」のほかに、「買い取る」という意味がある。だから「ちりぐ〳〵にとられけり」は、戦場の町の人々が掠奪された後に、人買い商人たちの手で各地へ散りぢりに買われて行った、と読むのが妥当かもしれない。

この戦争の翌年四月三十日付けで、東インド会社駐在員のウイッカムからの報告をうけた平戸イギリス商館長コックスも、戦後に人身売買をした日本人二百名が大坂で死刑に処せられた、と証言していた。戦後の人身売買という以上、戦場の人取りの結果と見てまず間違いあるまい(89)。

濫妨人改めの帳

徳川軍の石川忠総は、自ら侍・町人・百姓など三十人を大坂の戦場で生捕りにしたが、侍分は切り捨て、町人・百姓は解放せよという「上意」が出た、と書いていた(90)。幕府は元和元年五月十二日、大坂方残党を追及する「落人改《あらため》」令を出し、「今度、男女濫妨、大坂より外の者をば、異儀なく帰せ」と指示していた(91)。「上意」とはこの幕府の指令のことであろう。「大坂より外の者」という限定は、先に見た「小田原町中の外」(五五頁参照)と同じことで、戦場の外での人取りは無効(戦場＝大坂での人取りは合法)というのである。

この幕令をうけた蜂須賀軍は、直ちに「大坂濫妨人改め」つまり自軍の奴隷狩りの実情を調査し、その詳しい調書を、「大坂濫妨人ならびに落人改之帳」という標題を付けて、幕府に届け出た(92)。この「奴隷狩り調査書」に初めて光を当てたのは高木昭作氏であった。記載の一例をあげよう。

一、女　壱人　生国大和の者、大坂町に、後家にて居り申す者の由に候、主水（細山）の内、
　森三郎兵衛とらへ、罷り越し候、
一、男子弐人　右の女せがれ、年八ツ・五ツ、
一、女子壱人　右の女せがれ、年三ツ、

この調書には、濫妨＝奴隷狩りをした兵士、つまり濫妨人の名（森三郎兵衛）、軍の所属（細山主水の内）、捕まった者の性別（男女）、その在所（大坂町）、続柄（後家・せがれ）、年齢（年八ツ・五ツ・三ツ）などが詳しく記された。ことに人取り地点の特定が眼目であったらしく、「大坂にてとらへ申し候」などと、一々にかなり詳しく記される。自軍の人取りはすべて戦場での行為で合法だと主張しているのであり、その立証こそが、この「濫妨人改め帳」の狙いであった。

掠奪された「濫妨人数」は、末尾には総計一七七人（男八二人・女九五人）とあり、その内訳は、奉公人の男一七・女三三、町人の男二九・女四七、子どもは男子三五・女子一六人とある。これを男女別に見ると、高木氏の検算では、男三八人・女六八人・子ども六四人の実数一七〇人となる。明らかに女・童が多く、義演の「女・童部ども取りて、陣衆帰る」を裏書きしている。多くは大坂町人とその家族であり、下っぱの武家奉公人がそれに次ぐ。これはわずか一大名だけの、表向きの届けの数字に過ぎない。戦争捕虜を含む奴隷狩りの実数は、全幕府軍ではどれほどにのぼったのであろうか。

戦争奴隷たちの行方

いったい生捕られた人々はどこへ行ったのであろうか。

転々と売られ、ポルトガルの船に積まれて、東南アジアに送られた人々の軌跡はかなり確かである。また町場の商家に下人・下女として隷属した人々の痕跡も、その一部は『長崎平戸町人別帳』などによって、わずかに辿ることもできる(93)。

しかし、凶作や飢饉のつづく戦国の村々に、富家の下人となって、耕地の開発や経営の多角化に駆使されたとみられる人々の消息は、ほとんど聞くことができない。わずかに行方が知られるのは、そのほとんどが武士たちの下に下人として取り込まれた人々であるが、それさえ、良質の手がかりは乏しいのである。

たとえば、こんな話がある。大坂の陣から十年も経った寛永三年（一六二六）八月、大坂四天王寺の二人の楽人が、人を介して伊達氏にこんな頼みごとをしていた。

同じ楽人の岡という家の子ども春松が、大坂の戦乱のとき、姉の福といっしょに伊達軍の「取物」にされてしまいました。今は二蔵という名前をもらって、伊達家中の杉田某のところに暮らしています。姉も同じ伊達家中に暮らしています。二蔵に聞けば消息がわかる筈です。四天王寺の楽人の家は他家の者が継ぐことは許されない定めで、いまのままでは家が絶えてしまいます。まことに難しいお願いですが、二人が楽人の家を継ぎ、四天王寺（聖徳太子）にご奉公できるよう、なんとか返してもらえないでしょうか(94)。

戦乱の中で捕まった幼い姉と弟が、大坂から遠く仙台に連れ去られ、別々の武家に使われていた。そんな人々を取物（捕り者）とも呼んだらしい。また次のような例もある。(95)

①三郎兵衛は大坂にて落人の子と母とを生捕りて、子を禿《かむろ》にしてつかう、名をさつまとつくる、

②久七生捕り申し候者二人、但しこれは具足櫃《ぐそくびつ》・わりこ持ちにて御座候、うち一人は山城長池の者喜三郎と申し候、則ち十か年も召し仕《つか》い申し候、

③我等とらえ申すせがれ五人、あげ申し候えば、譜代《ふだい》にいたし申し候えと、御じきに御申し候て、くだされ候、

④越後の者をらんどり仕り、此方へめし遣う事、

生捕られた人々で、確認できるものは、いずれも「下人」と呼ばれた武家奉公人として駆使されているから、こうした例は少なくなかったのであろう。すでに鎌倉期には、「殺害盗犯などの重科の輩、初めは召し取るといえども、後には召し仕う」などといわれて、多くのヤクザまがいの犯罪奴隷たちが領主の下に抱え込まれていた。(96)広く中世の武家被官・武家奉公人に、犯罪奴隷や戦争奴隷たちがどれほどの構成比を占めたかは、これからの興味深い課題である。

近世初期の人身売買停止令

さて、この大坂夏の陣の後にも、幕府から、秀吉とよく似た人身売買停止令が出されていた。元和二年（一六一六）十月の「定」九か条の第二条がそれである。一見したところ、ありふれた人の売買や勾引《かどわかし》売り禁令のように見える。(97)

一、①人の売買の事、一円停止たり、②もし売買濫《みだり》の輩は、売損・買損の上、売らるる者は、その身の心にまかすべし、③ならびに勾引売りについては、売主は成敗、うらるる者は本主（人）へ返すべき事、

ここで、第一に私が注目したいのは、①の人身売買停止令と、その発令時期である。あたかも秀吉が九州攻め、東国攻めの終わった直後に人身売買の停止令を出したのと同じように、大坂夏の陣が終わった翌年、ちょうど全国的に戦争態勢が解除された段階に当たるからである。

第二は、②の文言である。人身売買の取引は売損・買損とする、というのは、秀吉の天正十六年令とよく似ている。また後段③で勾引売り（人をかどわかして売ること）については、売った者は成敗（死刑）の極刑を科すと定めているから、法の重点は明らかに掠奪売買の禁止にあった。

この定め九か条の中には、「手負たるものをかくし置く」（五条）、「主なし宿かり」（六条）、「ふかく顔をつつみかくす族」の規制（八条）など、慶長十四年（一六〇九）正月二日令に初めて現れ

た治安立法のくり返しも見えるが、この第二条の掟はまったくの新法である。

この戦争直後の新法にいう人の売買や勾引売りは、大坂の戦場の人の掠奪や売り買いが、戦いの終わった後、そのまま日常の街角に持ちこまれていたことをはっきりとうかがわせる。おそらくこの掟は、それを何とか抑えこもうとする、戦後処理のための時限立法であった。

徳川最初の人身売買停止令もまた、「元和偃武《げんなえんぶ》」といわれた、国内の戦場が閉鎖された直後に出されたのは事実であり、その事情は秀吉の時と同じである。戦闘そのものは一方の敗北によって終わるが、戦場やその周辺に広がった悲惨な戦争状況（乱取り状況）を終わらせるには、人身売買停止令が不可欠であったことを示唆する。いつも戦争が奴隷の発生源であったからである。

秀吉から家康へ引き継がれた天下統一（徳川の平和）によって、戦争奴隷の供給が断たれたことは事実であるが、それによって人身売買が消滅したわけではない。「徳川の平和」後の人の売買や、新たな労働力の需要については、後に詳しく述べよう。

4　奴隷狩りの系譜

こうした日本の戦場の濫妨、ことに奴隷狩りは、いったいどこまで遡るのであろうか。それはなぜ野放しにされたのであろうか。ここで中世戦場論をくり広げる用意はないが、糸口だけは探っておきたい。

将門の乱の人取り

十世紀の中頃、平将門《まさかど》らの活躍した北関東の戦場も濫妨狼藉の世界であった。これは、承平《じようへい》七年（九三七）八月、平良兼《よしかね》の軍が重ねて将門の館を襲った時の光景である。

未だ合戦いくばくならざるに、伴類、算のごとく打ち散ず。のこるところの民家は、仇のために皆ことごとく焼かれ亡びぬ。郡の中の稼穡《かしよく》・人馬ともに損害せられぬ。(98)

まだ戦いが始まったばかりなのに、仲間や従者たちは散りぢりに逃げ去り、民家は敵に焼き払われ、田畠の作物（稼稷）も人も馬も、みな奪い去られてしまった。

ここにいう「損害」は乱取りと同じことで、館攻めの光景が戦国の城攻めと実によく似ている。この後の戦いでは、将門の妻子も資財もみな上総に奪い去られ、住民たちもまた「夫兵等《ふひょう》のために、ことごとく虜領《りょりょう》せられた」。また「つねに人民の財《たから》を掠《かす》めて従類の栄《さかえ》とす」ともいう。人夫のような雑兵たちに捕まって、人も物も根こそぎ奪われてしまった、というのである。

ところが、激戦の末に「新皇」となった将門は、「女人の流浪するを属に返すべきは、法式の例なり」と宣言していた。奪い取った人を戦いの後に返し合うのは「法式の例」だという。もしこの文字通りならば、すでに十世紀の半ばに、戦場の人の掠奪もその互いの人返しも「法式の例」、つまり、もとは国法にはじまり、戦後処理の習俗ともなっていたことになる。

降って十一世紀初め、アムール河の上流域から海を越えて北九州を襲った女真族は、初めから人と穀物の掠奪を目的としていた。刀伊《とい》の入寇《にゅうこう》と呼ばれるこの戦いで、殺された日本人は約四七〇人、生きながら拉致された日本の男女は、実にその三倍に近い一三〇〇人に上り、奪われた牛や馬も三八〇頭に及んだ(99)。

鎌倉武士の戦場

さらに十二世紀の末、出羽（秋田郡）で起きた大河兼任《おおかわかねとう》の乱の折、追討の軍を送った源頼朝は捕虜の上進を命じ、兵の暴発をいましめて「落人《おちうど》の相論《そうろん》ならびに下人らのことに就いて、傍輩《ほうばい》互いに喧嘩あるべからず」と命じていた。戦場で生捕った敵方の兵士（落人）や住民（下人）の奪い合いをしてはならぬ、というのである。鎌倉武士による戦場の人取りはあって当たり前だが、それを敵前で奪い合う相論・喧嘩だけは避けたい。それが頼朝の関心であったろう。「夜討・強盗・山賊・海賊は世の常のことなり」、「所領に離れ……野に伏し山に蔵《かく》れて、山賊・海賊をする事は、侍《さむらい》の習いなり」が、鎌倉武士の世界では当然のこととされていた。(100)

十三世紀の末から、日本の海賊衆を主とした倭寇が、朝鮮や中国から穀物と人民を掠奪し続けた事実も見逃せまい。その惨禍は「倭寇の至る所、人民一空す」(101)という言葉に尽くされている。十四世紀の半ばから南北朝の内乱期を通じて、高麗（朝鮮）・明（中国）側の正式な抗議を受けて、南朝側からも北朝側からも、倭寇に掠奪された男女の送還が行われた。そのうち北朝側の九州探題によって送還された朝鮮人の数は千七百余人に上った。それは、掠奪した人々をいわば貿易品として輸出し、その代償に相手方から必要とする商品を獲得しよう、という身代金狙いであった、という。

捕まって日本で奴隷として使われた者も少なくなかった。十六世紀半ばの謡曲『唐船《とうせん》』には、もと海賊に奪われて日本に連行され、筑前の箱崎殿に牛飼いとして使われる、中国人が主役として登場していたほどである。この時代の倭寇の惨害については、村井章介氏の追究がみごとである。(102)

戦闘には激しい掠奪が伴い、その配分にあずかるのが従軍の目的であったことは、洋の東西を問わず原始古代の合戦の通例だ、といわれる。(103)だが、少なくとも古代末以来、中世を通じて、どの戦いにも一貫して、物や人を奪うことを主な目的とした、掠奪戦争という本性が隠されていたことは確実、と見なければなるまい。戦国末の日本にいたイエズス会の宣教師は、日本では奴隷の発生原因の第一は戦争の捕虜だ、と語っていた(104)。この見方をこれまで私は、人の掠奪が戦場の常であったヨーロッパ人の偏見、と決めつけてきた。しかし、偏見はむしろ私の方にあったようだ。

戦国の検断の光景

フロイスは天正十四年、島津氏が豊後の大友領をほしいままに蹂躙する様子を「敵は眼前にあるものすべてを掠奪し、破壊し、焼却しながら、緩慢に前進していた」と報じていた(105)。戦場の掠奪も破壊も放火も殺人も、それがもし平時なら明らかな重罪であり、死刑を免れることはできなかった。それが、戦時にはなぜ正当でありえたのか。

千葉徳爾氏は、喧嘩の大きくなったのが戦争ではない、喧嘩は私闘だから、殺傷の責任は当事者が負わねばならないが、合戦とは公的な殺傷が許されている場合で、社会的責任をとる必要がなかった、と主張する(106)。では、なぜ戦争では公的な殺傷や人の掠奪までが許されるのか。安野真幸氏は武士が「公」の立場で行う盗み・殺しが検断(刑の執行)だといったが、私の目を引くのは、さながら戦場を思わせる中世の検断の暴力である。

中世社会には、重罪犯人の財産・権益(私物・雑具・所従・馬牛等)は、検断を行う者の手中に帰するという原則(「御成敗式目」四六条)があった。戦国の検断の法でも、刑事事件を起こして裁かれると罪人は死刑となり、その家は闕所《けっしょ》となり、家族や財産は検断物《けんだんもつ》として、まるごと没収される(107)。

だから刑の執行は、しばしば激しい抵抗を排除し武力によって強行され、没収された人や物は、罪を裁いた者（検断権者）と現場で刑を執行した者（執達吏）とで山分けにされる慣行であった。中世を通じて「大犯《だいぼん》」の重罪とされた放火・人殺し・盗みが、検断の場では正当な行為として公然と行われていた。南奥羽の伊達氏の法『塵芥集』の語る検断の光景もその一例である。

一、科人《とがにん》の在所成敗のとき、財宝・牛・馬・眷属《けんぞく》以下……奪いとるとも、是非に及ばず、……作毛の事は、代官衆いっこう競望《けいもう》あるべからず、地頭のままたるべきなり（一五一条）

一、館廻りにて、科人成敗のとき、かの在所、放火あるべからず、よって乱妨衆、その四壁《しへき》の木竹をきりとり、家垣をやぶる事、罪科に処すべきなり……（一五二条）

断罪に当たる代官の一行は、武装して犯人の在所に押しかけ、一帯に火を放ち、田畠の作物を刈り取り、屋敷の境の竹木や家垣を破壊し、屋敷に打ち入って、財宝・牛馬ばかりか、罪人の眷属つまり妻子や下人たちまで奪い取ってしまう。戦場さながら検断の場でも、刑の執行人たちは、放火・苅田・乱取りをほしいままにし、その行為によって「乱妨衆」と呼ばれていた。

ことに、罪人に属するものは家族や下人までも没収してしまう「眷属の検断」は想像に絶する。南肥後の「相良氏法度《さがらし》」の検断の法は、その実態に触れてさらに詳しい。①没収される土地を耕す作子（小作人）は捕まえてはならない（二四条）。②罪人の家に養われている縁者は、検断の対象になる（二五条）。③婚約ずみの娘でも、嫁入り前なら検断の対象である（二六条）。しかし現実には、犯罪者の家と生活につながる者は、小作人でも縁者でも、よそに嫁入りの決まった娘でも、検断を執行する「乱妨衆」に捕まれば連れ去られてしまうのが常であった。

つまり、検断を執行する「乱妨衆」が自由にできる人々の範囲は、罪を犯した本人ばかりか、妻子から小作人や縁者や、嫁入りの決まった娘にまでも及んでいたことになる。戦場の人取りの原型は検断の場の「眷属の検断」にあったと断定してもよいであろう。

ただ『塵芥集』の場合、苅田・放火・竹木切り・屋破り・作子の連行など検断の乱妨、つまり中世のムラ社会を支配していた苛酷な土着の法習俗と決別しようとしていた。(108) しかし検断の裏側にあった戦場の濫妨狼藉を見るとき、苛酷な検断の正義は、敵と敵地においては、中世を通じて野放しであったことを否定することはできない。

なお検断の「乱妨衆」といえば、応仁の乱の頃、骨川道賢《ほねかわどうけん》という名で都に知られた足軽がいた。彼はふだん獄吏の手下をしていたが、盗賊たちの動静にもよく通じ、「目付《めつけ》」と自称して、三百余人もの子分を引き連れて京の街角をのし歩き、戦いといえば蠅のように集まってきて、敵軍の糧道を断つのにも活躍した、という。(109) 獄吏―盗賊―足軽という繋がりの中に、検断に暴力を振るう乱妨衆と、雇われて戦場で活躍する乱妨人との深い関わりが見えてくる。次章では、あらためて彼らの姿を追ってみよう。

中世検断の暴力

さかのぼって南北朝内乱の頃、播磨矢野荘（兵庫県相生市）にも「濫妨人」が姿を見せていた。永和三年（一三七七）の暮れ、この荘園の名主や百姓たちが年貢を拒否し寄合いをしているところへ、浦上某が「数十人の悪党を引率」して押し寄せ、打擲《ちようちやく》・蹂躙・奪取・召取などの暴行を加え、三十五人を拘禁した。また大勢の「濫妨人」が、百姓らの住宅を「追捕《ついぶ》」し、壺や釜や鍋などの器具を壊し、「住屋のなかの資財・雑具を一塵も残さず奪い取」って、わが物にした。検断の場の現実は、さながら戦場であった。

敵軍が領内の村や町を荒らし廻るのを、「道筋を追捕す」とか「あたりを焼きて民屋を追捕す」などといい表す軍書もあった。追捕はもともと職権による人や家財の差押えを意味し、その実態はむき出しの暴力そのものであった(110)。

暴力に満ちた検断の光景は、さかのぼって鎌倉時代にも、到るところで見られた。

正応四年（一二九一）七月、紀伊の荒川荘（和歌山県桃山町・粉河町）で、悪党法心の断罪と称して行われた追捕は、「数百人の人勢を率いて、甲冑をよろい、弓箭を帯し」て法心の住宅に押し寄せ「資財物などを捜し取り、堂舎・仏像以下、三十余宇の人屋を焼き払う」というものであった。この追捕で没収されたものは、穀物・銭貨・武器から衣類・家具など、実に二十八品目にわたり、その明細「追捕物注文」には「このほか、細々の具足ならびに所従らの資財、多しといえども、注進にいとまあらず」と付記されていた。没収は徹底的で、本人ばかりか家族・家来たちの資財や、報告にも値しないほど些細なものにまでわたった(111)。

検断の対象は百姓の身柄にも及んだ。建治元年（一二七五）、荒川荘と同じ高野山領だった、紀伊の阿弖川《あてがわ》荘（和歌山県清水町）の百姓たちは、地頭の非道な検断ぶりを「百姓廿余人をからめ取り、数疋の牛馬を押し捕る」とか「百姓の庵に、物具・兵具をそろえて、踏み入り踏み入り、百姓を取り籠め〳〵虐げる」と、くり返し告発していた。だが鎌倉幕府法（追加二八七条）が、百姓が年貢などを滞納すれば、百姓を身代に取るのは「定法」だと公認した通り、それは合法とみなされていた(112)。

いのち助かる儀

戦場の掠奪は、中世の検断・追捕の作法に由来するといっても、まったく自明の正義とされていたわけではなかった。戦国大名たちは戦いに臨んで、しばしば神々に願文を捧げた。それは、ありきたりの戦勝祈願であるよりは、むしろ戦争の大義名分、つまり自らの戦争の正当性を神の名において、世の中に認めてもらうための、パフォーマンスにほかならなかった(113)。

戦場で捕まえた人々を我がものにする戦争奴隷の習俗が、イスラム世界でもキリスト教世界でも、そして日本の中世でも、正当なこととして容認されたのは、検断の正当性だけによるものではなかったようである。

西欧のキリスト教世界では、戦争奴隷が生命の不可侵観によって容認されていたというが、日本の中世に見える「飢饉相伝の下人」ということばは、飢饉のときに養った者を下人とすること（飢饉奴隷）は正当であるという、ぎりぎりの生命維持の習俗があったことを示す。また重い罪を犯して死刑にあうべき者を許して下人とすること（犯罪奴隷）も正当である、とされていた。この飢饉奴隷と犯罪奴隷の容認に共通するのは、「そのままでは（餓死や刑死によって）失われるべき生命を助ける」ということであったと思われる。それゆえに、戦いの最中に戦場で捕らえられた人々もまた、戦死すべき生命を救うことで下人（戦争奴隷）とすることが許された、と見る余地があるかも知れない。

〔注〕

（1）天正十四年七月十二日条、大日本古記録「上井覚兼日記」下、一四七頁、岩波書店。なお「五カ国の絶対領主」の記事は、イエズス会の一五七九年度日本年報『十六・十七世紀イエズス会日本報告集』第Ⅲ期第7巻、一三四頁、同朋舎出版。

（2）天正十年十二月五日条、同右一六四頁。

（3）松田毅一・川崎桃太訳『フロイス日本史』10、二八八頁、中央公論社、一九七八年。

（4）「北郷忠相日記」天文十五年正月十九日条、鹿児島県史料『旧記雑録前編』二、八七〇頁、同十八年卯月二日条、同八七二頁。

（5）鹿児島県史料『旧記雑録後編』一、一七頁・一八頁・二九頁・三九頁。

（6）同右一五八～一五九頁・二四一～二四二頁・三二二頁・三三八頁。

（7）熊本中世史研究会編『八代日記』二八頁・五六頁・六八頁・一一一～一一二頁・一一九頁・一二八頁・一三

三頁・一四五頁・一六九頁、青潮社。

(8)宮内庁書陵部編、図書寮叢刊『政基公旅引付』六二頁・六七頁・一一五頁・二一八頁、養徳社。

(9)「伊達天正日記」小林清治編『伊達史料集』下(第二期戦国史料叢書11)二四三頁・二五六頁・二六三頁・二六五頁・三四八頁・三八二頁、人物往来社。

(10)山梨県勝山村史別冊『勝山記』(富士御室浅間神社所蔵写本の影印、流布本に『妙法寺記』がある)①一〇三頁、②一一四～一一六頁、③一二一頁、④一二八頁、⑤一三〇頁。柴辻俊六氏のご教示による。

(11)「宗長手記」『静岡県史』資料編7、中世三、一三三頁。「宇津山記」同二二八頁、なお「宗長手記」もほぼ同旨。

(12)注(3)前掲書10、三二一頁。

(13)岩沢愿彦・奥野高広校注『信長公記』(角川文庫版)巻八、一九五～一九六頁。伴五十嗣郎・幾田活司編、大乗院門跡尋憲「越前国相越記」天正三年八月条参照(『福井市立郷土歴史博物館報』復刊一号)。

(14)天正十年二月廿二日、徳川家康朱印禁制、駿河安倍郡服織村建穂寺宛て、『徳川家康文書の研究』上、二七六頁・六五七頁。「寛永諸家系図伝」第四、小尾・津金、八〇頁、『徳川家康文書の研究』上、三七七頁。

(15)大日本古文書「浅野家文書」一八、小田原陣御軍法写。

(16)個人蔵『新熊本市史』史料編三。

(17)「三河物語」(『日本思想大系』26)一〇六頁、岩波書店。

(18)「永禄以来年代記」『続群書類従』二九、下二六九頁。

(19)一五八二年度日本年報追信『十六・十七世紀イエズス会日本報告集』第Ⅲ期第6巻、一三一頁・一三五頁。『故事俗信ことわざ大辞典』、小学館。鈴木棠三編『故事ことわざ辞典』、創拓社。

(20)酒井憲二編『甲陽軍鑑大成』本文編上・下、汲古書院。他に越後乱取りの記事は下三四九頁(地下人をらん取)、下四二四頁(女わらんべをらん取)等がある。

(21)注(20)前掲書、上六八頁。

(22)同右、上四五一頁。

(23)『謙信公御年譜』巻六、永禄三年六月条。

(24)「阿岸本誓寺文書」『新潟県史』資料編、中世四〇九八。

(25)注(20)前掲書、上二二八頁。
(26)同右、上三五〇頁。
(27)同右、下三五一頁。
(28)同右、下三五頁。
(29)同右、下四五九頁。
(30)同右、下四五九頁。
(31)『朝日新聞』一九九四年十二月十七日付朝刊。
(32)磯貝富士男「日本中世社会と奴隷制」(『歴史学研究』六六四、一九九四年)。
(33)『政基公旅引付』文亀二年九月一日条、一一五頁。文亀元年八月十八日条、五六頁。なお藤木『戦国の作法——村の紛争解決』(平凡社選書、一九八七年)一二九頁以下参照。
(34)「北条五代記」巻九の三『改定史籍集覧』五、一九六頁。笹本正治「戦国大名武田氏の市・町政策」(『武田氏研究』9、一九九一年)参照。福原圭一氏のご教示による。
(35)注(3)前掲書9、一三七頁。
(36)九月晦日、穴山信君判物、友野文書一一「判物証文写」『静岡県史料』三、二六一頁。注(34)前掲笹本論文および峰岸純夫「東国戦国期の軍事的境界領域における『半手』について」(『中央史学』一八、一九九五年)参照。
(37)注(3)前掲書7、二二六〜二二九頁。イエズス会の一五八〇年度日本年報、注(1)前掲書、第Ⅲ期第5巻二四九〜二五〇頁。同第6巻二五九頁・一七七頁。
(38)「結城氏新法度」五四条『中世法制史料集』三、武家家法Ⅰ、および『中世政治社会思想』上。以下戦国法は断らない限りこの両書に拠る。
(39)「別本和光院和漢合運」『越佐史料』四、五五三頁、なお原本の所在は不詳。検討の余地がある。
(40)共に年未詳、四月二十六日、笠間綱家書状「滝田文書」九、四月二十四日、田沼長道書状「鑁阿寺文書」一〇二、『栃木県史』史料編、中世一、三〇二頁・三八二頁。
(41)注(3)前掲書8、二七八頁。
(42)注(17)前掲書、一一七頁。

(43)『福原家文書』上五一三頁。注(44)の山本浩樹『日本歴史』論文に教えられた。
(44)山本浩樹「放火・稲薙・麦薙と戦国社会」(『日本歴史』五二一、一九九一年)。同「戦国大名領国『境目』地域における合戦と民衆」(『年報中世史研究』一九、一九九四年)。
(45)注(20)前掲書、下四二一頁。
(46)『雑兵物語』(岩波文庫)、「夫丸」の項九七頁。
(47)角川文庫版『信長公記』巻一四、注(13)前掲書三六七頁。
(48)『新熊本市史』史料編三、近世1、八二号、(慶長五年か)十一月三日、加藤清正条書第六条、熊本博物館所蔵文書。
(49)「毛利家感状」『福原家文書』上、三〇七～四八四頁。「萩藩閥閲録」から感状八一九通を収録。
(50)一五八七年の日本年報、新異国叢書4『イエズス会日本年報』下、二二八～二二九頁。
(51)『九州史料叢書』18、八九頁。
(52)岡本良知「日本人奴隷輸出問題」『十六世紀日欧交通史の研究』一九三六年初版。一九七四年原書房復刻版、七三〇頁・七七八頁。
(53)神宮文庫蔵「御朱印師職古格」所収の五種の写本ほか諸本の校合は、平井誠二「天正十五年六月十八日付キリシタン禁令について」(『中央史学』5、九四頁、一九八二年)、三鬼清一郎「キリシタン禁令の再検討」(『キリシタン研究』二三、一九八三年)に学び、主な異同はカッコで示した。
(54)注(3)前掲書1、三三二～三三四頁・三六九～三七〇頁。同書三九六頁注10参照。
(55)十一月二日、島津修理大夫入道宛て折紙、大日本古文書「島津家文書」一―三七一。
(56)注(3)前掲書8、一七三頁・一九二～一九三頁。
(57)七月六日、加藤主計頭・小西摂津守／留守居中宛て、神戸大学文学部日本史研究室編『中川家文書』五九、四二頁。原本の閲覧は高橋昌明氏のご配慮による。
(58)加藤主計頭・小西摂津守宛て、「下川文書」三『熊本県史料』中世篇五、三三三頁。羽柴柳川侍従・羽柴久留米侍従宛て、朱印状写「立花文書」四一一『福岡県史』(近世史料編)、柳川藩初期(上)四〇七頁。柳川古文書館所蔵「立花文書」六八四―一二は、奥に「御朱印之写、十月廿六日ニ到来」と付記。なお二通は字句に小

異がある。峯岸賢太郎「近世国家の人身売買禁令」『歴史学研究』六一七、一九九一年参照。
(59)注(3)前掲書8、一九四頁。
(60)同右11、一九九頁。
(61)同右8、三三九頁。一五九六年度年報『十六・十七世紀イエズス会日本報告集』第Ⅰ期第2巻、二六九頁。
(62)石川兵蔵(光吉のち貞清)宛て「定」五か条「芝文書」、石田治部少輔(三成)宛て「定」七か条「大阪市立博物館所蔵文書」、なお藤木『豊臣平和令と戦国社会』(東京大学出版会、一九八五年)一八九〜一九一頁参照。
(63)久留米侍従の初見は「寛政重修諸家譜」六一六。下限は講和交渉期(文禄末年)の可能性もあるが、朝鮮出動後に四大名すべてが国内に揃う時期の特定は難しい。
(64)年未詳、豊臣秀吉朱印状案、折紙、大日本古文書「島津家文書」二—九六八。
(65)慶長四年三月十四日付け、桂・上井両氏連署書状、鹿児島県史料『旧記雑録後編』三、三六一頁。
(66)(天正十八年)卯月廿七日、豊臣秀吉朱印状、羽柴宰相中将(上杉景勝)宛て、折紙、大日本古文書「上杉家文書」八三八、『新潟県史』(資料編3中世一)、二〇一頁。
(67)(天正十八年)卯月廿九日、真田安房守(昌幸)宛て、米山一政編『真田家文書』上一九、二四頁。
(68)五月朔日、御留主居小田野備前守宛て、平塚山城守滝俊書状写、岩沢愿彦「肥前名護屋城図屏風について」(『日本歴史』二六〇、二〇九〜二一六頁)に東大史料編纂所架蔵写本を翻刻。
(69)天正二十年四月廿六日付け「高麗国」宛て三か条の「禁制」、「鍋島文書」二・「毛利家文書」三—九〇〇〜九〇一ほか多数。同日付け「高麗国中」宛て八か条の「掟」、「鍋島文書」二ほか多数。三鬼清一郎編『豊臣秀吉文書目録』七八頁参照。
(70)文禄二年六月十一日、加藤清正「覚」十か条の第八条、「九鬼文書」一三『熊本県史料』(中世篇五)二八八頁。
(71)(文禄二年か)八月廿三日、石田三成「覚」六か条の第四条、鹿児島県史料『旧記雑録後編』二—一一七九、七二四頁。
(72)令書は、年未詳十一月廿九日付け、文言に小異。三鬼清一郎編『豊臣秀吉文書目録』一三一頁参照。注(5)前掲『旧記雑録後編』二—一二三八・三九号は文禄二年に、「中川家文書」七七は慶長二年に比定。礼状は、年未詳七月十日付け「鍋島文書」三、十二月廿六日付け『旧記雑録後編』二—一二四五など。

(73)七月四日、小西行長・寺沢正成連署状、相良宮内少輔宛て、大日本古文書「相良家文書」二―七二八。
(74)①は東大史料編纂所架蔵、②③は前掲『旧記雑録後編』二―一〇二一～二五、六三七～六五三頁。なお鹿児島県史料13『本藩人物誌』六二頁は山本博文氏のご教示による。
(75)臼杵市安養寺所蔵。翻刻は内藤雋輔『文禄・慶長役における被擄人の研究』(東京大学出版会、一九七六年)第六章、僧慶念「朝鮮日々記」六〇一頁、慶長二年十一月十九日条。
(76)北島万次氏・金文子氏のご教示による。なお「日向記」十一は『史籍雑纂』一所収。木村理右衛門「朝鮮物語」は影印本、京都大学国文学研究室編、一九七〇年。
(77)「高麗詞の事」は『陰徳記』七六、東大史料編纂所謄写本。平戸の小麦様は、松浦史料館所蔵「壱岐国土肥家先祖書」(『平戸藩史考』)、本多美穂氏のご教示による。カクシは『朝鮮語大辞典』(角川書店、一九八六年)、中東珪氏・涌井美夏氏・申宗大氏のご教示による。
(78)注(52)前掲書七六三頁、七七〇頁。慶長三年セルケイラ司教評議記録、牧英正『日本法史における人身売買の研究』(有斐閣、一九六一年)、一九九頁。一五九六年度年報『十六・十七世紀イエズス会日本報告集』第Ⅰ期第2巻、二〇一頁。
(79)「月峯海上録」、注(75)前掲書一九七頁から再引。
(80)「光海君日記」九年四月十九日条、注(75)前掲書八六頁・五八頁から再引。
(81)藤木『織田・豊臣政権』(『日本の歴史』15)、小学館、一九七五年。
(82)「大洲加藤家文書」ほか、『関原始末記』上、藤井治左衛門編『関ケ原合戦史料集』一四五頁・一四九頁、舘鼻誠氏のご教示による。
(83)性顕寺文書、同右史料集二八九頁。
(84)松尾神社文書三。覚成寺文書ほか、同右史料集三〇〇頁・三二三頁。
(85)松尾神社文書三。藤田カツ家文書ほか、同右史料集四五三～四五四頁。
(86)大日本史料一二―二〇「義演准后日記」十九、二〇二頁。
(87)『戦国合戦絵巻全集』、中央公論美術出版。
(88)注(17)前掲書、一七四頁。

(89)大日本史料一二—一九「リチャルド・コックス日記」一六一六年四月卅日(元和二年三月二十五日)条。
(90)「御陣御働之覚書幷首帳」、大日本史料一二—一九「石川忠総大坂陣覚書」四九三頁。
(91)大日本史料一二—二〇「鍋嶋勝茂譜考補」四、三六一頁。
(92)慶長二十年六月十二日付け。表紙は「大坂濫妨人並落人改之帳/慶長廿　松平阿波守」とあり、内容は「濫妨人之分」と「落人之分」から成る。大日本史料一二—二〇、三六九〜三九六頁。高木昭作「乱世」(『歴史学研究』五七四、一九八七年)。
(93)中村質編『長崎平戸町人別帳』九州史料叢書37、一九六五年。中村質『近世長崎貿易史の研究』(吉川弘文館、一九八八年)一九八〜二一四頁。藤木注(81)前掲書、三七〇〜三七二頁。
(94)大日本古文書「伊達家文書」三—八八一。高木昭作氏のご教示による。
(95)①②「武功雑記」一一。③(寛永)十七年八月吉日、本城有介覚書、東京大学史料編纂所架蔵影写本「佐佐木信綱氏所蔵文書」二、高木昭作氏のご教示による。④注(20)前掲書下。
(96)正応四年、長国起請文『鎌倉遺文』二三—一七六八三、小川弘和氏のご教示による。保立道久『中世の愛と従属』(平凡社、一九八六年)第二章は中世武士の無頼像を追究する。
(97)「令条」春、大日本史料一二—二五、七〇二頁、「武家厳制録」二五八「雑事高札」。「条令」二(大日本史料十二—六、七頁)。峯岸賢太郎氏注(58)前掲論文参照。なお藤木「戦場の奴隷狩り・奴隷売買」(『内乱史研究』一五)六一頁以下参照。
(98)古典遺産の会編『将門記　研究と資料』、新読書社、一九六三年。後掲「法式の例」は三代格十二の勅を指すか(竹内理三編「将門記」補注、『日本思想大系』8『古代政治社会思想』五〇〇頁)。
(99)寛仁三年(一〇一九)四月十七日〜同年七月十三日条。大日本史料二—一四、二一三〜二二二頁。福田豊彦「戦士とその集団」(『室町幕府と国人一揆』吉川弘文館、一九九四年)。
(100)「吾妻鏡」(『国史大系』前篇三七〇頁)建久元年二月五・六日条。渋谷為重陳状案『鎌倉遺文』一三〇七五・一三八〇八、入間田宣夫氏のご教示による。「世鏡抄」下『続群書類従』三二下、一八三頁。
(101)「皇明太祖実録」七五、秋山謙蔵「『倭寇』による朝鮮・支那人奴隷の掠奪とその送還及び売買」(『社会経済史学』二—八、一九三二年)。

(102)村井章介『中世倭人伝』二一一～二三三頁、岩波新書、一九九三年。関周一「15世紀における朝鮮人漂流人送還体制の形成」『歴史学研究』六一七、一九九一年。
(103)福田豊彦「戦士とその集団」『室町幕府と国人一揆』、二七八頁、吉川弘文館、一九九四年。
(104)セルケイラ司教の評議記録、牧英正、注(78)前掲書二〇七頁。
(105)注(3)前掲書8、一八六頁。
(106)千葉徳爾『たたかいの原像』八〇頁、平凡社選書、一九九一年。
(107)中世の「夜討ち」を追究した笠松宏至氏は「(武士は)犯罪が起こればそこへ行ってそれを摘発し追捕して、しかしそのかわりにその跡を没収し、その人間を殺すなり自分の家人にしたり、奴隷にしたりすることができる」と説いていた(『中世の罪と罰』討論二一〇頁、東京大学出版会、一九八三年)。また安野真幸氏はこの発言をもとに、合戦と検断を芸能とする武士の在り方に注目し、中世の検断追捕は公的な殺しの別名だといった(「『相良氏法度』の研究(二)――〈スッパ・ラッパ〉考」弘前大学教養部『文化紀要』四〇、三一頁)。また勝俣鎮夫氏は、戦国の検断の現実は私的性格が濃厚であったと指摘していた(「相良氏法度」補注、『中世政治社会思想』上、四四九頁)。
(108)この動向については、笠松宏至「鎌倉後期の公家法について」(『中世政治社会思想』下四一〇頁、岩波書店、一九八一年)参照。式目四六条は入間田宣夫氏のご教示による。
(109)「碧山日録」応仁二年三月十五日条。清水克行氏のご教示による。
(110)学衆評定引付、東寺百合文書ム函五二、『相生市史』七、二三一頁。「北条記」四『続群書類従』二一の上、四八七頁。
(111)中世追捕論は、羽下徳彦「苅田狼藉考」(『法制史研究』二九、一九七九年)・保立道久『中世の愛と従属』(平凡社、一九八六年)・田村憲美「『追捕』覚書――平安末～鎌倉期の百姓・イエ・逃散」(『民衆史研究会報』二〇、一九八三年)・小川弘和「百姓資財・住宅と領主支配」(『歴史』七八、一九九二年)など参照。荒川荘の例は、大日本古文書「高野山文書」又続宝簡集一五六五～六六・一五七四。

(112) 黒田弘子『ミミヲキリハナヲソギ』八〇頁、一二六頁、吉川弘文館、一九九五年。
(113) 山室恭子『群雄創世紀』(朝日新聞社、一九九五年)一五頁「神を背にした願文」参照。

Ⅱ　戦場の雑兵たち

そもそも、傭兵となる男たちはいろいろな意味であぶれ者であった。オットー・ブルンナーによると、中世後期に見られる傭兵は、零落した者、さすらい人、犯罪者たちの織り成す地下世界から、そして平和喪失者たちから募られた、という。さらに言えば、貧窮にあえぎ、とてもその地に住むすべての人々を養い切れない地方から、傭兵がやってきた。傭兵は、これらの地方にとって、主要な「輸出産業」であった。

――山内進『掠奪の法観念史』

1　口減らしの戦場

秋冬はいくさをする

いたるところで田舎道がもつれ合う。どこにでも人の動きが見られる。巡礼者や行商人、冒険者、出稼ぎ人、放浪者などである。金のない人々でも、驚くほど活発に移動している。みな空腹である。まかれた小麦一粒は、きわめて豊作の年でも、三粒か四粒の実りしかもたらさない。悲惨である。心配は絶えることがない。冬は越せるのか、春まで持ちこたえられるのか。

これは、ジョルジュ・デュビィ『ヨーロッパの中世――芸術と社会』の一節である(1)。著名なフランス中世史家の目は、たえず飢えに付きまとわれながら、生命をつなぐために精いっぱい道を往き交う、中世前期ヨーロッパの人々の動きを見事にとらえている。ことに私は「冬は越せるのか、春まで持ちこたえられるのか」という言葉に引かれる。

越後の上杉謙信の軍が、北関東の戦場で城を落とすと、その城下で人の売り買いをしていたことは、前の章で述べた。その上杉軍が関東へ攻めこんだのは、「万民餓死に及ぶ」といわれた永禄八年（一五六五）の冬十一月、越後へ引き揚げたのは翌春の三月であった。現代の出稼ぎさながらに、冬に関東へ出て、春に国へ帰っていたのである。

試みに中世越後の編年史『越佐史料』や布施秀治『上杉謙信伝』で調べてみると、[2]謙信はその生涯に少なくとも十回以上、関東に兵を出したらしい。ほかに川中島合戦で知られる北信濃出兵や、越中から能登・加賀に及んだ北陸出兵を合わせると、実に二十回を超える国外遠征である。謙信のすべての外征に、いつ兵を出し、いつ帰国した、と日時まで詳しい記録が残っているわけではないが、大まかに一覧表（次頁）にまとめてみると、少なくとも関東出兵には、その季節や期間に二つのパターンが読み取れそうである。

晩秋に出かけて年末に帰る冬型（短期年内型）の戦争と、晩秋に出かけて戦場で年を越し春に帰る（長期越冬型）の戦争で、関東の出兵には長期越冬型が多い。一方、川中島合戦で知られる北信濃への出兵は、麦秋でなければ稲の収穫期に集中している。能登出兵で知られる北陸への出兵は、半分くらいが稲の収穫期で、ほかは春夏の短期決戦が多い。

北信・北陸など、国境を越えてすぐの近い戦場では、ほとんどが作荒らしか収穫狙いの短期決戦であった。それに比べると、春日山から遠い関東の戦場は、秋の収穫狙いから、冬季の出稼ぎ型（口減らし型）の長期戦争が多かった。

上杉謙信の関東出兵パターン

	出兵(年)	帰国(年)	滞在期間(月)	季節	型
①	永禄3(1560)	永禄4(1561)	8－6	秋－夏	▲
②	同 4(1561)	同 5(1562)	11－3	冬－春	▲
③	同 5(1562)	同 6(1563)	11－6	冬－夏	▲
④	同 6(1563)	同 7(1564)	12－4	冬－夏	▲
⑤	同 7(1564)	同 7(1564)	11－12	冬－冬	▽
⑥	同 8(1565)	同 9(1566)	11－3	冬－春	▲
⑦	同 9(1566)	同 10(1567)	12－5	冬－夏	▲
⑧	同 12(1569)	元亀1(1570)	11－4	冬－夏	▲
⑨	元亀1(1570)	同 1(1570)	9－11？	秋－冬	★
⑩	同 2(1571)	同 3(1572)	11－4	冬－夏	▲
⑪	天正2(1574)	天正2(1574)	1－5	春－夏	★
⑫	同 2(1574)	同 2(1574)	9－12	秋－冬	★

◎参考①　北信濃出兵

①	弘治1(1555)	弘治1(1555)	7－閏10	秋－冬	★
②	同 3(1557)	同 3(1557)	4－5？	夏－夏	★
③	永禄4(1561)	永禄4(1561)	8－9？	秋－秋	★
④	同 7(1564)	同 7(1564)	7－9？	秋－秋	★
⑤	同 8(1565)	同 8(1565)	7－10？	秋－秋	★

◎参考②　北陸出兵

①	永禄3(1560)	永禄3(1560)	3－3	春－春	▽
②	同 9(1566)	同 9(1566)	6－7	夏－夏	★
③	同 11(1568)	？	3－？	春－？	★
④	同 12(1569)	同 12(1569)	8－10	秋－冬	★
⑤	元亀2(1571)	元亀2(1571)	3－4	春－夏	★
⑥	同 3(1572)	天正1(1573)	8－4	秋－夏	▲
⑦	天正1(1573)	同 1(1573)	7－8	秋－秋	★
⑧	同 4(1576)	同 4(1576)	3－4	夏－夏	★
⑨	同 4(1576)	同 5(1577)	9－3	秋－春	▲

(▽＝短期年内〈秋－冬〉型、▲＝長期越冬〈秋冬－春夏〉型、★＝収穫期型)

もとより関東遠征も、強敵の北条氏康や武田信玄が相手だから、自分に都合のいい時だけ出兵できた筈はない。にもかかわらず、その出兵の季節が、晩秋から春へという、長期越冬型の傾向をはっきりと示すのは、偶然とも思えない。明らかに戦いには季節性があった。

戦国の西近江に生きたある真宗の僧が、それをこう語る(3)。

弓取りも春夏は手遣《てづか》いせず。秋冬は軍《いくさ》をする。仏法に人を勧むるに、正月・二月は人の暇時《ひまどき》、八・九・十月は秋の紛れに、米の少しもいるを厭わず候えば、細々《さいさい》訪れてよかるべき里あるべし……

戦いのプロも、春夏は兵を出さず、戦争はもっぱら秋冬にする。仏法を説くにも同じ心得が大切で、村人の暇な春の一、二月がことによく、収穫で心和む秋冬の八〜十月も、村里によっては布教にも向いている、というのである。謙信の関東攻めも、たしかに「秋冬は軍をする」という型にはまっていた。武田信玄は四月を「兵粮闕乏の節」といった。

二毛作のできない越後では、年が明けて春になると、畠の作物が穫れる夏までは、端境期《はざかいき》といって、村は深刻な食糧不足に直面した。冬場の口減らしは切実な問題であった。民俗学者の宮本常一氏はいう。焼畑などで暮らす山深い村々では、耕作だけでは生活が立たず、農閑期になると、男たちは谷を下って、里へ物乞いに出た。不作に弱い山の中では、人一倍働いても、一年を食いつないでゆけず、ことに凶作の年など、そうするしか生きる道はなかった、と(4)。

その越後の山奥に育った私は、身にも覚えのあるこんな世界から、戦国の暮らしに想像の翼を広げてみる。冬場の働き口などどこにもなく、まして飢饉・凶作の続いた戦国の村々にとって、農閑期・端境期の戦場はたった一つの「口減らし」の場だったのではないか。

中近世のヨーロッパでも、戦争が最大の産業であった、という(5)。

農閑期になると、謙信は豪雪を天然のバリケードにし、転がり込んだ関東管領《かんれい》の大看板を掲げて戦争を正当化し、越後の人々を率いて雪の国境を越えた。収穫を終えたばかりの雪もない関東では、かりに補給が絶えても何とか食いつなぎ、乱取りもそこそこの稼ぎになった。戦いに勝てば、戦場の乱取りは思いのままだった。こうして、短いときは正月まで、長いときは越後の雪が消えるまで関東で食いつなぎ、なにがしかの乱取りの稼ぎを手に国へ帰る。

戦争のこの季節性は、近世初めの下っぱの武家奉公人たちが「二月・八月、一年に両度の出替《でがわり》」とされ、二月（今なら三〜四月、耕作の初め）に村へ帰り、八月（今なら九〜十月、収穫の終わり）に代わりが出てくる、という奉公の習俗があったことを思い出させる。

すでに見たが、武田方の軍記『甲陽軍鑑』も、信玄を自慢するのに、勝ち続ける戦場の乱取りのお陰で甲斐の暮らしはいつも豊かだった、とくり返し強調していた。この軍記ふうにいえば、越後人にとっても英雄謙信は、ただの純朴な正義漢や無鉄砲な暴れ大名どころか、雪国の冬を生き抜こうと、他国に戦争という大ベンチャー・ビジネスを企画・実行した救い主、ということになるだろう。しかし襲われた戦場の村々はいつも地獄を見た。

春に飢える

デュビィは十世紀のヨーロッパの暮らしを「心配は絶えることがない。冬は越せるのか、春まで持ちこたえられるのか」と書いている。冬から春へ、十六世紀の日本の戦争が、こうした季節出稼ぎ型になるのは、端境期の飢えと深い関係があった。戦国の世には「春になると、必ず飢えがくる」のが常であった。その事実を田村憲美氏が明らかにした(6)。

千葉県松戸市の日蓮宗本土寺に伝わる中世の過去帳から、中世後期（応永元年＝一三九四〜天正二十年＝一五九二）の死亡者四三六七人を取り出して、その死亡した月を分析し、中世の人の死にははっきり季節性があったことを突き止めた。中世には、平年作の年にも、凶作の後にも、決まって「早春から初夏にかけて死亡者が集中し、初秋から冬にかけて低落する」という共通したパターンが現れる。中世の関東では、たとえ凶作のない年でも、早春から初夏にかけての端境期には食糧が欠乏する、という状況が続いていた。だが、十九世紀になると、平年の死亡率には、ほとんどこうした季節性が見られなくなるという。

また、田村氏によれば中世には、かりにピークの端境期を乗り切っても、さらに下痢（消化器系疾患）の集中する夏と、風邪（呼吸器系疾患）の多発する冬にも、かなりの死者が集中していた、という。戦国の暮らしの厳しい環境が切実にしのばれる。

この分析をうけて、中国史家の上田信氏も、中国の浙東（上海の南方）で『族譜』と呼ばれる大量の同族情報を処理し、中国人の死亡月を調べて、こう結論した。(7)

十六世紀の死亡動向にはっきりした季節性があるのは、日本とまったく共通する。ただ日本の場合、大きなピークは春から初夏（端境期）の一回だけだが、中国の死亡者指数は、春（二月）と秋（九月）に二つのピークを示す。それはおそらく二期作・二毛作のためであろう。しかし中国も十八世紀の終わり頃には、どうにか端境期の飢えを克服していたらしい、という。

このような生態のシステムは、日本でも中国でも変わりはなかった。この田村氏や上田氏の研究の成果は、平和と飽食に慣れて、ついその目でしか中世を見てこなかった、私たちへの大きな警鐘である。

いま手作りの中世飢饉データベース（二八七頁「戦国期の災害年表」参照）をみると、戦乱あいついだ戦国の時代が、想像を超える厳しい飢饉の時代でもあった様子が見えてくる。たとえばその盛期、永禄年中（一五五八〜七〇）の十年余りだけを眺めてみよう。(8)

年号が永禄に変わる前の年（弘治三年）、都では「天下旱魃《かんばつ》」（『続応仁後記』）、甲斐では「この年ことごとくケカチ《飢渇》」（『勝山記』）、陸奥でも「奥稲悪なり」（『正法寺年譜』）といわれた。次いで永禄元年は「天下大旱」（『熊野年代記』他）、越後や上野も「ことし夏、大日照り」（『赤城山年代記』）で、日本は広く旱魃に襲われていた。

翌二年、越後は一転して長雨で「両年荒亡」（『上杉年譜』）となり、甲斐でも大雨が続き、永禄四年にまで続く「三年疫病流行」(『勝山記』)となった。同三年、京都では「日照」(『細川両家記』)、陸奥も「この年旱魃」で、翌四年にもやはり「疫病にて人民死ぬ、三年病い」(『正法寺年譜』)となった。

謙信が初めて関東に攻めこんだのは、この永禄三年以来の凶作・飢饉・疫病のさなかで、その陣中も「疠病流行《はやり》て敵味方多く死す」(『赤城山年代記』)という有様であった。その年、越後でも相模でも大名の徳政が行われ、能登でも「大疫、土民死者億万人」(『永光寺年代記』『産福寺年代記』)という惨状が、同五年にまで及んだ。

武田信玄の甲斐でも、冷たい夏と長雨で永禄五年は「稲皆損」、同六年も作柄は「言語同断《(道)》に悪し」(『勝山記』)。翌七年、陸奥は珍しく「この年大富貴」という豊作に恵まれたが、翌八年からは、また二年続きの「飢饉」(『正法寺年譜』)で、上野でも「五穀不熟」で篠《ささ》の実が成り(『赤城山年代記』)、美濃では「上下万民餓死に及ぶ」(『荘厳講執事帳』)といわれた。

謙信が北関東の戦場で人の売り買いをした永禄九年は前の年から夏の長雨で、三年続きの大凶作であった。京では「大饑、天下三分の一死す」(『享禄以来年代記』)、陸奥でも「この年飢饉、人民・牛馬死す」(『正法寺年譜』)といわれた。翌十年は奈良で「炎天もっての外」(『多聞院日記』)、会津では「大けかちにて、ことごとくみな飢死」(『塔寺長帳』)とあった。

永禄十一年には特記がなく、翌十二年には陸奥で「天下富貴」(『正法寺年譜』)と明るい記事が見え、この後しばらくの間、深刻な凶作や飢饉の情報は少し影をひそめる。

戦場の出稼ぎ――村を捨てる百姓たち

もともと戦場は、春に飢える村人たちの、せつない稼ぎ場だったのではないか。

戦国たけなわの天正元年(一五七三)秋、伊豆の西浦(田方郡)の人々が村を捨てようという不穏な動きを示すと、安藤豊前という北条氏の家来は、懸命に説得して、こう語っていた(9)。

いず方へまかり給わり候とも、人の主には成りがたく候世に落ち候えば、侍もかちはだしにて、人のこんごう(金剛草履)をとり候事、眼前に候、ひつきよう無心をいたし、堪忍を果たして、御百姓をいたすべきはからい肝要……

もうどこへ出て行ったとて、「人の主」になどなれるものか。侍だって裸足で草履取りをするのがやっと。やはり百姓に精出すのが一番ではないか、という。この言葉を裏返せば、かつて戦国の初めには「人の主になろう」とバラ色の夢をみて村を出た男たちがいた、ということになる。しかし、この言葉を下剋上の動向と重ね合わせて、すべての村人が出世目当てで村を出た、と楽観的に見るべきではあるまい。

現実には、武家奉公人の稼ぎ、つまり流れの傭兵づとめを目当てに、「人の主になろう」というのでもなく、百姓たちの村を出る動きは、まるで奔流のように現れ、まだ政権を握ったばかりの秀吉を悩ませていた。

天正十三年（一五八五）七月、関白になった秀吉は、翌十四年の年頭に当たって、「定十一か条」の第四条で、こう命じた。(10)

一、百姓、年貢をはばみ、夫役以下これを仕らず、隣国・他郷へ相越すべからず、もし隠し置く輩にをいては、その身のことは申すに及ばず、その在所中、曲事《くせごと》たるべき事、

百姓が、年貢や夫役を納めずに村を出て、隣国や他村へ移ってはならぬ。彼らを隠し置けば、村ぐるみ処罰する、という。百姓を隠し置くというのは、単に村を捨てた百姓をかくまうのではなく、稼ぎに出た百姓を密かに雇い入れることを指すのであろう。いったい百姓たちはなぜ村を出たのか。

二年後の天正十六年（一五八八）五月、秀吉は近江高嶋郡の百姓中《ひやくしようちゆう》に、こう指示した。(11)

一、在々所々の内、前よりの奉公人の儀は、是非に及ばず候、作り来たり候田畠を捨て、奉公にまかり出候儀これあらば、その給人・代官へ相届け、召し返すべき事、

焦点は「田畠を捨て、奉公にまかり出」る百姓たちである。ところが、その標題に「高嶋郡百姓、目安を上げ候につき、書出す条々の事」と明記される。つまり、もともと目安（訴状）を出し、秀吉に農民の離村対策という大問題を突きつけていたのは、じつは百姓たちであった。

五月という農耕のまっ盛りに、郡中の百姓たちがあいついで田畠を棄て、武家奉公に流れ出していた。このままでは村は崩壊してしまう。何とか手を打ってほしい。村はそう訴えていた。百姓の離村をやめさせ、村の過疎化を食いとめなければならぬ。そう願っていたのは村の方で、権力の側ではなかった。農民の土地緊縛は権力の衝動どころか、村の切実な願いだったのだ。田舎で不作の田畠を耕すよりも、町へ出て武家に奉公する方がマシ、という状況が生まれていた。先の十四年令にいう「百姓、年貢をはばみ……隣国・他郷へ相越す」という動きも、同じことであったろう。

だが、村の訴えに秀吉が示した対策は、村を出た百姓は雇い主の領主や代官に断って村へ連れ戻せ、というお座なりのものであった。秀吉にも手を打ちようがなかったのだ。武家の奉公人需要といえば、日ごと激しさを増す秀吉の統一戦争の雑兵か、上方で始まっていた巨大普請の人夫か、それ以外には考えられまい。

次いで天正十九年（一五九一）八月二十一日の秀吉令もいう(12)。

一、在々百姓等、田畠を打ち捨て、或いはあきない、或いは賃仕事にまかり出る輩これあらば、その者のことは申すに及ばず、地下中ご成敗たるべし、……

ここでも田畠を棄てる百姓のことが、大きな課題となっていた。この十九年令は、秀吉の身分法令として重視されるが、百姓の規制は十四年令以来のくり返しに過ぎない。

なお、十六年令の「田畠を捨て、奉公にまかり出る」を、ここでは「田畠を打ち捨て……賃仕事にまかり出る」といい、奉公から商い・賃仕事へと、百姓の動きを示す表現は少し違うが、文脈は同じで、村を出た百姓たちは、武家奉公先や賃仕事を探して、明らかに都市へ向かっていた。

その事情をよく示すのが石田三成の掟で、「当村の百姓の内、さんぬる小田原御陣（天正十八年）の後、奉公人・町人・職人に成り、よそへまいり候わば、返し候え」、それが秀吉の「御法度」だといっていた[13]。明らかに百姓の奉公人・町人・職人化は一つの動向であった。

これら一連の秀吉令から見て、奉公人や町人・職人などを目指す百姓の出稼ぎ動向が、村を荒廃させながら進行し、秀吉の政権が一貫して必死の対応を迫られていたことは、確実であろう。

ことに秀吉の天下統一が進むにつれて、地方に広く分散していた戦場が消えて、村人の稼ぎ場が中央や地方の拠点都市へ集中し始めていた。秀吉の平和は、全国の戦場から中央・地方の都市へ、稼ぎ場の集中と村々の激しい過疎化を引き起こしながら推し進められていたことになる。

大坂の陣の出稼ぎ

江戸初期の村人にとっても、戦場は魅力ある稼ぎ場であった。慶長十九年（一六一四）冬、大坂で戦争が始まる、という噂が広まると、都近くの国々から百姓たちがとめどなく戦場の出稼ぎに殺到し始めていた。

①同年十一月、近江の北内貴村（滋賀県甲賀市水口町）では、村人たちが「だれによらず、夜ぬ

け、まかり走るものこれあり候わば、その者の跡職《あとしき》、田地田畠は、あい残る地下（村）として、少しも作るまじ」と申し合わせ、「掟」を定めた。(14) あいついで夜逃げ同然に村を捨てる者たちの田畠に、村としてはとても責任をもてない、というのである。来春の耕作を棄ててまで、冬の陣の大坂を目指す村人たちの「夜ぬけ」があいついで、その後始末に村は頭を抱えていた。

②大坂城内には大勢の牢人（戦争がなくなり失業していた武家奉公人）が乗り込んだが、「その外に百姓なども、来年のいつころ迄と約束候て、山越えにて籠城」と報じられた。(15) 周辺の国々から多くの百姓たちが、来年のいつ頃までと、期限付きの契約を交わして籠城していた。農閑期の間だけ籠城して春先には村へ帰る、という約束だったに違いない。大坂の城中はこうした傭兵たちでごったがえし、「大坂城中の儀、日用（日雇）など取り籠め、むざとしたる様躰」という噂であった。(16)

③その十月、徳川方だった伊勢の新宮領でも「又蔵と申す者、奉公人をあつめ、大坂へ相越し候由」という噂であった。あわてた城主の浅野忠吉は「奉公に出候者のことは申すに及ばず、隣郷へ走り候をも曲言《くせごと》に」と厳しい取り締まりを命じていた。(17)

又蔵という男は、紀・和（和歌山県・奈良県）国境に近い徳川方の村々にまで、こっそり人集めに入りこみ、奉公人（傭兵）を希望する百姓たちを募っては、大坂城に送り込んでいたらしい。そんな傭兵集めに乗って奉公に出るのはもちろんのこと、隣の村へ逃げ走るのも取り締まれ、というのである。「奉公に出る」のも「隣郷へ走る」のも実情は同じことで、雇われて戦場へ行くのも、下剋上どころか、貧しさゆえの走り百姓と区別できないほど、せっぱつまった行動であった。

だから、いざ戦争となれば、傭兵集めを仕事にする又蔵のような手配師が、村々に入り込んで活躍する。とくに冬の陣のような農閑期の戦争なら、人集めもたやすかった。それを阻止しようと、大名は侍衆（奉公人）を村々にやって監視させようとする。ところが、その奉公人たちまでも「（大坂に）まかり上り候わば、くせごとたるべし」とダメを押される始末であった。しばらくぶりの戦争に、戦場のひと稼ぎを狙って、武家奉公人も百姓も浮き足立っていた。

④夏の陣のとき、奈良に出陣した家康は、村々に大坂方への「奉公競望《けいもう》」があいついでいるのを見て、庄屋たちに「もし雇われて家来奉公に出れば、子々孫々、親類どもまで成敗する」と懸命な脅しをかけていた。(18) 戦争があると聞けば、農繁期の最中でも、人々は競って戦場に殺到した。

⑤冬の陣の初め、やはり多くの傭兵が欲しい加賀の前田家も、一年契約の奉公人たちに、戦争の続く限りは首にしないと約束したが、大坂冬の陣が終わった直後、元和元年（一六一五）二月、早く戦いが終わったので、侍・小者を問わずすべて解雇する、と通告していた。(19)

なおこの二月は、あたかも奉公人の出替りの時期に当たっていた。若党・小者など一年契約の奉公人を二月に入れ替える習俗は「在々は二月耕作の用意……三月は引き込み、耕作仕《し》付《つ》け申すべきため」といわれ、慶長末年頃には成立していた。その出替りも、もとは二月（耕作の初め）と八月（収穫の終わり）の二回であったのを、幕府は元和四年（一六一八）に、二月だけに公定した。(20)

戦国武士は兵農未分離か

ところで、戦国大名の戦争が、「春夏は手遣《てづか》いせず、秋冬は軍《いくさ》をする」という、冬から春への出稼ぎ型、ないし余暇活用型になったのは、大名の軍隊が未熟（兵農未分離）で、兵がまだ専業化していなかったからだ、というのが通説である。大名の家来もふだんは百姓で暮らしを立てていたから、忙しい農繁期に戦いに出るわけにはいかなかった、というのである。

これに対して私は、武士の専業化が未熟だったわけではなく、戦争のときだけ必要な傭兵を、できるだけ大勢集めるには、農閑期に戦うしかなかったし、食料の乏しくなる端境期の口減らしの意味もあった、と考えてみた。戦場は稼ぎ場であったといっても、精農を目指す百姓たちを兵として徴発するのは、（とくに農繁期には）容易ではなかったからである。

いくつか例をあげよう。

一つは関東の北条氏の場合である。永禄十一年（一五六八）以来、北条氏は国が危なくなるたびに、村々へ民兵の動員を呼びかけた。それもかなりの好条件で、兵の割り当ては村高二十貫文につき一人、兵粮つきで二十日間の後方勤務、努力次第で褒美も出す、というものだった。

だが天正十五年（一五八七）の令書は、初めから脅し口調であった(21)。

一、よき者を撰び残し、夫（人夫）同前の者申し付け候わば、当郷の小代官、何時も聞き出し次第、頸を切るべきこと、兵を割り当てられても、村の「よき者」が兵に出ず、代わりに「夫同前の者」ばかり出せば、責任ある村の小代官は死刑だ、という。このときの動員のかけ方も、村高二十貫文につき兵は一人、兵役を務めるのは村人自身というのが建前で、人夫の徴発システムと同じであった。そのためか戦場へ出てくるのは、村人の身代わりに金で雇われた、人夫同然の者ばかりになる懸念があった。

隣の武田領でもよく似た事態が起きていた。永禄十二年（一五六九）十月、農閑期になると、信玄は自軍を動員して、こう指示した。わざと「有徳の者」や「武勇の人」を出さず、「百姓・職人・禰宜《ねぎ》」や「幼弱の族《やから》」ばかり、「軍役の補」に出すのは「謀逆の基」だと。どうやら、大名が軍役に求めていた「よき者」とは、ただ頑強で腕っぷしの強い「武勇の人」ではなく、「有徳の者」つまり村でも有力な名主級の資産家やその子弟のことだったようだ。そういえば、元亀元年（一五七〇）二月、北条氏が村々に緊急の動員をかけたとき、相模の今泉郷では「鎗《やり》名主小林惣右衛門」を指名していた。

ついで、信玄を喪って長篠の戦いに大敗し、多くの兵を失った武田氏は、天正五年（一五七七）閏七月、村々から農兵の動員にかかる。このままでは国が滅びる、ぜひ「武勇の輩」が欲しいと呼びかけたが、村の側は「どうせ軍役の補充だ、員数合わせだけすればいい」と、金で雇われた人夫ばかり出した。その結果は、「武田軍は役立たずの夫丸《ぶまる》ばかり」と、敵も味方も噂し合う始末であった。(22)

大名は「よき者」「武勇の輩」と「夫同前の者」「夫丸」とを対極において、精兵と人夫とを峻別し、なんとか後者を排除しようと懸命になっていた。戦国最強の大名と見られた武田氏や北条氏までも、百姓の徴兵に強い危機感をもっていたのである。

戦場では大名たちが、「乱取りばかりにふけるな」「下知なくして乱取りしてはならぬ」などとくり返していた。どの大名の軍隊にも、金で雇われて戦場には来たが、実は乱取りが目当てで、まじめに戦う気など初めからない、そんな傭兵たちがたくさんいて、大名も手を焼いていたのだ。

大久保彦左衛門も「夫《ぶ》・荒子《あらしこ》」などを「役にも立たざる者共」といって、「かいがわしき者《かじゃ》」（甲《か》斐甲斐《いがい》しい者）の対極においていたし、狂言でも、逃げ出した下人の太郎冠者を大名が「ぶ（夫）にくびをとられうやつ」とけなしていた(23)。戦国の村々には、強制された徴兵は身代わりで済まそう、という気風が強かった。軍役などもともと武士の務めで、百姓のやることではない。そんな兵農分離の意識が村々に深くしみ透っていたのではないか。

兵役ばかりか、もともと村人の務めだった夫役も、村が金で雇った人夫を身代わりに出す傾向が広がっていた。慶長二年（一五九七）二月、上杉氏が田植えを控えた越後の村々に、伏見城の普請に働く人夫を割り当てた時、「その在所の者の外、日用《ひよう》にて他所よりやとい候儀、相止むべき事」と警告していた(24)。人夫は必ずその村の者が務め、よそから日用（金で雇った人夫）を出すのはやめよ、というのである。

大名側は、夫役の質を維持するにも、深刻な危機感をもっていた。まして軍隊に「よき者」が出ようとしないのは当然であった。軍隊や夫役がつい「夫同前の者」や「日用にて他所よりやとい」人夫ばかりになるという事態は、どの戦国大名の間にも共通していた形跡である。

兵を集める条件

なんとか「よき者」「有徳の者」を集めたい、と懸命な戦国大名は、徴兵の条件を村に示して、兵粮は出す、勤務は二十日限り、後方勤務だけ、手柄次第では褒美を出し、待遇も上げる、などといっていた。ただ働きで村の兵を集めることなど、もともと不可能だったのだ。

農繁期の天正十二年（一五八四）四月、信州の木曾義昌は危機に直面したとき、郷中の「はしりめぐり」を期待し、やはりいく重もの参稼報酬を約束していた。(25) 全文をほとんど平仮名で書く、懸命な説得の姿勢が印象的である（原文のまま）。

①一、このたびいで《出》候て、はしりめぐり《走廻》候はば、ほんゐ《本意》のうへ、一人に廿俵づつふち《扶持》すべき事、
②一、ちうげん《中間》ならば、かせもの《悴者》になし、百しやう《百姓》ならば、ちうげんになすべき事、
③一、かうみやう《高名》候はば、けつけ《毛付》幷ねんぐ《年貢》、ゆる《免》すべき事、
④一、はしりめぐりしだい《次第》に、何にても、のぞみ《望》のごとくになすべき事、

①もし兵に出れば、戦後には、扶持（米二十〜三十俵）を与える。②百姓（平民）であれば中間《ちゅうげん》

（侍の下人）に取り立て、中間ならば悴者（侍のはしくれ）に出世させる。③さらに高名《こうみょう》（手柄）を立てれば、耕作や年貢を免除する。④なお活躍次第では、何でも望みを叶えよう、というのである。現にこの約束通り、動員に応じた百姓や、頸《くび》を一つ討ち捕った百姓が、中間に格上げされていた。

大名が百姓（村人）や中間（武家奉公人）を兵として動員するには、米を与える、身分を百姓―中間―悴者へと引き上げる、年貢を免除する、望みを何でも叶えるなど、相当な報奨を用意しなければならなかった。四月のような農繁期に村の兵を調達するのは、ことに難しかったのであろう。

田植えする武士たちの伝説

戦国の武士といえば、まだとても兵だけでは食えず、野良仕事の盛りには、武具を畦道に立てて田畠で働き、急を知らせる城の太鼓やほら貝が鳴ると、その場から武具をもって戦いに駆けつけた。こんな兵農未分離の通念に、私は長いこと縛られてきた。それは『三河物語』の貧しい三河武士たちの話や、『土佐物語』の一領具足《いちりょうぐそく》の話が、とくに有名だったからでもある。(26)

戦国の頃は中流の武士だったらしい、大久保彦左衛門の『三河物語』は語る。

ある五月に、家康の父松平広忠が鷹狩に出かけると、一人の譜代《ふだい》の侍が、破れた粗末な着物を着て、顔まで泥にまみれて田植えをしていた。それを見た広忠は、涙ながらにこういった。私は領地も乏しく家来には何もしてやれないのに、譜代の者たちはこんなひどい百姓の真似までして、妻子や一族を養い、いったん事あれば松平家のために、たとえ一騎でも命を捨てて先がけする。新参者

にはとてもできないことだ。まことに譜代の者こそは人間の宝だ、と。(27)

また彦左衛門は、家康が今川家の人質だった時代を振り返っていう。その頃の三河譜代衆はみな「百姓同前に鎌・鍬を取り、妻子を育み身を扶け、あられぬ成りをして」泥まみれになって働いた。そんな慣れない百姓暮らしにもじっと耐えて、われわれは時節の到来を待ったのだ、と。(28)

しかしこうした話から、兵農未分離が武士たちの現実だった、と結論するのは無理であろう。むしろ逆に、武士が百姓をするのが異常であればこそ、武士が百姓までして苦労したという話も、印象深く成功しているのである。私の思い込みとは逆に、実は兵農分離こそが現実だったことになる。兵農未分離の三河武士という話は、「人間の宝は譜代の者なり」を強調する、徳川草創神話のひとつにほかならなかった。(29)

戦国は下剋上の世であったといっても、百姓がみな武士になりたがっていた、というわけではない。プロローグでも紹介したが、ドイツ中世の農民は、農業だけでは食えないから、やむをえず戦士になって戦場へ行き、掠奪に没頭した。だが、やがて農業だけで食えるようになると、ことに農繁期には、戦場へ行くのを嫌うようになった、という。

それは日本の戦国末の現実でもあったのではないか。村で百姓もする兵士を見て、私たちは戦国武士はまだ弱体だった、などという。だが、あくまでも農業が主で、暇な冬場や苦しい端境期だけ、なんとか食いつなぐために、戦場に出稼ぎする百姓兵士たちは、けっして武士の成り損ないだったわけでも、みな侍になりたがっていたわけでもなかった。

それに武士の方も、ふだんの暮らしは貧しくて、大勢の兵士を食わせることができない。だから戦う時だけ臨時雇いの傭兵の方が都合がよかった。百姓と兵士の兼業を、兵の未熟さのせいにし、農の成熟を問わない、日本の兵農未分離論は、やはり見直しの必要があるだろう。

また、中世の終わりに、日本の社会が国内の戦場を閉鎖できるようになったのは、苛酷な戦場の掠奪に代わる、新たな出稼ぎ先を作り出し、それで生活できる世の中を目指そう、という強い願望や確かな見通しが生まれてきたからだったのではないか。そのことは第Ⅳ章で詳しく述べよう。

2　渡り歩く奉公人たち

一僕の者

狂言の舞台に田舎の出らしい大名が大威張りで登場する。「このあたりに隠れもない大名です」。ところが彼はあっさり打ち明けてしまう。「かように過《か》をば申せども、召使う者はただ一人でござる」。大名だと名乗ってはみたものの、実のところ下僕《しもべ》は「下人」の太郎冠者《かじゃ》ただ一人という、ごくつましい武士である(30)。

ある日、そのたった一人の下人が、主人に暇乞《いとまご》いもせずに、突然いなくなってしまった。下人の「ぶほうこう（不奉公）」にうろたえた大名は懸命に探しまわる。こんな趣向の狂言は、不奉公物《ぶほうこうもの》と呼ばれ、「武悪《ぶあく》」などはとくに知られる。召使いがたった一人というのは、不奉公物の大事なモチーフである。

中世ではそんな侍を少しばかにして、「一僕《いちぼく》の者《もの》」とか「一僕の身」などといった。戦国も終わりの頃、尾張の清洲城には、信長の家来で那古野弥五郎《なごやごろう》という、まだ十六、七歳の若さで「人数三百ばかり持ちたる人」がいた。簗田《やなだ》某という「一僕の人」が、この若者に目をつけて、ひそかに若衆の関係を結び、やがて信長にも近づいて、とうとう一僕者から大名にまで出世したそうだ。

こんな噂話は、当時さかんだった男色の風をしのばせるし、一僕の身から大名へという話も、戦国の世の一僕者たちの夢であったに違いない。その夢の出世双六《すごろく》は、「一僕の人」が振り出しで、やがて着々と下僕の数を増やし、「人数三百ばかり持ちたる人」に追いつき、ついには「大名」になるのが上《あが》りであった。

またあるとき信長は、戦場で先に立って活躍した弟を叱って、こういった。信長の弟ともあろう者が、家来も連れず、まるで「一僕の者」のように、一騎駆《が》けするとは何事か、と。戦場には、しがない一僕の主従が出世を夢みて、精いっぱい走り回っていたに違いない。

一僕者の武士をばかにするのは、江戸時代でも同じだったらしい。北村季吟の「一僕とぼく〳〵ありく花見哉」や、『夏祭浪花鑑《なにわかがみ》』の「一僕つれたる田舎侍」がそれで、いかにも小身の田舎侍という趣がある。(31)もともと武家の評価や格づけは、僕《しもべ》を何人持っているかで決まったようだ。

一騎当千の下人

狂言に登場する一僕者の大名も出世がしたい。そこで太郎冠者に相談をもちかける。お前ひとりでは勤めが大変だろう。私も何かと不便だから、雇い人を増やそう。太郎冠者も大賛成である。ところが大名の話は大きい。「せか〳〵とおこうよりも、一度にどうとおいて、つかおうと思うが、何とあろうぞ」。ケチケチせず、いっぺんに大勢まとめて、どんと雇おう。できれば僕《しもべ》を二、三千は持ってみたいものだ。無理ならせめて百でもいい。なにしろ出世がかかっているのだ（『鼻取ずまふ』）。

　こうして舞台には、せつない一僕者の夢がいっぱいに広がる。だがしっかり者の太郎はいう。「いや、新座（新参）の者は、いかほどもござろうが、かんにん（堪忍）がつゞきまらすまい」。奉公したい新参者など、いくらでも居ようが、とても食わせていけるものではない。「それでは、くわつとへらそう。ふたりおこう」。二、三千が百になり、ついには二人になってしまった。

　天正狂言本『今参』の筋書にも、中世風の下人集めの面影がある。(32)

らふ《（浪）》人を八千計《ばかり》おかふ《（置）》。すぎ《（過）》たとゆふ《（言）》。五千人、三千人、千人、後一人になる。一人が千人にむか《（対）》ふ者をおか《（置）》んとゆふ。もつとも《（尤）》とて、たづね《（尋）》に出る。道にて行合《ゆきあひ》て、つれ《（連）》てくる。

　八千から五千人、三千人、千人、一人と、観客には大名の夢のしぼみ具合がおかしい。もともと大名の目当ては牢人で、戦国の世らしく、元は戦う主従の人集めの話であった。だが「一人が千人にむかふ者」（一騎当千の者）というのは、僕《しもべ》を一人しか雇えない、一僕者の精いっぱいの強がりであった。

　新たに雇うのはたった一人でも、いまの倍になるのだ。なにも嘆くことはない。「街道へ出でて、よい物があらば、おいてこい」。街道に出れば、奉公人の一人や二人すぐに見つかるだろう。狂言

『はらたてず』も「街道へ出て、しかるべき人もあらば、おこう」という。「人をおきにいて、道にて待つ」という筋書は、どの新参者探しにも共通である。「置く」は雇うという意味で、「ろう人……何ほどもよび越し、置かるべく候」とか「奉公とて行ければ、やがて置にけり」とか「草履取をおこう」といって京の六角堂へ行くと、若い男が「奉公いたそう」と寄ってきた、というように広く使われた(33)。

さて、街道に出ると、「職（傘張り）も流行《はや》りまらせぬほどに、都へ上りて、似合いの所もござらば奉公をいたそう」という坂東の男もいるし（『秀句傘』）、「ここかしこを見物仕り、よい所もござあらば奉公いたし」などと、観光も奉公もという、「はるか遠国の者」も歩いている。太郎冠者のいう通り、中世の街道や盛り場には、「他国」（出稼ぎ）して暮らすしかない、多くの牢人や渡りの出稼ぎ者が、都へ向かって歩いていた。

ただ、道端で太郎に声をかけられ、いったんは奉公に応じた旅の男もしたたかである。太郎の主人が短気者らしいと聞くと、あっさり「私は御奉公致す事は、なりますまい」と逃げにかかる。雇われる側も、しっかり主人を選り好みして余裕たっぷりである。どうやら一時の奉公先なら、いくらでもあったのだ。

新参者は早速大名にお目見えする。大名は男が気に入ったらしい。「さあらば、今の物が名をば、しうくと言おう」（『秀句傘』）、「いづれも新ざのものをば今参と云う、今の者をも今参といおう、そのぶん心得い」（『今参』）。下人は家来になった証しに、主人から名前をもらうのである。

家来の証しといっても、何をもらうかは家来の身分によって様々であった。①いちばん上の家来がもらうのは知行（所領）である。この型の家来はよく「家礼《けらい》」と呼ばれ、「見継ぎ、見継がれ」とか「主《しゅ》、主たらずんば、従、従たるべからず」という自由さがあった。②その下には、馬や太刀や衣裳など、物をもらう武士もいた。③いちばん下は、狂言の秀句傘や今参のような「名字ばかりの契約の従者」で、古くは「服仕《ふくし》の家人《けにん》」と呼ばれた(34)。

狂言の主従（大名と太郎冠者）というのは、①のような自由な御恩と奉公で結ばれた「家礼」型の主従をデフォルメし戯画化したものだと、私は長く思い込んできた。だがそれは見当違いだったようだ。戦国の世の戦場や町場には、そんな堂々たる御恩と奉公の世界からはみ出した、③の「服仕の家人」型の侍・中間・小者・あらしこなど僕《しもべ》たちの群れが、まだ得体の知れない独特の世界を形づくって、狂言の太郎冠者を応援していた形跡である。戦場を闊歩していた雑兵はみな、太郎冠者びいきの下僕たちであった。

渡り中間の原像

戦国の中間《ちゅうげん》や小者《こもの》たちは、自分の気に入らなければ、勝手に主人を替えたから、新旧の主人の間でもめごとが絶えなかった。戦国の領主たちの法には、その紛争をめぐる立法が実に多い。

早い例は、十五世紀半ば（宝徳元年＝一四四九）の「置目《おきめ》」である。北信濃の領主高梨一族が寄り合って、「他人の中間の事、前々の法を破り、召し仕わるる事、然るべからず」と申し合わせていた。わが一族の間では、他人の中間を勝手に召し使うのはお互いにやめよう、という「前々の法」が少しも守られず、再度の取り決めになった(35)。

弘治二年(一五五六)、下総の大名結城氏の法も、「こなたの膝の下の者共、下人・かせぎもの、あるいは洞中《うつろちゅう》、または近辺の他所にあって、手許《てもと》の主《しゅう》に使わるるものあるべし」(「結城氏新法度」一〇四条)と、思いがけない奉公人事情を明かす。結城氏の直臣に召し仕われる下人や悴者で、同時に領内のほかの家来や、近辺の他所の領主にも仕える者が少なくなかった。結城氏はそんな奉公人たちを「下人にて、かせものにて、また他所にても主を取り、両方またぎ候て居たる者」ともいっている。下人や悴者の中に、複数の主人に跨がって仕える者がいたという史実は、下人は一人の主人に隷属していた筈、という私の思い込みを裏切って新鮮である。

「かせぎもの」「かせもの」は「悴者」と書く。「侍」の身分で、中間や小者などの「下人」より地位は少し上だが、「下人・かせもの」と並べて呼ばれるのが常であった。「中間、名字なきものにて候」といわれて、下人には名字はなかったが、悴者には名字と通称があった(36)。

悴者の行動半径は敵味方の境をも超えて広がっていたらしい。結城氏の法(二四条)は「敵地・敵境より来り候下人・かせぎもの、つかうべからず」といい、敵地から流れてくる者を、むやみに雇ってはならぬ、と定めていた。敵の放った忍びかも知れぬ、そんな物騒な流れ者をむやみに雇うのは危険だ、というのであろう。天文五年(一五三六)、駿河の今川領では「寺領の百姓ら武士へ奉公すべからず、いわんや他所へ出るの事」といって、結城氏の法とは逆に、奉公人としてよその領域に出て行く百姓たちの動きを規制しようとしていた。[37]

いったい戦国大名たちは、こうした奉公人の激しい流動に、どう応対しようとしていたのか。

①九州（肥後）の相良氏の法は、「人の内の者」つまり奉公人が主人の在所を飛び出して、他の主人に雇われる時は、もとの主人に断って「領掌《了承》ならば、相互に許容たるべし」（第九条）といっていた。

②中国（安芸）でも、毛利元就の初期に、家中が寄り合って様々な奉公人や下人たち（悴被官・小中間・下人）が気ままに主人を替えて、そのたびに雇い主の間でもめごとが起きるので、奉公人を雇うときは必ず旧主に断り、もし承知なら雇ってもいいことにしよう、と申し合わせていた。[38]

③東海（駿河）では、今川氏の法『今川仮名目録』第五条が、「逃げ出したもとの奉公人を見つけても、いまの奉公先から勝手に連れ戻してはならぬ、必ず大名の裁許を受けてから請取れ」と、大名自身が乗り出していた。

④東北（出羽）の伊達氏の『塵芥集』二七条も、これとほぼ同じだが、もっと強い姿勢を見せていた。逃げ出して他人（当主）に雇われている古い奉公人を見つけても、大名の裁許なしに連れ戻してはならぬ。当主に奉公人を返せと要求しても拒否されたら、本《もと》の主人はその奉公人を見つけ次第殺してもいい。もし返答がなければ、当主も奉公人もともに処刑だ、という。

⑤武田信玄（甲斐）の法は、永禄七年（一五六四）「分国において意趣なく他の主人に契約せしめば……召し返すべく候」と定めた。領域内では奉公人の身勝手な移動は認めず、たとえほかの主人

と契約しても取り戻せ、と強硬である。[39]

奉公人や下人が勝手に逃げ出して、別の主人に雇われると、それを力ずくで取り戻そうとする本主と、それを拒む当主の間で、激しい争いが起きるのが常で、そのたびに領内が厄介な紛争に巻き込まれた。

だが、家来同士の闘争を避けなければ、領域の秩序は保てない。だから大名は、これほど細々と厳しい紛争処理の手続きを講じた。それほどに、下人や奉公人の逃亡や移動は激しかった。かどわかし同然に、無理やり引き抜かれる下人も少なくなかったに違いない。

狂言の大名が太郎冠者に「街道へ出でて、よい者があらば置いて来い」と言い付けていたのも、決してフィクションではなかったようである。『雑兵物語』に登場する「馬取り」の下人たちは、「おれは主を四、五拾人も取って見た」とか、「おれは来年から、頑馬（暴れ馬）を好きなされぬ所へ奉公申すべい」などと語っていた。[40]どうやら下人の方から主人に愛想をつかして、渡り歩いていたのだ。底辺の奉公人たちの流動性は、私たちの想像以上であったらしい。

徳川家康の一族だった松平家忠は、その日記に、天正十八年（一五九〇）の六月末から七月初めにかけて、「中間かけ落ち候」「中間共かけ落ち候」と書き留めていた。[41]折しも北条氏の滅亡が迫ってまさに平和到来という時に、勝ち戦さ側の中間たちが、なぜあいついで逃亡したのか。日記はその理由を明かさず、推測に過ぎないが、流れ中間たち、つまり渡り歩く傭兵の生きがいは、平和な安定した奉公よりは、荒稼ぎのできる戦場で、次の奥羽仕置の戦場に身を投じて行ったのかも知れない。

古代の傭兵たち

さかのぼって王朝の時代に、実は国司の郎等《ろうとう》（郎党）なども傭兵の典型であったらしい。そもそも国司になるのは、多くは都の貧しい中下級の貴族だから、ふだんは多くの郎等を養えない。国司に任命されると、口入れ屋の貴族に頼んだり、噂を聞いて寄り集まってくる人々を、役人や兵士として雇い入れて、任国に下った。

だから、中にはやくざな連中もたくさんいて、任地では、しばしば悪政をもっぱらにし、国司の任期が切れると、たちまち主人を見限って「各々もって分散し、朝夕従うものなし」という状態に逆もどりした、という(42)。

もっと古く律令国家の軍隊そのものも、すでに九世紀には「兵士料」の給付を狙うプロの傭兵たちに、肩代わりされ始めていたし、瀬戸内海に横行する海賊に備えて「禦賊兵士」に集められたのも、兵器や舟楫を自由に操る海賊で、海の傭兵にほかならなかった。また、十世紀頃から村の紛争に姿をみせる「同類」というのも、「不善の輩」と呼ばれた、流動する傭兵たちの集団にほかならなかった、と見られている(43)。

十三世紀の後半、モンゴルの襲撃に反攻を企てた鎌倉幕府は、「大和・山城の悪徒五十六人、今月中に鎮西（九州）に向かうべし」と発令していた。武士や一般民衆のほか、数多くの流人（犯罪者）や悪党までも動員しよう、というのである。流人や悪党の動員といっても、国をあげて対外戦争を戦おうという以上、一時しのぎのあぶれもの集めではありえない。戦いのプロを傭兵の核にして、まともに戦える軍団を作り上げよう、という計画であったに相違ない。[44]戦国にいたる日本の傭兵の世界にも、かなり長い歴史が秘められていたことは確実である。

傭兵たちの風貌――かぶき者の面影

流れ勤めの奉公人たちのいでたちは、よほど人目を引くものであったらしい。結城氏の法（六四条）は、珍しく彼らの風貌を語っている。

一、朝夕召仕《めしつか》わるる者共、あるいは他所の足軽その外、をどけたる真似、をどけたる衣裳、さらさら勿躰《もったい》なく候、皆々若き者共に申し付けらるべく候、

「をどけ」には、滑稽な・馬鹿げた・無鉄砲な、などの意味があるという。[45]結城家の中間・小者などの下人たちや、他所の足軽たちは、よほど異様な身ぶりや派手な衣裳で、領内をのし歩いていたらしい。それに影響されて、上に立つ武士の若者たちにまで、その真似をする風潮が広がっていた。当時は、狼藉の所作振りと人目を驚かす異風が、社会の興味の中心となっていた時代で、異風と荒っぽいことに性欲を感じた、と折口信夫《おりくちしのぶ》がいったのは、このことであろう。[46]

中世では、身なりや衣裳は身分の標識とされていた。だから、身分のある武士の若者たちにまで、下人たちの「をどけたる真似、をどけたる衣裳」が広がっては、上下の示しがつかず困る。「勿躰ない」は度を越してひどいとか、まったく不届きだ、という意味である。結城氏はまともな武家の若者たちが足軽風情の真似をするなと、懸命に押さえにかかっていた。だが、下人や足軽の風体までも統制しようというのではない。大名といえども、下人世界の風俗にまでは、とても口出しできなかったのであろう。

秀吉も天正十四年（一五八六）正月に、履物についてこんな掟を出していた[47]。

一、諸侍しきれ(尻切)はく(履)事、一切停止也、御供の時は、足なかたるべし、中間・こものは、不断《ふだん》足半たるべき事、（九条）

一、中間・小者、革たびはくべからざる事、（一一条）

尻切《しきれ》とは、爪先を幅広に、踵を狭く編んで、底に革を張った草履をいう。千利休がこれをもとに、竹皮草履の裏に革をはった雪駄《せった》を考案したとも伝えられ、平清盛も石川五右衛門も、尻切を履いていたという。若党や中間・小者が、そんな裏革の草履に革の足袋まで履いた、粋な姿でのし歩いていたのである。足半《あしなか》というのは、爪先だけでの短い草履で、「足半に礼儀なし」の諺もあるほど、ごく略式の下《しも》じもの履物であった。

さらに江戸の初めになると、奉公人や町人の風体の取り締まりが細かくなる。

慶長十六年（一六一一）三月、岡山の池田藩や加賀の前田藩は、「ぞうり取りども、びんきり・ちゃせんかみ・大脇指、停止の事」といっていた。(48)草履取りのような下っぱの奉公人が、「びんきり」といって、耳ぎわの髪を長く伸ばして耳の後ろに垂らしたり、髻を結わず髪をまとめて後ろでしばり、先を切って「ちゃせんかみ（茶筅髪）」にし、長い脇差を指して闊歩するのを禁止した。もとは草履取りだったという若き日の藤吉郎秀吉も、こんな風体をしていたのであろうか。

元和五年（一六一九）四月十四日、秋田の佐竹氏がその領内に出した法は、「なで付けつぶり・おしまといつぶり・一束つぶり、天神ひげ、一尺八寸より寸のびたる脇指、長つかの刀、朱さや、右七ケ条……御法度」と、実に細々と定めていた。(49)取り締まりの相手は一般の町人らしく、焦点は髪型・ひげ・刀脇指で、ことに髪型がおどろくほどに多彩である。

「なでつけつぶり」は撫でつけ髪で、そろえたまま後ろに撫でつけて垂らした髪。江戸時代にはこれが大流行して、鎗持ちの「なでつけやっこ」が登場する。「おしまといつぶり」は未詳だが、「まとう」には、巻きつける・からみつけるという意味があるから、長く巻いて押しつけた髪をいうのであろうか。「一束つぶり」は、髻《もとどり》の先を一握りおいて短く切り離した「一束切り」。すでに『太平記』に「一束切とて髻を短く」した傭兵らしい軍勢が登場するから、この雑兵風俗の起こりは、かなり早いようである。「天神ひげ」は菅原道真の肖像画のように、両端に長く下がった髭をいう。

そんな様々な奉公人の風体が、かたぎの町人たちの間にまで広がって大流行したのであろう。

なお、戦国の結城氏の法が問題にした「をどけたる真似、をどけたる衣裳」という言葉には、もっと深い意味が込められていたらしい。

寛永六年（一六二九）十月の京都町触《まちぶ》れで、幕府は「盗人に紛れ候のあいだ、自然、大脇指さし候町人捕うるにおいては、盗人同前に申し付くべし」といっていた。(50)奉公人を真似た大脇指の風体は、盗人と紛らわしいから禁止する、というのだ。下っぱの武家奉公人と盗人がそっくりの風体をしていたというのは、この両者の深いつながりを示唆するようで、見逃せない。

また、正保五年（一六四八）二月に、江戸の町に出された町触れも面白い。「町人、長刀ならびに大脇指を指し、奉公人の真似を仕り、かぶきたる躰《てい》をいたし、がさつなる儀、並びに不作法なる者」がいたら、見つけしだい逮捕せよ。江戸の町人が下っぱの武家奉公人を真似て、腰に長刀・大脇指を指し、「かぶきもの」の風体で、がさつ・不作法な振舞いをするのは許せない。(51)

町人に刀・脇指の「二本指し」はご禁制というのではない。町人が刀や脇指を指すのは構わないが、ただ、やくざな武家奉公人まがいに、ひどく長い刀や大脇指を指し、「かぶきもの」の風体をするのがいけない、という意味らしい。戦国の「をどけたる真似」とは、この「かぶきたる躰」と同じことであろう。古く「かぶく」とは、乱暴する、狼藉する、つまり「あばれる」ということで、もともと「かぶき者」とは、異風をしてあばれ廻った連中を指すことばであった。(52)

下っぱの武家奉公人の風体は、髪型は「なでつけつぶり・おしまといつぶり・一束つぶり・びんきり・ちやせんかみ」と、精いっぱい工夫を凝らし、髭は天神ひげ。足下は革の足袋に裏革の草履。

腰に指した大刀は柄が長くて鞘は朱色、脇指も長さ六十センチを超える大脇指。そんな「かぶきたる躰」で「がさつなる儀」をほしいままにする、盗人と紛らわしい風体をした「不作法なる者」が、町中を闊歩していた。

結城領に流行っていた「をどけたる真似、をどけたる衣裳」というのは、このような「かぶきたる躰」を指していたにちがいない。戦国大名たちの懸命な取り締まりの裏で、こうした雑兵たちの風体は、武士や都市の若者たちの間にまで大流行して、桃山風俗を彩っていたようである。

3　戦場の悪党・海賊・商人

夜討・朝がけ・忍びの悪党

こんな盗人とも紛らわしい「かぶきたる躰」の武家奉公人像をもとに、もういちど戦場の雑兵たちを見直してみよう。戦場で乱取りを仕切っていたのは、村々の出稼ぎ兵だけではなかったようだ。

結城氏の法にこんな規定（二七条）がある。

一、草・夜わざ、かようの義は、悪党その外、走り立つもの、一筋ある物にて候、それに事言い付け候ところ、若き近臣の者共、表向きはすすどきふりを立て、内々は……女の一人も取るべく候わん方心がけて、言い付けられぬに、何方へもまかり……

夜中ひそかに敵陣をかき乱す忍び作戦（草・夜業）は、もっぱら腕利きの悪党たち任せの仕事だ。ところがこの頃、大名の側近の中に、表向きは、悪党の助っ人と称して、実は夜の忍びに便乗して、若い女の一人もさらって来よう、という魂胆の若者がいる。そんな奴は、たとえ身命を落としても、恩賞どころか所領も没収だ、という。

結城領では、草・夜業の作戦に、ふだんから「悪党その外、走り立つもの、一筋ある物（者）」、つまりプロの悪党や忍びが集団で雇われていて、敵地での人取りも彼らの特許だったらしい。数ある戦国大名の法典で、敵地の「女の一人も取る」という、戦国の人取り習俗に公然とふれた法を、私はほかに知らない。

だから結城氏は、敵方との境目にある村々と友好（半手）の協定を結んだとき、こんな約束を交わしていた[53]。これまで結城方にさらって来た「人民」はすべて返し、今後はけっして「夜盗・朝がけ・乗込」などを仕掛けない。違反する者は厳しく処罰する、と。

この「夜盗・朝がけ・乗込」も、先の「草・夜業」と同じ、夜中の忍び作戦で、悪党たちはそのたびに、敵地から「人民」をさらって来ていた。友好の証しにその人々を返す、というのである。忍びの人取りは、「夜盗・朝がけ・乗込」の報酬として、彼らに黙認されていたのであろう。

また結城氏の法（九八条）は「当方の下人・侍・里の者まで、外より引き候とて、ねらい夜盗・朝がけ・草・荷留・人の迎い、何にても、披露なしに出候もの候わば、速やかに削るべく候……」と定める。

よその軍隊にまで雇われて、「ねらい夜盗・朝がけ・草」など、夜の忍びの世界に活躍し、「荷留・人の迎い」など、山賊やスパイまがいの仕事もやってのける。傭兵として自由に活躍する、侍（若党や足軽）や下人（小者や中間）や里の者（村人たち）の姿が、ひときわ鮮やかである。

今川氏の法（仮名目録三一条）も「私として、他国の輩の一戦以下の合力をなすこと、同じく停止」と定め、敵方の傭兵に雇われる動きを、懸命に抑えようとしていた。誘われれば敵にも味方にも雇われる、気ままな傭兵の動きは、先に見た流れ者の中間や小者たちの動きとも、おそらく裏表の関係にあった。

夜走・夜盗いたす者

北条方の支城だった武蔵松山（埼玉県吉見町）城主の上田憲定《のりさだ》は、天正十八年（一五九〇）春、秀吉軍との決戦に追い込まれると、懸命に兵を募集して、こんな制札を掲げていた。(54) ①夜走・夜盗はいくらでも欲しい（「夜はしり・夜盗いたす者いか程も所用に候」）。②侠気のある強健な者（「おのこごを立て、すくやかなる者」）が欲しい。③前科者も借財のある者も（「科あるものなり共、また借銭・借米これある者なり共」）みな帳消しにしよう、と。

中国地方の軍記『陰徳太平記』も「足軽の歩兵などは、武名だにあれば山賊・剛盗（強）をも嫌わず、召し集めける間、夜討・忍打《しのびうち》など……その功を得ること度々なり」といい、「並々の若党・足軽以下の者どもは、みな山賊・海賊等たり」「侍は渡り物にて候ぞ」と断定する。だがその連中は「がんらい盗賊を業として世を渡りける奴原」で「敵城・敵陣に夜討・忍討をかけ、あるいは火を付け」る戦闘のプロだから、戦争には不可欠である、という。(55)

こうした軍記の若党・足軽像は、松山城主が特に当てにした「夜はしり・夜盗いたす者」や、先の結城氏のいう「草・夜わざ……悪党その外、走り立つもの、一筋ある物」とそっくりである。かつて私は、松山城主のこんなヤクザ兵集めを、追い詰められた城主の惑乱と見たが、それは見当ちがいであった。

ゲリラ請負人たち

南肥後の戦国大名だった相良氏の法度（晴広法度）には、悪党集団の実像がさらに鮮明である。

一、人よりやとわれ候て、夜討・山立《やまだち》（山賊）・屋焼（放火）の事、やとわれ主・雇主、同前に成敗、但し、やとわれ主やがて披露候わば、時宜によるべきか、（三三条）

よそから雇われて、夜討・山賊・放火をしたら、雇われ主（雇われた者、実行犯）も、雇った者（口入屋）も共に処刑だ（雇われてやったのだから罪はない、という言い訳は認めない）。だが、雇われた者が（雇い主にだまって）すぐ訴え出れば、大名にも配慮があろう。大名相良氏のためならいいが、こっそり他領に雇われて夜討・山賊・放火を働くのは認めない、というのである。

結城氏と同じように、相良氏も夜討・山賊・放火のプロを雇っていて、何とか彼らを独占しようとしていた。そんな悪党たちの集団が相良領内にいくつもあって、だれにでも雇われて出動するのが、大名を悩ませていたらしい。毛利系の『永禄伝記』も「小勢の大軍に入る、夜討・焼働きにしくはなし」と説いていた。

相良氏周辺の悪党たちについては、安野真幸氏の追究がある。(56) 相良氏法度の二九〜四一条は、すべて悪党を取り締まろうとしたものだが、この禁令の裏から、スッパ・ラッパの悪党像がくっきりと浮かび上がる。

一、やもめ女を、女房にすると偽って誘拐したら、盗人の刑に処する。(二九条)
一、縁者親類といって養い、後で売り飛ばしたり、質入れしたら、処罰する。(三〇条)
一、つかまえた逃亡下人を私物化するな、元の主人に返すときも、法外な礼銭を取るな。(三四条)
一、旅の占い師(祝・山伏・物しり)に宿を貸したり、雇ったりするな。(三五条)
一、(付則) 集団でスリを働く連中を、むやみに雇うな。(三九条)

女性をだましたり、養ってやると偽って売り飛ばしたり、逃げてきた下人を捕まえて、金もうけの種にする。また怪しげな旅の呪術師やスリの集団まで抱えこみ、そんな連中を使って、誰にでも雇われ、何でもやってのける。人の売り買いを裏稼業とする、ゲリラ請負人像が鮮やかである。

また、島津家の家老・上井覚兼の日記に、こんな記事がある。覚兼の中間には下人がいて、ある村の百姓の名子《なご》(小作人)の家を宿にし、村中を商売に歩いていたが、あるとき、その村の老名《おとな》百姓の下人をかどわかして、訴えられてしまった。戦国の侍世界の底には、こうした無頼の下人たちが数多くいたのであろう。

軍記『陰徳太平記』もくり返しこう語っていた。若党・足軽以下の雑兵たちは、もともと盗賊が本業の溢《あぶ》れ者で、戦争と聞けば、どこからともなく集まってきて、敵を討ち取っては相手の鎧・太刀・馬などを奪い、「自己の徳分」にしてしまう。我欲のためだから、命知らずにどんな堅陣・難敵でも打ち破り、抜群の手柄を立てる。だから、どの大名でもこの連中を必ず雇っている、と。(57)

諸大名が出世をしたには、皆彼等の手を借りている。彼等は、戦国の当時には、殆ど庸兵として、諸国の豪族に腕貸しをしている。後に大名になったもので、彼等の助力を受けていないものは殆ど一人もない、と言うてよかろう。

(折口信夫「ごろつきの話(58)」)

鎌倉期の傭兵像

こうした戦国の傭兵像は、播磨のある寺僧に「異類異形なるありさま、人倫に異なる」とまでいわせた、鎌倉末の悪党像を思い出させる。

悪党は、非人のような柿色の帷《かたびら》を着て、女のように六方笠をかぶり、烏帽子《えぼし》・袴も着けず、竹で編んだまちまちな矢籠を背負い、すっかり色の剝げた太刀をはき、竹槍代わりの長い撮棒《さいぼう》を杖にして、鎧や腹巻も帯びず、十人、二十人と群れをなして、人と顔も合わせず忍び歩いている。もし戦争に雇われれば、分かれて城籠りにも寄せ手にも加わり、あっさり寝返っては敵方を引き入れる。こうして、けっして決まった相手には雇われず、ふだんは博奕《ばくち》を好み、忍び小盗みを業とし、至るところで乱妨・海賊・寄取・強盗・山賊・追落を働く……。(59)

この僧侶のことばは偏見に満ちていて、これが鎌倉期の悪党の実像であったかどうかは疑わしい。だが私は、この中世傭兵像に心引かれる。

ここに描かれた「返り忠（裏切り）を旨として、さらに約諾を本とせず」という自由奔放な傭兵たち。先に戦国の戦場で見た島津軍や伊達軍の忍びの草たち。結城軍に雇われた草・夜業の悪党たち。相良氏に雇われた山賊。数十人もの女・童を引き連れた島津方の濫妨人たち。これらの人々の根は、おそらく一つであった。

「切り取り強盗は武士の習い」「押し借り強盗は武士の慣い」というよく知られる諺は、すでに中世の初めには生まれていた。鎌倉時代に「夜討・強盗・山賊・海賊は世の常のことなり」と公言されていたのである。

海賊の棟梁と侵略軍――伊丹屋助四郎のこと

江戸湾に面した北条領・里見領の浦々では、五十艘・三十艘と船団を組んだ海賊たちの大がかりな海戦ばかりでなく、わずか一、二艘の小舟で夜半に敵地の浦々へ忍びこんで、女・童をかどわかして帰る「夜討・放火・生捕」が横行していた。こうした海賊の中には、ひそかに敵味方の両方に属し、「半手」と自称して憚らない、どっちつかずの連中がいた。彼らは敵味方を仲立ちして（たっぷり仲介料を取って）、生捕られた男女を買い戻してやるという、美人局《つつもたせ》まがいの裏業までやってのけていた。

こんな話もある。天正初年のころだという。まだ九州の北半分に大きな勢力を誇っていた豊後の大友氏が、領内に南蛮船を招いて交易しようとすると、いつも海上で四国の能島《のしま》・来島《くるしま》海賊に積荷を奪い取られてしまう。怒った大友氏は「異国船の往来に、掠奪の儀あるべからず」と申し入れ、南蛮船には海賊をかけるなと指示したが、海賊衆はいっこう承知しない。

これに対抗して大友氏は「以来、九州の地において、人商売の道を停止すべく候」と通告した。もし異国船の掠奪をやめなければ、九州での人の売り買いを認めないぞ、と。すると海賊衆は、それは困るというので、ようやく承知した、という。

ともに後世の軍記の伝えではあるが(60)、海賊商人が人の売買に深く関わっていたことを示唆して、興味深い。彼らの軌跡は玄界灘を越えて、朝鮮の戦場にも続いていた。

秀吉は戦場へ物資を送る「商人舟」の調達を念入りに指示していたから、商人たちの舟は、戦争の初めから公然と朝鮮の戦場に入り込んでいた。薩摩の淵辺元真という侍もその戦場で「順天《スンチヨン》表より、日本の売買船、余多《あまた》参り候」と記した。僧慶念も同じ戦場で「日本よりも、よろづのあき人もきたりしなかに、人あきなひせる物来り、奥陣よりあとにつきあるき、男女老若かひ取」と、戦場に殺到する人買いなどの日本商人の姿を活写していた。

　島津本陣のあった唐島（巨済島）には「浜の町」ができていた。そこには久箇屋をはじめ何人もの「浜の町衆」が、島津氏に数々の進物を届けて、親密な御用商人ぶりを見せていた。そうした各町場の中枢が釜山浦《プサンポ》であった。その賑わいぶりを、慶念も「釜山浦のまち（町）は、諸国のまいはい（売買）人、貴賤老にやく（若）、たちさわぐ躰《てい》」と書き留めていた。その釜山にいた島津方の大商人が伊丹屋清兵衛尉で、島津氏が宿とするほどの、唐島の「浜の町衆」よりずっと大物だったようだ。

　飢餓の戦場だというのに、島津軍はこの伊丹屋から米を調達できたし、伊丹屋もよく酒樽・鴨・蜜柑・昆布などの進物をもって、唐島の島津陣に現れていた。よほど力のある豪商だったに違いない。島津氏が釜山浦に出かけたときには、「町衆、助四郎・光田・清兵衛尉・内や・風呂屋」など、名のある商人たちが揃って挨拶に顔を見せていた。筆頭に見える助四郎は、清兵衛尉と同じ伊丹屋の一族で、あるいは親子かもしれない[61]。

　慶長三年（一五九八）八月、秀吉が死んで日本軍の撤退が決まる。島津軍では船数を揃えるため、「水の手・船手の方々・町衆・加子共にて、部当いたみや助四郎・御船頭など主取」という態勢が取られた。「部当」はおそらく別当のことで、島津の船団を、釜山浦の町衆「いたみや助四郎」が取り仕切っていた[62]。

　この伊丹屋の姿を見て私は、先に石田三成が朝鮮の島津軍に出した禁令を思い出す（本書六〇頁）。そこには、島津軍が船を使って、海沿い川沿いに勝手に奥地に入りこみ、農作物の掠奪（苅田）や人の掠奪（乱妨）をしている。これを厳しく禁止せよ、とあった。島津軍の船が、戦いの混乱の最中に、海沿い川沿いの村々で倭寇も顔負けの掠奪を働いていた、というのである。大名の海軍まで差配する伊丹屋は、浜の町衆や釜山浦の町衆など朝鮮の戦場に群がる町衆たちを率いて、自前の船団をもって海を自在に往き来する、海賊衆の棟梁だったのではないか。

戦場の飢餓と商人

秀吉の小田原攻めが始まる直前、天正十八年（一五九〇）三月、家康の陣を脱走したという一人の雑兵（悴者）が、北条方の最前線、伊豆山中城を守る松田康長に、極秘情報をもたらしていた。敵の陣中はすでに兵粮が尽き、山の野老《ところ》を掘って飢えをしのいでいる。最近までは、鐚銭《びたせん》百文で米一升といって兵粮売りも来ていたが、今は汁椀一杯十銭という雑炊売りだけ。これでは敵方も長い戦争はとても無理だろう、と。(63)

結果から見れば、この雑兵は徳川方が放った忍びらしく、北条方の油断を誘う作り話にすぎなかった。しかし、こんな偽の飢餓情報は早くから流され、山中城将はこれをほとんど信じかけていた。陣中の飢餓も兵粮売りも雑炊売りも、戦場の常で、虚構とは思えなかったのであろう。

『雑兵物語』の兵士たちも、戦場の飢えをこもごも語る。(64) 戦場に行ったら、「とにかくに陣中は飢饉だ」と覚悟し、食えるものなら、草木の実はもとより根や葉っぱや松の皮まで、何でも手当たりしだいに拾い歩け。味方の地だからと油断していると、飯米にも窮してしまう。たとえ味方のものでも奪い取るほどの心得が大事だ。戦場で食うものがなくなれば、鎧や冑まで叩き売って米を買い、戦いには素肌で先駆けをしたもんだ。腹が減っては戦さはできないぞ。戦場はいつも飢饉だから、薦被《こもかぶ》り（乞食）をする覚悟でもないと、生き抜くことはできぬ、と。

ことに朝鮮の侵略末期の戦場は、まさに飢餓のさなかにあった。慶長二年（一五九七）末、厳冬の蔚山《ウルサン》に孤立した日本軍の中で、慶念は「此城の難儀は三つにきはまれ《（極）》り、さむさ《（寒）》、ひだるさ、水ののみたさ」と飢えの苦しみを狂歌に託し、「はや、悉く行たおれて、死するもののみなり」と書いていた。

同じ陣中にいた大河内秀元も、こんな光景を目にしていた[65]。同陣の加藤軍にいたある商人が、蔚山城内で大声で米を売り歩き、米五升で黄金十枚というひどい高値をつけていた。これを見たある侍が、籠城中に金銀の蓄えなどあるものか、自分の腰の刀で米五升を売れと脅しにかかると、怖れた米商人はついに米を売る。刀・脇差と引き換えに米をせしめた侍は、飢えた城内の傍輩たちに五粒・七粒ずつ分けてやった、という。ふだんなら無法な押買《おしか》いが、ここではむしろ手柄話として語られている。籠城中にいかに飢えを癒すかは、個々の兵士の才覚に委ねられていたのであった。

また、同じ城内には、「二ノ丸の門脇に、少《（小）》さきの桶に盃取りそえ、高声に水を売る」水商人までも姿を見せていた。それを見かけた秀元が、「盃一盞《さん》の水を、代銀十五匁」という暴利で売っているのに怒り、代銀も払わずに水を押買いし、水商人に鑓先を向けておどかすと、あわてて二ノ丸に逃げ込んで行った、という。

筆者の自慢げな手柄話はともかく、戦場に孤立する蔚山城に出没する米売り・水売りの姿は、先に伊豆山中城で語られた、兵粮売り・雑炊売りの姿とそっくりである。軍隊の兵粮の供給に、商人たちが当初から重要な役割を期待され、さらに戦場にまで様々な商人たちが追随し、城内に公然と出入りして、兵粮の欠乏に乗じて、もうけていたのは確かなことであろう。

両属の商人・死の商人

戦場には敵味方の両方に通じて、食糧や武器弾薬の取引で大もうけし、生捕られた男女の買い戻しに腕を振るう、そんな両属の商人たちも活躍していた。天正初年（一五七〇年代中ごろ）、武田氏の一族で駿河を制圧した穴山信君が、十人の駿府商人衆に大がかりな武器取引を頼んで、「定め、半手において商売の事」を指示していた(66)。

一、出合の様子、償銭の取替わしのごとく、水川の郷において、互いに河端へ出合い、商売すべき事、

一、敵方より鉄炮並びに鉄、相違なくこれを出し候わば、二百疋三百匹の夫馬を遣すべきの事、

武田氏は敵方の商人から鉄炮や鉄を手に入れたい。もし商談がまとまれば、夫馬を二百～三百ほども遣わそう、という。これだけ大量の夫馬は、鉄炮と交換するのか、鉄炮や鉄を運ぶためなのか、

難解である。いずれにせよ武田方は、かなり大量の鉄炮や鉄を、密かに敵方の商人から買い付けようとし、駿府商人衆たちの画策に望みをかけていた。敵対する大名同士の公然たる売り買いではなく、戦争に乗じて大もうけを企む、死の商人たちの裏取引であったようである。正確にいつのことか特定できないが、武田方は長篠鉄炮戦の大敗が身に染みていたのであろうか。

水川郷の河端は、戦国の世に大井川上流右岸の重要な渡船場として知られた、いまの静岡県中川根町水川である。永禄十二年（一五六九）に今川氏が滅びた後は、この大井川を境に、駿河側は武田領になり、対岸の遠江側は徳川家康が押さえていた。その駿河側（中川根町正島）から、大井川を渡って徳川方の水川の川原で、いつものように取引せよ、というのである。

償銭は「まよいぜに」と読み、ふつう弁償金をいうが、商人たちの関与する「償銭の取替わし」というのは、商人の仲立ちする生捕りの買い戻しだった、と私は見る。敵味方の商人たちが仲立ちして、この国境の川原に互いに出会い、身代金を取り交わして生捕りを取り戻す。そんな習俗があったのを利用して、武田方は敵方の商人との大がかりな武器の取引を目論んでいた。

冒頭に「半手において商売」とある半手とは、「実の家来にはあらで、此方の支配をうけて、なかば手下の者の如き」のことである、という(67)。いつもどっち付かずで、敵にも破壊兵器を売りこむ死の商人、敵にも雇われて夜討・強盗・乱取りをはたらく悪党、それは、時に応じて変化する、同じ戦場の商人たちの二つの顔であった。

戦場の商人たち

天正元年（一五七三）、北条氏は駿河での戦争が激しくなると、海辺の浦々に出入りする便船や他国船の監視を強め、「商売と号して敵地へまかり越す者」の動きに神経を尖らせていた[68]。また奥羽の伊達政宗も、天正十五年春、戦場に厳しい通路封鎖を命じたが、それでもなお五、六人の商人の集団が敵味方の領域を自由に出入りしていた[69]。

また天文末年（一五五〇）頃、信州の戦場では、両軍の間に「敵味方でも商いは有るものだ」とか「古えより陣中において、売り買いの例あり」と、言葉戦いが交わされていた、という[70]。戦争の最中でさえ、敵と味方の間で商取引が行われるのは当然とされていたことになる。戦場のもうけ目当ての商人たちが、敵味方を超えて動き回る両属性は、ほとんど習俗として認められていた、というべきであろう。

天正十一年（一五八三）春、北九州の戦場では、こうした商人の習性を活かして巧妙な作戦がとられていた[71]。筑紫《ちくし》広門《ひろかど》の策略で、夜明かしが習わしの庚申待《こうしんまち》の夜を狙って、手の者を茶売りに仕立てて敵方の岩屋城に送り込んだ。この茶売りは、城内の奥（虚空蔵台）から城門（大手）まで、大っぴらに茶を売りながら、茶竈に仕込んだ卵大の火（火種）を、ひそかに城内に投げ火してまわり、最後はまんまと味方の城（武蔵城）に逃げ込んだ。その夜半に岩屋城は至るところから火を発して、すっかり焼け落ちてしまった、という。

庚申待の夜に茶売りに入るというのも、戦国の庚申待習俗の一端をしのばせるが、敵味方を問わず、物売りが戦場で自由な往来を許されていたからこそ、こんな奇策が可能だったのであろう。この時代に流行した一服一銭の茶売りは、絵姿でもよく知られるが、戦場の茶売りも、餅や酒など様々な物売りの姿も、『大坂冬の陣図屛風』などに活写されている。

九州の島津義弘も、天正十年末、隈部氏と手切れになったとき、境目を封鎖して「商売人の往返、魚塩など通さるまじ」と、商人たちの自由な往来を禁じていた。天正十四年、筑前侵攻の陣中にも、敵方の肥前や筑前を往復しては、様々な情報をもたらす銀之介という商人が登場する。また同じ年、豊後大野郡の三重市《いち》の商人麻生某は、日頃、薩摩でも馬商人の宿の亭主をして、島津領内で手広く商売していたが、島津方の使いで志賀氏ら大友重臣たちの内通を誘い、大友領の壊滅を招くのに決定的な役割を果たした、と伝える(72)。

戦場の商人たちの自在な行動は、どの大名領でも、明らかに敵味方の領域を超えていた。

〔注〕

(1)ジョルジュ・デュビィ『ヨーロッパの中世——芸術と社会』(池田健二・杉崎泰一郎沢、藤原書店、一九九五年)一二頁。池田健二氏のご教示による。

(2)高橋義彦編『越佐史料』全六巻、天正十二年半ばまで刊行、それ以後は稿本のみ。一九二五~三一年刊。布施秀治『上杉謙信伝』、一九一七年。

(3)近江堅田(滋賀県大津市)本福寺明誓(一四九一~一五六〇?)「本福寺跡書」、『蓮如　一向一揆』(『日本思想大系』17）二二三頁。（元亀元年）四月十四日信玄書状「武家雲箋」『裾野市史』2、六五一頁。

（4）宮本常一『山に生きる人びと』（日本民衆史2、未来社、一九六四年）一八三頁以下。同『庶民の発見』（講談社学術文庫版、一九八七年）一四五～一四七頁。

（5）山内進『掠奪の法観念史』（東京大学出版会、一九九三年）一三頁・二四頁注7参照。なお同注はヨーロッパ傭兵研究の基本文献を挙げる。

（6）田村憲美『日本中世村落形成史の研究』、校倉書房、一九九四年。同「中世人の〈死〉と〈生〉——死亡の季節性と生活条件」（『日本史研究』三八八、一九九四年）。なお磯貝富士男氏も、甲斐（山梨県）戦国の記録によって、戦国百年の気候変動を詳しく追究している（「日本中世史研究と気候変動論」『日本史研究』三八八）。なお立川昭二『病と人間の文化史』新潮選書、一九八四年、参照。

（7）上田信『伝統中国』（講談社選書メチエ35、一九九五年）五二頁以下。

（8）参考資料は以下の通り。「続応仁後記」（『旱魃霖雨史料』）。『勝山記』、第Ⅰ章・注（10）前掲。「正法寺年譜」（『奥の正法寺——正法寺総合調査報告書』、「正法寺年譜」水沢市教育委員会）は室山孝氏のご教示による。「熊野年代記」写真版（熊野三山協議会他）。『赤城山年代記』（私家版）、峰岸純夫氏のご教示による。「上杉年譜」（『上杉家御年譜』一）。「細川両家記」（『旱魃霖雨史料』）。「永光寺年代記」（『加能史料研究』2）・「産福寺年代記」（『加能地域史』11）・「荘厳講執事帳」（『白山史料集』）、以上の三点は室山孝氏のご教示による。「享禄以来年代記」（『続群書類従』二九下）。「塔寺長帳」（『会津坂下町史』Ⅱ）。

（9）安藤良整書状「大川文書」『戦国遺文』後北条氏編二—一六六六、二三八頁。

（10）天正十四年正月十九日、秀吉朱印「定」、「近江水口加藤家文書」『早稲田大学所蔵文書』下、二二二頁。ほかに「中村不能斎採集文書」「西村文書」「御制法御触書」九、「考証論断」二八、「浦備前覚書」五。この箇条は、同年三月廿一日付け農村宛て「条々」でも再令される（御制法御触書九『太閤検地論』Ⅲ、三五七頁）。

（11）石田三成・増田長盛連署「条々」五か条の第五条、近江高嶋郡百姓中宛て、内閣文庫本「駒井日記」乾、藤田恒春編『増補駒井日記』三六～三七頁、文禄二年後九月廿五日条に、ほぼ同文の再令（文禄元年十二月廿六日付け駒井益庵「高嶋在々置目之事」五か条）とともに収める。

（12）朱印「定」三か条の第二条、「浅野家文書」二五八・「毛利家文書」三—九三五ほか多数。

(13)文禄五年三月朔日、石田三成「村掟条々」、①給人地宛て九か条、②蔵入地宛て十三か条の第五条、近江浅井郡・伊香郡諸村宛て（宮川満『太閤検地論』Ⅲ、三六六～三六七頁解説参照）。②には「小田原御ぢんの年より以後、ざい〳〵の百姓、地下を出、ほうこう人・町人・しよく人になり申やから候ハ、……」とある。

(14)「相定掟之事」「北内貴川田神社文書」E—2（『滋賀県甲賀郡水口町文化財調査報告書』七）。藤木「村の跡職」（『内乱史研究』11、二二～二三頁、一九九一年）参照。

(15)（慶長十九年）十一月廿八日、吉川広家自筆書状、大日本古文書「吉川家文書」二—一三〇五、五一〇頁。

(16)慶長十九年十月十九日、金地院書状「本光国師日記」一三、大日本史料一二—一五、五八八頁。

(17)（慶長十九年）十月廿七日、浅野忠吉書状「戸田文書」『三重県史』資料編、近世1、七六二頁。

(18)慶長二十年四月二十一日条「春日社司祐範記」八。

(19)慶長以来定書、『加賀藩史料』二、二八七頁。

(20)「元和年録」坤・「蠹餘一得」三、大日本史料一二—二九、六八頁。脇田修『近世封建社会の経済構造』二四〇頁・二四四頁。高木昭作『日本近世国家史の研究』（岩波書店、一九九〇年）二七〇～二七一頁。

(21)丁亥（天正十五年）七月晦日、北条家朱印状『戦国遺文』後北条氏編四、三一三三～四八号。藤木「村の動員」（永原慶二編『中世の発見』、一九九三年）、藤木「村の城・村の合戦」（朝日百科『歴史を読みなおす』15「城と合戦」、一九九三年）参照。

(22)市河文書・金沢文書（『信濃史料』永禄十二年十月十二日条）。（天正五年）閏七月五日、武田氏条目「朝倉文書」五『静岡県史料』三、一三二頁。前掲『戦国遺文』二、一三八五。

(23)「三河物語」（『日本思想大系』26）七五頁。狂言「二千石」『天理本狂言六義』上、一五頁、三弥井書店、一九九四年。

(24)慶長二年二月十日、直江兼続条書「徴古存墨」五『新潟県史』資料編、中世三、三六四二。

(25)天正十二年卯月二日、木曾義昌朱印「覚」五か条写、黒沢郷中宛て「木曾村々旧記改帳」。同日、木曾義昌朱印状、児野ほか十三か所宛て、「児野文書」『信濃史料』一六、一四九～一五〇頁。なお応募や戦功による中間への引上げの例は、同十月六・七日、木曾義昌朱印状（和田の弥九郎宛て）「木曾古文書写」、同（孫次郎宛て）「児野文書」『信濃史料』一六、二一三～二一四頁。

(26)下村效氏は一領具足を「一般の侍とは違った農兵的な下級の武士」とする(「長宗我部元親と一領具足」『四国の戦国群像』、高知県立博物館、一九九四年)。
(27)「三河物語」(『日本思想大系』26)五八〜六〇頁。
(28)同右七四頁。
(29)山室恭子『群雄創世紀』(朝日新聞社、一九九五年)二三六頁参照。
(30)「鼻取ずまふ」「今まゐり」「じせんせき」「ぶんざう」池田廣司・北原保雄編『大蔵虎明本狂言集の研究』本文篇上、表現社、一九七二年、橋本朝生氏のご教示による。
(31)『信長公記』首巻、角川文庫版、三三頁・四〇頁・二五四頁。正保三年(一六四六)「年中日々之発句」『近世俳句俳文集』(『日本古典文学大系』92)四五頁。『日本国語大辞典』「いちぼく」の項。
(32)『狂言集』下(『日本古典全書』)二四五頁。
(33)「はらたてず」(『天理本狂言六義』上)三二頁。天正二十年二月十八日「芹沢文書」。「三河物語」(『日本思想大系』26)六〇頁。「秀句傘」(『天理本狂言六義』上)三五八頁。「鼻取ずまふ」注(30)前掲。
(34)「世鏡抄」『続群書類従』三二上、二八〇〜二八一頁。石井進「主従の関係」(『講座日本思想』3)二七九〜二八二頁。
(35)宝徳元年八月十五日、高梨一族十五名連署「定置条々」十か条の第九条『信濃史料』八、『中世政治社会思想』上、四〇八頁。
(36)「小早川弘景置文写」第三〇条(大日本古文書「小早川家文書」二―四〇一)(十五世紀末頃の成立か)。『中世政治社会思想』上、三八九頁、成立は同書五二八頁、語義は四六一〜四六二頁補注による。
(37)天文五年九月十七日、今川義元判物五か条の第五条「安養寺文書」『静岡県史』資料編7、中世三―一三九一、四七五頁。
(38)永正年中「相良長毎法度」第二条『中世政治社会思想』上、一八七頁。享禄五年(一五三二)七月十三日、毛利家中三十二名連署起請文第三条、大日本古文書「毛利家文書」二―三九六、一頁、『中世政治社会思想』上、四一一頁。
(39)武田氏朱印状「諸州古文書」一二。

(40)岩波文庫『雑兵物語』六五頁・一一六頁。
(41)続史料大成20『家忠日記』二、一三四～一三五頁。
(42)福田豊彦「古代末期の傭兵と傭兵隊長」『中世日本の諸相』上、吉川弘文館、一九八九年。
(43)河音能平『中世封建制成立史論』二九頁以下、注(42)福田論文参照。
(44)『鎌倉遺文』十九、一四四二一。海津一朗「合戦の戦力数」(『日本史研究』三八八、一九九四年)九〇頁。
(45)『中世政治社会思想』上、二六四頁頭注64(佐藤進一氏)参照。
(46)「ごろつきの話」『折口信夫全集』第三巻、三八頁・四〇頁、中央公論社、一九六六年。安野真幸氏のご教示による。
(47)注(10)前掲秀吉朱印「定」。
(48)慶長十六年三月池田家「今度上洛供之法度」武州様法令二一『藩法集』1下、九四一頁。前田家「典制彙纂」一九〇『藩法集』4、一一七頁参照。なお、以下近世初期の風俗規制は藤木『豊臣平和令と戦国社会』二〇〇頁以下参照。
(49)大日本古記録「梅津政景日記」四。
(50)上京年寄宛て「京都可相触条々」『御当家令条』二一、二五八「覚」。
(51)「正宝事録」一、三号。なお『徳川禁令考』五、三〇三六参照。
(52)「ごろつきの話」、注(46)前掲書三四～四三頁。熊倉功夫「〝かぶき〟から〝奇麗数寄〟へ」(週刊朝日百科『新訂増補・日本の歴史』30「かぶきの時代」、二〇〇二年)。
(53)「半手……落着ニ付而、人民被為返候、夜盗・朝かけ・乗込以下之行……堅被停止畢」(天正十二年)十月十三日、結城晴朝朱印制札「福田文書」秋葉孫兵衛旧蔵模写文書集。なお峰岸純夫「東国戦国期の軍事的境領域における『半手』について」『中央史学』一八、一一二頁参照。
(54)天正十八年二月廿八日、上田憲定朱印制札「武州文書」一四(松山町要助所蔵)『東松山市史』資料編二、五五七頁。なお千葉徳爾『負けいくさの構造』(平凡社選書、一九九四年)一二一頁参照。
(55)『陰徳太平記』上、四八一頁・五六一頁・六〇三頁、芸備史料研究会、一九六五年。
(56)安野真幸「『相良氏法度』の研究(二)――〈スッパ・ラッパ〉考」(弘前大学教養部『文化紀要』四〇、一九九四年)。
(57)天正三年十一月廿八日条、大日本古記録「上井覚兼日記」上。『陰徳太平記』前掲、上四八二頁。
(58)注(46)前掲論文二六頁(引用は通用の仮名遣いに改めた)。
(59)「峰相記」『続史籍集覧』一、四〇五頁、「峯相記」『続群書類従』巻八一六、二四九頁、播磨斑鳩寺仏餉院蔵本(東京大学史料編纂所写真帳)。酒井紀美氏のご教示による。
(60)前掲『北条五代記』九、前掲『陰徳太平記』五八、下二七二〜二七三頁。
(61)「高麗入日記」文禄三年十月二十六日条ほか、前掲『旧記雑録後編』二―一四四〇、八四五〜八五五頁。文禄四年十二月八日条ほか、『旧記雑録後編』二―一六四三、九三〇〜九三三頁。
(62)「伊東壱岐入道覚書」『旧記雑録後編』三―六三九、三三六頁。
(63)山中康長書状「箱根神社文書」『戦国遺文』後北条氏編五―三六八七・三六九一。藤木「戦場の商人」(『戦国史研究』二八、一九九四年)。
(64)注(40)前掲書、七八〜七九頁・八二〜八四頁・九六〜九七頁など。
(65)「朝鮮記」『続群書類従』二十、下三二〇〜三二三頁。藤木『織田・豊臣政権』(『日本の歴史』15、小学館、一九七五年)三六〇頁以下参照。
(66)穴山信君条書(友野文書一一)「判物証文写」今川二(『静岡県史料』三、二六一頁)。笹本正治「戦国大名武田氏の市・町政策」(『武田氏研究』9、一九九二年)。福原圭一氏のご教示による。
(67)「類聚名物考」称号部三・奴隷の項。なお注(53)前掲峰岸論文は商人の両属論を批判する。
(68)天正元年七月十六日、駿河駿東郡口野五か村宛て、北条家朱印「法度」、稲村徳氏所蔵「植松文書」『戦国遺文』後北条氏編二―一六五六、二三五頁。
(69)「引証記」二、『仙台市史』資料編10―九八、五五頁。「今朝、須賀川より商人下向候、彼人者、年々米沢へ参候者にて候」「伊達家文書」『仙台市史』資料編10―四二七、二三三頁。
(70)「二木家記」「小笠原系図」注(66)前掲笹本論文。
(71)「豊前覚書」『博多筑前史料豊前覚書』三四頁。
(72)天正十年末「商売人往返、魚塩等被通間敷由」「上井覚兼日記」上、注(57)前掲書、一七五頁。天正十一年九月廿日「彼方へ通候する魚塩之事堅停止」同上、二七九頁。天正十四年七月十八日「銀之介と申商売人、肥前へ逗留、帰来候」同下、一五二頁。「日向記」天正十四年十月（嶋津豊後江発向之事『旧記雑録後編』二―二〇九、二五五頁）。

Ⅲ

戦場の村——村の城

中世では……平和は格別のこと、非常のことであった。社会のあらゆる次元で、暴力は常に露出している。封建社会が軍事社会であるとは、言い古された指摘だが、軍事的に編成されていたのは、単に支配階級だけではない。社会全体がそうなので、すべての者が何らかの攻撃に対して、常に身構えていた。中世とは、ある意味では、身構えた社会だと言えるであろう。

——渡辺昌美「攻撃と防禦の構造」

1 城は民衆の避難所

従うべき主君は、その砦《とりで》がすぐ近くにある主君であり、騒乱が通過するときには、住民全員が逃げこみ、閉じこもることのできる避難所の上で、守備し監視する主君である。したがって、封建制とは、まず第一に城なのである。

ジョルジュ・デュビィは、ヨーロッパ中世の城をめぐる領主と民衆の関係を、こう象徴的に記している(1)。城を民衆の避難所に提供できる領主こそが従うべき領主とされていた、というのだ。いったい日本の戦国の城は、周りの村々にとって何であったのか。戦場の村や町は、軍隊の濫妨狼藉にただ泣き寝入りしていたのか。人々は戦争の惨禍に対してどのように行動し、どう立ち向かおうとしたのか。それを見極めるのが、この章の主題である。

日本中世の人々は「戦場の物の掠奪」に備えて、確かな手立てを講じていた。その事実を高木昭作氏が明らかにし、私も別の機会に詳しく述べた(2)。中世社会には、ふだんから食糧や家財の一部を、町場から周りの村へ、里の村から山間の村へ、ふつうの民家から蔵のある富家や寺社へ預けておく、隠物《かくしもの》とか預物《あずけもの》と呼ばれる、財産保全の習俗が広がっていた。そのことは旧稿に譲って、この章では、「戦場の人の掠奪」への対処に重点をおいて、戦場の村や町の行動を追ってみることにしよう。

高みの見物論

戦場の主役は武士たちで、一般住民は高みの見物を決めこんでいた、という説がある。たしかに南北朝期の京の合戦では「洛中のことなれば、見物衆五条橋を桟敷とす」などという光景が見られた。戦国の日記にも「出陣のあいだ、見物のため寺家衆を率いて遊覧」とか、「諸勢の陣替えを見物のため遊覧」などと、まるで遊覧気分の戦争見物の話がある。(3)

民衆は戦争の傍観者だったというのは、民衆がいかに戦争から疎外され、いかに無力であったか、を説こうというのであろう。だがもし、民衆はいつも戦争をのんびり見物していたとか、戦場の民衆はいつも無力だったという意味なら、軽々しく賛成するわけにはいかないだろう。

高みの見物が史実なら、戦争を傍観する民衆の態度には、どのような意味があったのか。一例をあげよう。紀泉国境の戦場に生きた、和泉日根荘入山田四か村《ひねのしょういりやまだ》の人々は「国衆（守護軍が）寄せ来たらば、地下《じげ》（村人）は山へ取り上りて、見物申すべきなり」と申し合わせていた。(4)戦争になったら山に上って見物しよう、というのである。まさしく高みの見物である。だが、この一文から民衆は戦争の気楽な観衆だった、と速断することはできない。

十六世紀初めのこの地域は、和泉の守護細川氏の軍兵と、紀伊の根来寺《ねごろじ》・粉河寺《こかわでら》の僧兵の激突の狭間にあって、二か月に一度はどちらかの軍に襲われるという苛酷な現実に直面していた。村々はいつも敵に襲われると、「四か村の群兵、山に昇る」「山中に引き退く」「深山に引き籠る」「山林に交わる」など、山籠りの行動をとって戦火を避けていた。その山には、いざという時に村人の籠る「村の城」があったに違いないと、私は推測しているが、そのことは後に詳しく述べよう。

その山籠りのとき、村では「国（守護方）を待ちかくる躰《てい》は、然《しか》るべからず」と話し合われていた。たとえ自衛のためといっても、もし大っぴらに村々の兵を集め、武装して村の城に籠れば、もう単なる自衛ではなく、公然と守護に敵対したことになる。それでは、複数の敵に挟まれた国境の村の中立と平和はとても保てない。だが、自分たちの生命や財産は何としても自力で守らねばならぬ。高みの見物という村の行動の裏には、このような冷静な計算が隠されていた。

近くの熊取《くまとり》（泉南郡熊取町）の村では、こうした国境の村の生き方を「何《いず》れの御方《おんかた》たりといえども、ただ強き方へ随《したが》い申すべきなり」とか、「草の聳《なび》く様なる御百姓(5)」と語っていた。誰でもいい、村に平和を保障してくれる者こそが領主だ、というのである。

天正十年（一五八二）、織田信長も「大百姓などというのは、草のなびきや時分を見計らって行動する者だ」と家来を戒めていた（『武家事紀』二九）。

高みの見物という行動や、「百姓は草のなびき」という言葉を、百姓のひ弱な頼りなさと見るのは皮相で、むしろここに見えるのは百姓たちの徹底した日和見《ひよりみ》で、自衛の力量を蓄えながら世間の権力争いに超然として平和な暮らしを願う、強い中立の意志の表れであった、と私は見る。

勝俣鎮夫氏は「誰でもいい、強い者につく」という村の生き方は、武士たちの主従の哲学とは正反対で、おそらく戦国の百姓すべてに共通のものであったと説く(6)。この見方によれば、百姓と武士の考え方はまるで別世界のものであった。すでに兵と農の分離の意識は、戦国の初めにははっきりした形をとっていた、ということになる。

あがり城——領主の城に避難する

天正十二年(一五八四)九月、九州では島津軍が北上を続けて、肥後の一帯をほぼ制圧しようとしていた。その中枢にいた家老の上井覚兼は、肥後の北の境に近い山鹿《やまが》城(熊本県山鹿市内)に二人の使いをやって、山鹿城を島津軍の陣所に提供せよと通告した。城主の山鹿(宇働)氏はすでに降伏の意思を表し、人質まで差し出していたからである。

ところが城主はこの要求に強い難色を示して、「三里四方のことは、あがり城仕り、女童《めわらわ》取り乱し、まかり居り候あいだ、城内に御人数は成るまじく候」と返答し、代わりに「麓にむなかたと申す村候、これに御番衆は召し置くべし」と申し出た。山鹿城には三里四方から女性や子どもらが避難に殺到していて、とても軍隊の入る余地はない、麓の宗方なら空いているが……。

二人の使者は現地で「あがり城」の事実を確かめると、家老に急報して「ひっきょう狼藉人に怖《おそ》れ候故と聞こえ候、これらのご成敗肝要」といった。混乱の元は住民が島津軍の狼藉人を恐れたからで、わが軍の狼藉人の厳しい取り締まりが必要だ、というのである(7)。

「狼藉人に怖れ」をなした女童たちの「あがり城」というのは、「城あがり」「山あがり」と同じことで、城まわりの村々から女性や子どもたちが、敵の濫妨狼藉を逃れて、領主の城に避難したことを指している。この狼藉人という言葉は、先に見た女童を拉致する濫妨人を思い出させる。

この頃の一里は約六五〇メートルだから、三里四方といえば、ほぼ二キロ四方に当たる。この数字は、領主の城が領域のどの範囲までの避難所となっていたのか、を具体的に示していて貴重である。しかも避難の理由を、わが軍の狼藉人を民衆が恐れたからだ、と加害者側が語っているのも珍しい。

一九九四年の夏、私は熊本の村上豊喜さん、山鹿市文化財保護委員（当時）の幸平和さんのご案内を得て、山鹿城のあった山鹿市内を歩いた。もともと山鹿城（湯町城＝山鹿古城）は、小高い舌状台地の先端、清滝神社の一帯を中心に、戦国の湯の町を取り込んで築かれた城であったらしい。だからいまはすっかり市街地になって、台地の南側の崖沿いに、空堀や土塁などの面影をとどめるに過ぎない。城主が島津軍の陣所に提供した宗方は、その台地の崖の下にある菊池（湯瀬）川と吉田（国瀬）川の合流する氾濫原で、その地名は菊池川の自然堤防の上に祀られた宗方神社に因むという。上井覚兼の日記によれば、このとき島津氏は、ついに高台にある城に入ることができず、この低地に宿営地を置かざるをえなかった。

天正十四年（一五八六）八月、島津軍が肥前の勝尾城（佐賀県鳥栖市）に迫ると、現地では「里・村ことごとく繰り上がり、居城へ閉じ籠る」（『上井覚兼日記』下）という事態となっていた。島津軍の襲来を予知した城下の里村の人々が、こぞって城主筑紫氏の城に逃げ籠った、というのである。城の外郭に築かれた惣構を越えて、さらに内側の曲輪《くるわ》に避難したであろう。

領域の人々がイザというとき城に避難するのは、九州だけではなかった。織田信長に攻められた西国の城の姿を『信長公記』はこう伝える(8)。

①永禄十二年、伊勢大河内城「にわかに走入り候者、すでに端ばし餓死に及ぶ」

②天正七年、摂津上葛塚城「取る物も取りあえず、上を下へとなって城中へ逃入る」

③天正九年、因幡鳥取城「一郡の男女悉《ことごと》く城中へ逃げ入り、楯籠《たてこも》り候、下々の百姓以下、長陣の覚悟なく候のあいだ、即時に餓死に及ぶ」

追い詰められた領主の城はどれも、周りの村や町から避難した人々であふれ、籠城が長引けばひどい飢えに苦しめられ、落城のときを迎えていた。

民衆が領主の砦に避難するのは、戦国の至るところで、ほとんど習俗となっていた。天正十六年(一五八八)正月、北条氏は秀吉との決戦を期して、上野《こうずけ》の厩橋《うまやばし》城領(群馬県前橋市)の「一騎合躰《いっきあいてい》の百姓等」に向かって「作式のために在郷、異儀あるべからず」といい、もし「敵てだての砌《みぎり》にいたらば、何時も此方より申し断わるべきあいだ、その時はことごとく厩橋へ入れ置かるべき事」と指示していた(9)。

非常事態が迫っているが、ぎりぎりまで農兵も百姓も村で農耕に励み、敵が攻めてきたら直ちに厩橋城へ避難させる。村の農兵や百姓には、耕作のための在郷と避難先を保障し、危機には城の守りも期待する、という態勢であった。

城あがり・山あがり——村の避難の二つの型

もう一度、九州に目を移そう。天正六年（一五七八）十二月、筑前で立花《たちばな》（戸次鑑連《べつきあきつら》＝立花道雪）・秋月（種実）の戦いが起きたとき、住民たちは実に対照的な避難の行動を見せていた[10]。

①糟屋《かすや》・莚田《むしろだ》・院内《いんない》の郷人残らず、立花に足弱《あしよわ》召し連れ、まかり上り候えども、②宇美村矢野・高武《こうたけ》近村の者共申し談じ候て、極楽寺・障子嶽《しょうじだけ》の山奥に引き籠り、秋月方を仕り申し候

①筑前糟屋郡（福岡市の東郊の一帯）のうち、糟屋・莚田・院内の村人たちは、みな足弱つまり老人・女性・子どもを連れて立花山の城に上った。②一方、宇美村の矢野・高武などの村人たちは、申し合わせて極楽寺・障子嶽の山奥に引き籠って秋月方についた、というのである。①は領主の城で、山鹿でみた「あがり城」と同じ「城あがり」であるが、②は村の山奥への「山あがり」で、かなり様子が違う。なぜ村々の避難の行動に「城あがり」「山あがり」という違いが起きたのか。

まず「城あがり」した村々を見よう。糟屋というのはいまの粕屋町内と見られ、立花（山）城の

南へ直線距離で約八～十キロの圏内にある。莚田は筵内《むしろうち》のことらしく、院内は「筑前国院内薦野《こもの》」などとある。[11] 筵内も薦野も共に古賀市内で、これも立花城の北ほぼ同距離の範囲にある。立花山城に避難したのは城まわり約八～十キロ圏の村々であったことになる。

一方、「山あがり」した村々を訪ねると、宇美村の高武はいま糟屋郡宇美町の神武原《こうたけばる》に当たる。矢野は未詳である。[12] これらの村人が避難した極楽寺・障子嶽は、福岡市境の立花城からはかなり遠く離れた、宇美町でも山寄りの集落で、太宰府市との境の山々に続いている。『太宰管内志』に「極楽寺と云うは、糟屋郡宇美村の枝村障子嶽と云う処にあり」とあるが、その障子嶽の極楽寺跡には、いまは観音堂があり、背後は小高い山地が深く続く。宇美村の里の人々が戦いを避けて引き籠ったという「極楽寺・障子嶽の山奥」というのは、この一帯であろう。

この例によれば、戦争が避けられないとみるや、大名や領主の城に近い平地の村々は領域の城に籠った。一方、城から遠く離れた山寄りの村々は、ときには大名や領主にも背を向けて、地域の山間にある自前の避難所に籠ったことになる。

永禄四年（一五六一）三月、上杉謙信が初めて上越国境を越え、関東に侵攻して小田原城を攻めたとき、地元の人々の避難の動きを、のちの軍記はこう伝える。

『北条記』は「地下人・町人まで近郷はことごとく城へ入り、遠所はみな曾我山・田嶋・河村、思い思いに入り」といい、『小田原記』は「籠城の用意をせよとて、近郷の士民等までことごとく城に入り、あるいは山入りして、在々所々残らず引払い……」と書いていた。[13]

敵軍に襲われた小田原一帯の人々は、「城入り」といって、領域の中心にある領主の城に避難し、遠くの住民は「山入り」といって、山間に逃げ込んだ。九州の『豊前覚書』のいう人々の動きとそっくりである。

城籠り・小屋籠りの習俗

天正六年（一五七八）の暮れ近く、立花山城は城内に避難して小屋掛けする人々でふくれ上がり、山頂に続く狭い曲輪には収容しきれなくなっていた。ことに筥崎宮の宮司が、神社をあげて「家財を立花へ上せ……足弱を先に立て、惣家中の者（四百人余り）召しつれ」て避難し、それだけでも城内は混雑をきわめていた。そのため「小や床せまき故、小身なる者共は、秋山口に新町を立て、居り申す」という緊急の措置がとられた(14)。

身分の高い者は城山の高いところに、一般の住民は麓の秋山口に新町を作って小屋掛けした、という意味らしい。こうした身分による避難所の棲み分けは広く見られたようである。十六世紀の初め、永正十四年（一五一七）九月、備中の新見荘《にいみのしょう》（岡山県新見市）が戦場になり、到るところ「亡所」という惨状に見舞われたときにも、荘園の三職衆（小役人たち）は在地領主新見氏の城に避難し、一般の里人たちは別に小屋籠りして年を越した、という(15)。

また、戦国末の日本にいたジョアン・ロドリゲスはいう。戦乱による火災のためにすべてが破壊されてしまうと、領主と貴族は高い山にある城郭に住み、その他の民衆は山中の森林や山頂、また叢林に住んだ。それらの家屋はいずれも茅や乾草でできていた、と。人々の身分に応じて、高い山にある城郭への「城籠り」と、山中の森林や頂上また叢林への「小屋籠り」の別があったというのは、立花城の場合とよく似ている(16)。

中国地方の軍記類にもよく似た伝えがある。『陰徳太平記』は、戦場の村の避難ぶりを「城より上に広平なる谷懐あり、この地に郷人ども小屋をいくらともなく作り並べて、籠り居たり」といい、『桂岌《かつらきゆう》圓覚書《えん》』も毛利輝元が福山(広島県福山市)へ軍を進めると、現地の軍勢はこぞって小倉の山城に上がり、地下人(村人)たちは「ことごとく小倉の山下へ逃げ集」った、と伝える(17)。

また北陸でも、永禄九年(一五六六)八月、越前の朝倉軍に襲われた、若狭の国吉城(福井県美浜町)の戦いぶりは「敵勢はやく追い続きて……百姓小屋まで責め寄せ、鬨《とき》をどっと作りける。城中よりこれを見て、まず敵どもの取り籠りたる百姓小屋を目がけ火矢を一つ放ち」と描かれている。城主粟屋氏の軍は山の尾根に築いた曲輪に籠り、村々の百姓たちは中腹の谷間に小屋掛けした、という(18)。

このように同時代の情報も後世の軍記も、戦場の村々の動きに、①城あがり・城入り、②山あがり・山入りという、二つの方法があったことを伝えている。①領主の城が地域の人々の避難所として期待されていたことも、②民衆が独自の避難所を確保していたことも、いよいよ確実である。

立花城下に秋山口を探す

ところで、「小身なる者共」が立花城の秋山口に立てた「新町」というのは何か。ひしめいて小屋掛けした様子が、まるで町場のように見えた、というのであろうか。それとも、このとき立花城では、「年内の儀は、籠り候人数は自堪忍」（食料は自弁）であったから、急ごしらえの町屋（新町）で、避難した人々自身が城内の人々を相手に物売りを始めた、というのであろうか。

兵たちが陣中に小屋を町場のようにぎっしり建て並べる光景を、『信長公記』は「町屋作りに小屋を懸けた」とか「陣屋を町屋作りに作らせた」と描いていた。またフロイスは「城に避難して来た人々は、枝葉や藁や竹、その他のきわめて貧弱な木材で、自分たちの小屋を作るが、それらの小屋はいずれも互いに寄り集まっているので、いとも簡単に、また頻繁に火災に見舞われる」と書いている(19)。これは、戦う城の中に「狭い場所に矮小な家屋が密集」する避難小屋の様子をうかがわせる、まことに希有な記録である。

いったい秋山口とは城のどこか。立花山城の縄張り図を見ても、曲輪があるのは山頂の連なりだけで、山の斜面や麓には、曲輪らしい施設はなにも記されていない。領主の城に避難した村人たちは、混雑を理由に城外へ押し出されてしまったのであろうか。

私は立花氏関係の史料を集めた柳川古文書館（福岡県柳川市）に、中野等さん（現・九州大学大学院）を訪ね、教えを乞うた。目指す立花城の図は、近世末のものながら二点あった。①曲輪の広がりを鳥瞰した嘉永四年（一八五一）五月「立花山図」と、②立花山城の峰々を仰角で描いた「立花山絵図」である(20)。

期待通り、①には「秋山」の小集落が描かれ、②には「秋山谷」の地名があった。②の秋山谷は、立花城の麓の下原《しもばる》村（福岡市東区下原）の大きい集落から南へ、白嶽城跡の山頂へ向かう道が山裾にかかる辺りに描かれている。秋山口は秋山谷の入り口のことらしい。

次いで、九州の戦国に詳しい堀本一繁さん（現・福岡市博物館）はじめ、九州大学の若い研究者たちと共に現地を歩いた。秋山の谷と立花山頂の急勾配の尾根の間の狭い道に分け入ると、その奥は袋状に平地が開け、そこを包むように延びた尾根の先端は小さな曲輪状に削平され、城に通じる道への出入りを阻んでいるように見える。

「新町」を立てたのは、この谷口の小曲輪に遮られた、奥の一帯に違いあるまい。山頂の城内が手狭になったからといって、避難した庶民が無防備の城外に放り出された、というのではなさそうである。よく知られた立花山頂の東西の曲輪のほか、山腹や山麓には城に付属する施設がどれだけあるのか、私には特定できないが、今後の調査の深まりに期待しよう。

フロイスの見た戦場の城籠り

天正八年（一五八〇）のイエズス会日本年報は「戦さの間、貴賤を問わず、大なる者も小なる者も皆、その妻を伴って城内に引き籠るのが常である」と報じた。フロイスもこれをもとに、龍造寺氏の攻撃にさらされた有馬の町の様子を、「敵の包囲が始まると、貴人も賤民も、権力のある者もない者も、その妻子を連れて、すべての人たちが城に身を寄せることになっている」と書いていた(21)。

領域をあげて城に避難するのは当然のことだ、というのである。さらに、このとき有馬城に避難した民衆の姿を「彼らが籠城する際には、木の枝や藁、きわめて貧弱な木材で、彼らの家を作るのであり、それらの家は互いに寄り集まっているため、いずれの家も火災を起しやすい」とも報告していた。

また同十七年（一五八九）冬の天草合戦のときには、キリシタン領主ドン・アンドレ（天草氏）の城であった、天草の本渡城（熊本県本渡市本渡町）の籠城の様子を、こう記していた[22]。

本渡の（城の支配）に属している多数の村落に住んでいるキリシタン全員が、妻子や家人とともに同城に立て籠った。というのは、戦においては何一つ看過されることもなく、いっさいのものが焼却、破壊されて火の刃（の犠牲となる）ので、集落や村の人々は全員が籠城する以外に（生き延びる）方法とてはなかったのである。

「城の支配に属している多数の村落」と領域の城との間に、いざという時の緊急避難所という関係が、ほとんど習俗としてでき上がっていたことが、ここでも明らかである。

フロイスはまた、天正十四年十月、島津軍に襲われた豊後の岡城の姿を「大勢の者が（ドン・パウロ）の岡城に立て籠った。彼らは、男女子供を合わせて三、四万を数えたということで、そのうちの七、八千は戦闘ができる人たちであった」と報じていた。籠城とはいっても、まともに戦える人々はわずか二割に過ぎなかった。

同じ頃、豊後の臼杵城でも、キリシタンたちが避難のために教会から家財や食料を城に運び込み、折から一般の人々もわずかな食物を持って、あいついで城へ避難した。城に避難した人々の恐れと心配は、自分たち全員が殺されるか、あるいは捕虜として連行されるか、また町や村が焼き払われ破壊されて、自分の家や住居に帰れなくなるか、ということであった。

このとき貧しい村人は、米・衣類・台所用品などわずかな持ち物を地中に埋め、女たちはせめて子供の生命だけでも助けようと、泣きながら城に逃れた。しかし城内には家屋も薪も食べ物もあるわけではなく、小さな井戸はたちまち涸れてしまい、一面のぬかるみとなって悪臭を放つ泥土の上で、群衆は雪の夜を過ごし、乳児や幼児は飢えと寒さで泣き叫んだ。すべての者が痩せこけて、容貌が変わっていた。

城はわずか三日で落城し、島津軍はこの領域からだけで、「婦女子を含めて三千の捕虜を連行したらしい」といい、また「国内で敵が荒しまくっており、すべてが焼き払われ、婦女子の大群が各地から捕虜となって拉致されて行く」とか、「（敵は）人と物を掠奪した収穫に満足して引き上げた」とも書いていた。これらの証言は、民衆の避難所となった領域の城と、その落城直後の惨状を、つぶさに描くことで群を抜いている(23)。

落城の光景

秀吉の代になると、落城の光景にも少し変化が見える。秀吉は九州に攻め込んで、肥後八代《やつしろ》城（八代市）から島津軍の精鋭を追って攻め落とすと、天正十五年四月二十日、ここで見せた戦後処理の寛大さを、こう宣伝していた。

国の奴原《やつばら》ばかり候あいだ、追い取り廻わし首を刎《は》ねらるべし、と思召《おぼしめ》され候えども、ご覧候えば、奉公人・町人、その外百姓男女にて、五万も有るべく候ものを、殺させられべき儀、ふびんに思召され、または国に人なく候えば、耕作以下、如何に思召され、相助けられ……

自ら先駆けして八代城に迫ると、島津軍の精鋭は夜に紛れて逃げ去った後で、城には五万人ほど残っていたが、地つきの奉公人（下っぱの足軽や中間や小者）・町人（城下の町衆）、百姓（周りの村人）の男女ばかりだった。こうした非戦闘員を殺してしまうのは可哀そうだし、それに、国に人がいなくなってしまえば、田畠を作るのにも困るだろう。だから、みな命を助けてやった……。

自らの武威と撫民策を誇示するこの朱印状は、八代接収のその日に現地で書かれていた。城内に奉公人・町人・百姓の男女ばかり五万人もいた、という大きな数字は、おそらく宣伝効果を狙った秀吉一流の誇張に違いない。このとき八代城下にきたイエズス会の副管区長は、城中にいた男女・金持・貧乏人・無名の人・重要な人物など「数千の人」のため、秀吉に助命を願って許された、と報じていた(24)。

この八代城は八代の海と川に囲まれ、五つもの大きな峰を取り込んで築かれた、懐の深い大きな城である。ここを訪ねて峰々の間に分け入ってみると、いかにも避難所にふさわしい、奥の深い谷々が広がっている。秀吉の宣伝を大きく割り引いても、上方の大軍に襲われた八代城が、領域の町や村の住民たちの避難所になっていた、という事実までは否定できまい。少なくとも、城は避難所という戦国の世の通念がなければ、このような宣伝文が書かれることもなかった筈である。

五万人の避難民といえば、秀吉軍の九州攻めの初め、黒田官兵衛の軍に包囲された高橋元種の豊前香春岳《かわらだけ》城（福岡県香春町）でも「その城の中には、六、七千人の戦闘員のほかに、男女・子供を混じえて、五万人あまりの者がいた」という。フロイスにもかなりの誇張癖があったというから、これをそのまま鵜呑みにはできないが、城籠りの規模の大きさはしのばれる。(25)

民衆の城籠りと、城に避難した民衆を助けようという方策は、三年後の関東攻めでも見られた。ただし、これは秀吉の指令ではなかったらしい。天正十八年（一五九〇）五月、北武蔵の岩付《いわつき》城（さいたま市岩槻区）は、秀吉の軍に激しく抵抗して落城した。これはその戦後処理の様子である。

何も役にも立ち候者は、はやみな討死いたし候、城のうちには、町人・百姓・女以下より外は、ご座なく候条、命の儀お助け成され候坏（様《よう》カ）と申すに付て、百姓・町人・女以下一定においては、助くべきために、責め衆より検使を遣わし助け、城を請け取り候後……

落城のあと、城に残っていた町人・百姓・女たちは、命を助けて欲しいというので、検使が身元を確かめた上で、助けてやった。秀吉自身もこの落城を聞いて、「城中しかるべき者は、大略討死に候て、残り居るもの、町人・百姓そのほか女子類までに候」と戦果を誇示していた。同じく籠城していた者でも、「役にも立ち候者」「しかるべき者」と「町人・百姓・女以下」とは、はっきり区別されていた。[26] 秀吉の出した奴隷狩り・奴隷売買の禁令の利き目であろうか。

開かれた曲輪

これまで見てきたように、領主や大名の城は、けっして閉ざされた武士だけの世界ではなかった。では城の空間は、どの曲輪が、どのように領民に開かれていたのであろうか。

信濃の真田氏は、上野の岩櫃《いわびつ》城（群馬県中之条町）に進出すると、天正八年（一五八〇）、次のような「城中法度」（第一・二条）を定めていた。[27]

一、地衆に対し、狼藉致さず候ように、申し付けられ、懇切を加えらるべき事、

一、二之曲輪より内へ、地衆の出入り、一切停止せらるべき事、

地元の百姓衆（地衆）には狼藉せず、大切に扱うべし、ただし、彼らを二之曲輪（二の丸）より中へは立ち入らせてはならぬ、と。一、二の曲輪（主郭）は信州衆つまり真田直臣だけの閉ざされ

た特権的な空間であるが、二の曲輪より外側は地元の武家奉公人や百姓たちにも開かれた、いわば公共の空間であった。

また古河公方《こがくぼう》の足利義氏は、同じ年の十月、下総の古河城（茨城県古河市）で、七か条の「御城内御掟」を定めた。その冒頭でも、ふだん城に出入りする「諸郷の者共」について「敵方へ半手の諸郷の者共、佐野門の南木戸より内へ、入るべからざる事」といっていた(28)。「敵方へ半手の諸郷」といえば、敵方と味方の境目にあって、どちらにも属することを認められた村々を意味した。そんな両属の村の人々（ここでは商人か）でさえも、佐野門の南木戸までは、自由に立ち入ることを許されていた。れっきとした古河領の村人なら、もう少し城の内側まで出入りできたに違いない。

また、武田信玄は永禄十二年（一五六九）駿河に侵攻すると、江尻城（静岡市）を拠点とし、「定」第四条と第八条で次のように指示していた(29)。

一、駿州衆、総じて城内の出入りは、分別の外に候、就中《なかんずく》、本城に不断に先方衆の居住は、堅くこれを禁じ候、但《ただし》、よんどころなき用所の人においては、昼ばかり出入りすべし、これも拾人に過ぐべからず候、酉の刻より明くる巳の刻までは、一切に本城へ先方衆の出入を堅く禁制の事、

一、三の曲輪に家を作られ、当国衆と参会もっともに候事、

まだ服属したばかりの駿河衆は本城に入れてはならぬ。どうしても用のあるときは、昼間だけ十人以内に限って出入りを認めよ。ただし三の曲輪に家を作り、そこで駿河衆と会うのは構わない、というのである。本城は主郭のことで、一、二の曲輪を指しているらしい。この駿河衆はおそらく今川旧臣の武士たちで、一般の領民ではないが、三の曲輪が開かれた空間と見られていた、という事実を読み取ることができる。

秀吉が朝鮮の倭城に出した定めも、こうした戦国人の曲輪観をよく映し出している。文禄二年（一五九三）八月六日、鍋島氏の守る朝鮮の金海《キムヘ》城とその端城《はじょう》宛てにいう。

当城の本丸へ、誰々によらず他の家中の者、一切入るべからず、しかれば、二の丸に広間・台所を立て置き、客人あいしらい申すべく候、たとい同国の者たりといえども、他の家中の者は本城へ入るべからず……

自軍以外の者は、いっさい城の本丸に入れてはならぬ、よその者は、たとえ日本人でも、本城には入れず、すべて二の丸で応対せよ、という。同文の「定」は他の倭城にも出されていた(30)。どの城掟の曲輪観も実によく似ている。内郭は確かに禁域であったが、外郭（二の曲輪・三の曲輪、二の丸・三の丸）は、商人や客人や領民にいつも開かれ、いざという時は領域の住民たちの共同の避難所となった。

城の維持管理は村のつとめ

鎌倉の末頃、丹波の雀部荘《ささいべ》（京都府福知山市）の百姓たちは、地頭の古い政所《まんどころ》を維持するのに「修理においては、百姓の大営なり」と認めていた(31)。ふだんから地域の村々によって維持され、いざという時、地域の共同の避難所（村の城）として開放されるという関係は、中世の社会の習俗として、早くからでき上がっていたのであろう。

領域の避難所という城のもつ公共性は、領民によるふだんの城の手入れによって支えられていた。その習わしは戦国大名の法にも、はっきりと現れている。結城氏の法は「要害普請、堀・壁何事にても、懈怠《けたい》のものは、当地難儀の時、駈け落ちべき構えたるべく候か」（三三条）という。

要害の堀や壁などを修築するというとき、怠けて参加しない者がいる。そんな奴はいざというときは（結城の城など当てにせず）、すぐに逃げ出そう、という魂胆なのだろう。そんな連中に油断するな。一方、まじめに要害の普請に力を尽くす者は、結城氏を頼りにしているのだから、目をかけてやれ、というのである。

結城氏の法には「要害普請を怠ける者」と「人にすぐれて普請する者」が登場していた。その要害普請に奉仕するのは、いざ「当地難儀の時」に自身の身を守るためであり、また大名への忠誠の証でもあった。いっぽう、普請にもろくに出てこない者は、この地に土着しようという気も、結城氏への帰属意識もまるでない、信頼できない連中だ、というのであろう。ここにいう「懈怠のもの」は、所帯・屋敷をもつ上層の連中を指すらしいが、この法の裏には、危機に領域の人々を守る城や要害の普請は領域の人々のつとめだ、という大名の意識がはっきりと読み取れる。

この警告は、「城をこしらえ候ことは、弱味のとき持つべきために候」という、秀吉のことばを思い出させる。[32] 毛利元就の戦法を小早川隆景が伝えたという『永禄伝記』も「自国の治」を論じて「居城を堅固にすること、不意の害をのがれ、また死戦を強くせん治なり」とか「守るときは城郭に籠る。地の利をえて勢をなす」などと説いていた。[33] 城は軍事要塞だといっても、空を飛ばず、水にも浮かばず、自ら動くことのない、守りに徹して機をうかがう施設だ、というのである。

ほとんど石材を使わず、土と木だけで造られた戦国の城は、維持管理が実に厄介であった。城内の山林は、城兵の手の及ぶところは、そのまま砦として使うが、それ以外の山林や竹木はすっかり切り払って、山は地肌がむき出しになってしまうからである。[34]

村の末代請切

北条氏の城では、城の維持管理は「末代請切《まつだいうけきり》」制で、ふだんから村ごとに決まった持ち場が割り当てられていたらしい。永禄六年（一五六三）六月、北条氏康は相模玉縄《たまなわ》城（鎌倉市大船）の塀普請を、村高十六貫文につき一間の割で、東・三浦・久良岐《くらき》三郡の村々に割り振った。このとき田名村は「五間　八十貫役　田名／この請取り中城」という割り当てで、中城の曲輪に出向いて、決められた資材（木・竹・縄・萱・俵）を使い、石と赤土をつき固めて、厚さ八寸の塀五間分を作るのが仕事で、かかった資材費や塀の人手間は、後でそれぞれほかの村役（懸銭と大普請）から控除されることになっていた。

さらに災害時には、これとは別に「大風の後は、奉行人の催促に及ばず、その郷の者来たりて、塀の覆いの縄、結い直し致すべし、この塀、末代に請切りにいたす上、少しも雨にあたらざる様に……」と指示されていた。塀はそれぞれの村の末代請切だから、五年に一度の大普請だけでなく、大風の後はもとより、ふだんから自発的に保全に努めよ、というのである。この指令は同八年と十二年にもくり返し再令されていた。(35)

また、北条方の支城の一つ北武蔵の岩付城（さいたま市岩槻区）でも、天正十五年（一五八七）十月、豊臣侵攻に備えて、岩付領の村々に曲輪の塀の修復を発令したとき、「何時も破損については、請取り候所、修覆いたすべし」と念を押していた。

「請取り候所」は、大田窪《だいたくぼ》村は城の塀を二間二尺八寸、芝村は同じく一間三尺一寸二分などと、村ごとに明記された。(36)城の曲輪の保守は、村高に応じて細かく決まった持ち場があり、いつでも日常的に城に出入りして手入れする「末代請切」と、「大普請」と呼ばれた五年ごとの大改修によって、支えられていた。

寺社に逃げ籠る

こうした北条領内の請切システムは、地域の大きな寺社でも行われていた。天文十三年（一五四四）六月、鶴岡八幡宮境内の掃除も、鎌倉の谷《やつ》七郷が「そうじすべき在所」とされ、郷村ごとに区城を決めて割り振られ、「末代ともに請取」とされていた。(37)そんな保守の仕組みを、鎌倉の人々はなぜ黙って受け入れたのか。八幡宮の社僧の書いた『快元僧都記《かいげんそうずき》』が、その秘密を明かす。(38)

永正九年(一五一二)、北条早雲が上杉軍を追って初めて鎌倉に攻め込んだとき、鎌倉に住む人々は「皆もって宮中(鶴岡八幡宮)に逃げ籠」った。そのとき早雲は、鎌倉は敵地だが、もし公物《くもつ》(税)を払えば、掠奪はやめて庇護しようといって、鎌倉の百姓たちが神社に隠した食糧(俵物)に課税し、八幡宮もそれを受け入れた。

それから二十三年後の天文四年(一五三五)十月、上杉朝興《うえすぎともおき》の軍に逆襲されて、北条方についた湘南の村々が火の海になった日、鎌倉の人々はありったけの俵物(食糧)を手に、八幡宮の境内に避難した。すると、こんども北条方の鎌倉代官が、「俵物、預置き候分、公料《くりよう》を懸けらるべし」と通告した。八幡宮はこれに反発し抗議した。二十三年前とは事情が違う。前回、鎌倉は「敵の下地(敵地)」だったから、北条氏の庇護を求めて課税に応じた。だが、いま北条軍は「味方の衆」だし、鎌倉の住民は「御成敗の地(北条領)の者」だ。自分が守るべき領民から、庇護料を取るのは理屈に合わない。「他寺・他山のことは知らず」、当社はこの課税を認めるわけにはいかぬ、と。

この強い抗議の裏には、「敵の下地(敵地)」と「御成敗の地(味方の地)」は違う、大名は味方の地を守る義務がある、という領主観がはっきりとのぞく。また戦国の鎌倉の人々は、いざ戦火が迫ると、決まって八幡宮に家財もろとも難を避け、神社もこれを懸命にかばおうとしていた、という事実も見えてくる。「他寺・他山のことは知らず」というのは、他の寺社も鎌倉の人々の生命や財産を守る、「かけこみ寺《アジール》」になっていたからに違いない。これなら、鎌倉の町衆が八幡宮の掃除の末代請切を承知するのも納得がいく。

元亀二年（一五七一）九月、織田信長が比叡山を焼討ちしたとき、「山下の男女老若」たちは「取る物も取りあえず、ことごとく、かちはだしにて八王寺山へ逃げ上」った。また翌年七月、信長軍が近江の草野川の渓谷（滋賀県浅井《あざい》町）に攻めこみ放火すると、近里近郷の百姓らが「当山へ取り上」った。

比叡山の八王寺（子）山とは、日吉大社の北方にある山間の奥宮である。草野川の奥の「当山」というのは浅井町野瀬の山間の大吉寺で、中世にはいまよりも山奥にあって「高山能《よ》き構え五十坊の所」といわれた。[39] これらは「寺社に籠る」のと「山上がり」がいっしょになっているのが特徴である。

九州の村の城

以上で「城あがり」の探索を終わり、次に、領主の城から遠く離れた山間の村々が独自に見せた、「山あがり」の動きを追ってみよう。

天正七年（一五七九）の秋頃、筑前の立花軍が肥前の龍造寺軍と対戦したとき、筑前早良《さわら》郡（福岡市早良区）中の人々は鳥飼村の砦に立て籠って、立花軍に抵抗した。怒った立花氏はこれを叩きつぶせと命じ、村の足弱（老人・女性・子ども）はみな生捕って我が物にしてもいい。ただし奪った食糧は宝満《ほうまん》城や岩屋城（高橋紹運の城、太宰府市境）に籠城中の味方に差し入れるから、濫妨してはならぬ、と掠奪の皮算用をしていた。

　ところが抵抗は激しく、結果は「郷人とは申しながら、持ささえ候ゆえ、破り兼ね……手負《ておい》数人」という始末で、百姓たちを掠奪するどころか、味方に負傷者まで出してしまった。ようやく打ち破ったのは翌年の二月であった。

　筑前の鳥飼村といえば、福岡市城南区・中央区のうち鳥飼・大濠・今川などの市街に当たる。その砦はいまはもう特定できないが、中世のこの辺り一帯は、複雑に入り組んだ入海で、鳥飼の汐干潟とか鳥飼潟の塩屋の松として知られていた。戦国の早良郡の村人は、そうした地の利を活かして、大名の軍にも抵抗できるほどの砦を、村人の自力で作り上げ、老人・女性・子どもの生捕りや食糧の掠奪を免れていたことになる(40)。

　また天正十年に、立花軍が筑前の岩戸荘を攻めたとき、大久庵の村人が村境の難所を選んで、幅七、八間もある大きい堀を掘り、中には七、八百人ほども立て籠って、大いに気勢をあげていた。立花軍はこれも甘く見て攻めかかったが、「彼の村かしこく」「殊の外の難所」で手が出せず、空しく引き揚げてしまった。立花方では「かりそめにも、城はかしこき所に究め候もの」と感嘆し合った、という(41)。

　いま大久庵という村名はないが、福岡県那珂川町中原に、大機庵と伝える観音堂跡を訪ねると、その一帯には、堂跡とその隣の通称ジョーノヤマ（城の山）を中心に、舌状《ぜつじょう》台地の先端にあるムラの一画を、大きく深い堀で掘り切った、城の曲輪状の跡が、明治期の地形図や地籍図にくっきりと遺っている。大久庵の村の城というのは、この遺構に違いない。

またフロイスはいう。天正十四年冬、豊後の野津《のつ》（大分県臼杵市）のキリシタン約三百名は、島津軍の襲撃を避けて家族と共に亀甲山の城塞に籠り、敵軍に降伏することを拒んで、こういった。

この城塞には（我らが）従わねばならぬ（というような）城主がいる（わけでは）ない。付近の者や友人仲間が（集まって）いるだけだ。たとえ全員（討）死しようとも、妻子を渡すことは断じていたさぬ。

これを聞いて、城主のいない村人だけの山城、と知った島津軍が引き揚げると、「助かりたいと思うなら、あの城塞で、家族ともども皆が打って一丸となって、強くなるのが一番の得策だ」と、さらに三、四千人近い人たちがこの山の城に集まってきた、という(42)。

これとよく似た光景を、島津方の『箕輪覚書』が伝えている。元亀三年（一五七二）の頃、ある海沿いの村で「百姓ら要害堅く構え」て立て籠っていたが、敵は「この要害は百姓村と聞く。然々《しかじか》の大将はおわすまじ。これを攻め人を損じて何の詮ぞ」といって軍を引いた、というのである(43)。

村人にも城を作る自前の技術と自前の武装があったことは、もはや疑いない。本能寺に信長を倒した明智光秀は、秀吉との戦いに敗れて京郊の伏見の村々に逃げ込み、「土民の一揆」の落人狩りにあって最期をとげたという。同じとき、堺から脱出しようとした穴山梅雪（信君）も、宇治田原

（京都府）で百姓たちの掠奪に遭い、財物のいっさいを奪われた上、自分も殺されてしまった。フロイスは「日本においては、このように戦乱が続く時は、逃走者すべてに襲いかかり、機会があれば、その持ち物も命も奪うのが、日本の習慣である」と明記していた。それどころか、紀州本『川中島合戦図屛風』は、上杉軍の小荷駄隊に弓や槍をもって襲いかかり、食糧を奪い去ろうとする、戦場の村（長野市篠ノ井塩崎）の百姓たちの姿を活写している(44)。

もともと中世の村には、自力で村や地域の平和を守る掟があり、勝手に侵入するよそ者に対しては、実力でその武装を剝ぎ取り、村から追い出し、抵抗すれば殺す。それだけの武力を村も備えていた。よく知られる村の落人狩りは、その一環にほかならなかった。

村人の小屋上がり

天正二年（一五七四）ころ、北陸に侵攻した上杉謙信は、国境の拠点（富山県朝日町、宮崎城カ）で、実城・二の曲輪・三の曲輪を固めさせるとともに、海賊に襲われるたびに、海村の人々が「むらよふがい」（村要害）に逃げこむのを見て、こう指示した。海賊に襲われても逃げずに、沿岸の村々が鑓や小旗を用意して、共同で反撃すれば、敵も警戒して近づかなくなるだろう、と。ここでも領主の城とは別に、村々が自前の避難所として村要害をもち、大名はそれを海賊に反攻する共同の拠点に利用しようとしていた(45)。

都に近い地域にも、村人の城籠りの例がある。琵琶湖の北の近江菅浦《すがのうら》（滋賀県西浅井町）の村では、十五世紀の中頃、隣村と戦う態勢をとり、「一味同心候て……要害をこしらえ相待つ」「地下には、わづかに老若百四、五十人にて、城をかため」などしていた。

また同じ近江で、荘や郷などが村ぐるみで課役を滞納し、譴責《けんせき》の使いがやってくると「諸口を切り塞ぎ」村に籠って出て来ないことがしきりで、そんな村は軍勢をやって「退治」せよ（『六角氏式目』二二条）と、大名を苛立たせていた。村に「要害をこしらえる」のも、「諸口を切り塞」いで村に入れなくするのも、「城をかためる」のも同じことで、村人にとって、こうした城作りはあたり前のことだったらしい。

摂津（兵庫県）の六甲山脈に沿った地域の村々でも「在々所々の百姓等、ことごとく甲山《かぶとやま》へ小屋上がり仕る」という行動が記録されていた。ところが、この百姓たちの「小屋上がり」を見た織田信長は、「御断わりをも申上げず曲事《くせごと》」と怒って、「諸手の乱妨人」を山狩りに差し向けた。乱妨人たちは百姓の籠る甲山（阪急電鉄甲陽園駅の北）の山小屋に襲いかかって、「山々をさがし、あるいは切り捨て、あるいは兵粮その外、思い〳〵に取り来たること、際限なし」という掠奪の限りを尽くした(46)。

信長は百姓たちが断りなしに山小屋上がりしたのを、公然たる敵対行為とみなし、みせしめに乱妨人をやって、徹底した山狩りをさせ、野放しの濫妨をさせたのである。この「乱妨人」は島津方の「濫妨人」を思い出させる。

次に東海地方の例を見よう。天正十年（一五八二）三月、駿河に攻めこんだ北条氏は、地元の村々に、「布沢の郷小屋の者共」「さかさはやしの小屋の者共」は「赦免《しやめん》」しよう。だから軍隊は「彼の男女に手指し」してはならぬ、と村人の身の安全を保障した。(47)

「手指し」という語には、①「必ず女共に手さしあるまじ」(決して女に手を出すな)とか、②「腰刀その外に手さすべからず」(腰刀その他を奪い取ってはならぬ)などの用例がある。(48)だから「男女に手指しする」というのは、北条軍が戦場の村で男女を掠奪すること、を意味していた。軍隊による人取りだけは逃れたい。それが山小屋入りの動機であったのであろう。

また「赦免」という措置も重要である。北条方は明らかに、戦争を避けて村の山小屋に籠った布沢(静岡県芝川町)や坂林(富士宮市精進川)など、村々の行動を敵対とみなしていた。(49)しかし、やがて村々は大金を払って、味方になる意思を示したのであろう。それを受けて北条氏は、まず村々を「赦免」すると表明し、さらに以後は村の男女に「手指し」しないと約束した。

「山上がり」「小屋上がり」した村人が敵対とみなされた例は『甲陽軍鑑』にも見える。「地下人こと〴〵く邪儀を仕り、山ごやへ入る」「伊奈の百姓、よき小屋要害へ入り、二千ばかり、御手にしたがわざる」というのがそれで、山小屋・小屋要害によった村人の抵抗にほかならない。(50)

「御断わりをも申上げず曲事」という信長のことばも、「山上がり」そのものが敵対だ、というのではあるまい。播磨の鵤荘《いかるがのしょう》(兵庫県太子町)の代官は、避難する荘民を自分の政所に匿うと同時に、襲ってくる軍隊に礼銭を払うために奔走していた。また和泉の日根荘では、入山田の住民が敵軍を避けて村ぐるみ「山上がり」したとき、敵対と見られるのを恐れて「鹿狩り」といい触らしていた。(51)

村人が集団で山小屋に避難しても、もし攻めてくる軍隊に断って兵粮や礼銭など払いさえすれば、敵対とはみなされなかった。一方、「山上がり」「小屋上がり」でなくとも、戦争の中で百姓たちが村を離れることも、敵対とみなされた形跡がある。(52) だから、いったん自分から捨てた村へ帰ろうとすれば、「赦免の制札」や「還住《げんじゅう》の制札」によって、敵対の罪を許し、帰村を保障してもらう必要があった。次にその実情を詳しく述べよう。

2　安堵を買う

半手の村・半納の村

強豪の対立に挟まれた境目の村や町が、双方の軍に襲われるのを免れるのに、半手とか半納という、思いがけない習俗が生まれていた。たとえば、家康・信玄の激突に挟まれ苦しめられた、遠江の見付町（静岡県磐田市）の人々は、十七世紀の後半の町の由緒書で、戦国の記憶をこう語り伝えていた。

その当時は、たとえ武田軍が攻めてきても、もし「御年貢を半分づつも……上げ申すべし」と、「半手」になることを申し出れば、夜討や乱取りを免れることができた。だから、敵境の村々はみなそうしたが、わが見付町だけは権現様《ごんげんさま》（家康）大事と、半手にならなかったので、いつも武田軍の夜討や乱取りに苦しめられた、と。敵味方に年貢を半納する（半手になる）かどうかは、村や町が自分で決めた、と伝えているのも見逃せない。

関東の戦国にも、よく似た例が少なくない(53)。

たとえば天正九年（一五八一）三月、下野の思川《おもいがわ》を境に、小山氏を攻めていた北条氏照は、思川の西岸（小山領）の中里村に、「当郷半手の儀は、侘言《わびごと》（村の要請）にまかせ候」といっていた。中里村が、北条方にも公事《くじ》（雑年貢）を納めて、半手の郷になりたいと申し出たので、了承する。もし村が違約したら、直ちに半手を破棄する、というのであった。

また天正十二年（一五八四）、その北条氏と敵対していた下総の結城氏も、敵との境目にある石ノ上村（茨城県結城市）に、半手になった以上、さらって来た人民は返し、もう夜討はしかけないと約束し、同じ頃、近くの上・下生井（同市）にも「半手を厳密に定めた」からといって、同じような保障を与えていた。

なんとか敵の夜討・朝懸《あさがけ》で人がさらわれるのを避けたい。それが、境目の村々が半手になる最大の目的であった。十七世紀後半の遠江の見付町が、半手になれば夜討・乱取りを免れることができた、と戦国の習俗を主張したのは、けっして虚構ではなかった。

中国地方では、この半手を半納といった。

天正十年（一五八二）四月、毛利軍と秀吉軍に挟まれた備中一宮《いちのみや》の宮内《みやうち》の村（岡山市）は、秀吉軍からこう通告されていた。「敵軍がこの村を足場にゲリラ戦を仕掛けてくるので、対抗措置をとる。日暮れ以後は、だれも村から出入りさせるな。もし勝手に出入りして監視兵に討ち取られても、それは村の責任だ。いかに半納の村でも、敵兵が村人に紛れて出没するのを見逃すことはできぬ。もし敵の出入りが事実でなければ、出頭して申し開きせよ」と。(54)

一見、ひどく強硬な通告のようだが、「半納の在所にて候共」（いくら半納の村だからといっても）

といったり、村の申し開きを認めたり、むしろ半納の村へのこまやかな気配りが印象的である。(55)同じ頃、相手方の小早川隆景も「半納あい破るるについて、日々、敵取り出し候や」と語っていた。せっかくの半納の関係が破綻すると、敵対する両軍の戦線に深刻な影響を与えたらしい。隆景はその二年前にも「半納の者を敵地に送りこみ、油断なく情報を探らせよ」と指示していた。だから秀吉軍の警告もおそらく事実で、半納の村はどっちつかずの自由な両属性が特徴であった。

すでに毛利家史の編纂者は、「半納の者というは、身方《みかた》へも半分上納し、敵方へも半分上納する百姓などが、境目などに居るならんか」といい、半納は境界の村が進んで選び取ったのだ、と見ていた様子である。(56)

だが半納は大名の主導による、という見方もある。(57)

①半納は、勢力の均衡する敵味方の合意によって成立した、一種の平和状態だ。

②境目の村の強い自立性が、敵対する大名たちに、半納という妥協を選択させた。

というのがそれである。ただし、ともに境目の村の強い自立性にも注目していて、その点では、半納は村が自分で選んだ、という見方と大きな差はない。

戦国の世にはよく「二重成《ふたえな》し」ということばが見える。味方と敵に挟まれた境目の村々が、しばしば双方から年貢を二重取りされた。戦場で敵方の村を制圧すると、その年貢を押さえにかかり、「もし他納においては二重成しの上、ご成敗」などと通告した。もし、よそに年貢を納めれば、二重取りされるぞ、というのである。現実には「二重成し」という語が生まれるほど、戦場の村では

年貢の二重取りの被害が広がっていたのであった。(58)

だから村が半手や半納になることを選ぶのは、こうした年貢の二重取りを避けるためでもあった。そんな境界の村の両属性を、大名はなぜ認めたか。この魅力ある半手・半納の研究も、まだ始まったばかりである。

百姓免除の制札

戦場の村が戦火を免れるには、こうした半手・半納のほかに、大金を払って敵軍から生命財産を保障してもらう道があった。

これは天正三年(一五七五)秋のことである。織田信長が自ら越前一向一揆の制圧に出動すると、越前に寺領をもつ奈良興福寺大乗院門跡の尋憲《じんけん》は、その後を追って越前の戦場に出かけ、寺領(河口十郷・坪江荘)の村々を守るために奔走し、その日々を日記に書き留めた。(59) 尋憲が越前一乗谷《いちじょうだに》の信長本陣に着いた頃、すでに一揆の制圧は終わりに近く、「山狩りて一揆ども切りすて仕り、数のしるしには、鼻そぎて持ち来り、その外二百余り生取りて来り……ことごとくもって首を切る」という光景を目のあたりにした。

尋憲の願いは、「百姓等もらい、免除させたく」というものであった。一揆勢とみなされて村を捨て、追及されている自領の村人たちを、信長からもらい下げ、反逆の罪を許してもらい、寺領を確保することである。彼はまず信長の側近に運動し、多額の銭を納めて、ついに信長の朱印を押した「両庄免除の制札」を、二つの荘園の十一か村ごとに一通ずつ交付してもらった。それは、村々で信長軍の濫妨狼藉・竹木伐採・放火を禁じる、と戦場の村の平和を保障した証書で、ふつう「かばいの制札」と呼ばれる。それを彼が「免除のご朱印」といっているのが見逃せない。

彼はその「朱印の制札」に、自分の手紙を添えて、村々に届けさせた。

今度、河口庄十郷の百姓等免除の事、南都の大乗院殿より仰せ出だされ、信長の御朱印を調《ととの》え下され候、この旨にまかせて、早々、おのおの還住《げんじゅう》いたすべきものなり、

ここに領主は、信長の朱印を添えて、百姓等の免罪と還住を認める、という。「大乗院殿の仰せ」つまり自分の画策を「信長の御朱印」よりも上に置いて、懸命に荘園領主の体面を取りつくろっているのが面白い。百姓が戦場の村を捨てるのは、やはり敵対と見られたし、まして一揆勢とみなされていたから、再び還住するには、「百姓等免除のご朱印」(大名の免罪証書)が不可欠であった。

ところが、使いが戦火の村々を回っても、まるで人影はなく、使いは空しく帰ってきた。信長側も「朱印頂戴申されざる処は、永代に直し置くべからず」と強硬である。せっかく免除の朱印を出してやったのに、その受領を拒む村は、永久に村に直る(帰村する)ことを認めない、というのである。制札は本来村が受け取るべきものであった。

あわてた尋憲は、こんどは信長側近に「この朱印に任せて、おのおのまかり直り申すべし(信長

の朱印の通り、確かに村人は帰村してもいいのだ）」と、制札の趣旨をわかりやすく説明した副状《そえじょう》を書いてもらい、もう一度、使いを村々にやった。「庇《かば》いの制札」は、この重臣の副状によって、あらためて罪を赦して帰村を認める「還住の制札」という性格を帯びることになった。これを見た多くの村は、こんどは制札を受け取ったらしい。領主尋憲の副状には見向きもしなかった村々も、敵将信長の側近のいうことなら信用できる、と判断したのであろうか。もはや荘園領主の権威はすっかり地に堕ちていた。

禁制を買う

中世も終わりの天正十八年（一五九〇）春、秀吉の軍が箱根山を越えて関東になだれ込んだ時、箱根の谷奥の大平台村は村ぐるみ山小屋に避難した。「大平台の小屋、堅固にござ候」といわれた通り、自力で備えを固めると同時に、敵方の秀吉から朱印の制札をもらって村を守り抜き、それを村の自力の記念として長く後世に伝えた(60)。

一方、このとき近くの底倉村では、ほとんどの百姓たちが逃げ散ってしまったが、「きもいり」を務める安藤一族は村に踏みとどまり、徳川家康のつてをたどって、伊豆の山中城にいた秀吉に大金を払って、大平台と同じ朱印状をもらってきた。

それは発行日付の下に秀吉の朱印が押された三か条の禁制で、秀吉軍の濫妨狼藉・放火・非分を禁止していた。つまり押し寄せる軍隊に示して、暴行を免れる村の安全保障書で、いわば敵軍の濫妨よけの守り札「庇いの制札」であった。

村がこの「庇いの制札」を手に入れるには、取次銭（口きき料）・筆功料（書き賃）・判銭（はんこ代）など、軍のいいなりに大金を要求されるのが常であった。秀吉はその八月「ご制札ご判銭の掟」を出して、制札の金額を村の大きさ（上・中・下）に応じて公定した。

それを見ると、上の村は永楽銭で三千二百枚（中の村は約三分の二、下の村は約三分の一）で、ただし取次銭（口きき料）はとるな、別に筆功料（書き賃）二百枚、御判銭（秀吉の朱印代）は相場まかせ、とある。どうやら掟の本当の狙いは、家来たちの中間搾取を封じることにあったようだ(61)。

だが、いったんこの制札をもらうと、味方の村として軍隊の庇護を受ける代わり、課役がかかってくる。この底倉村は、すぐに奉行の浅野長吉の部下に呼び出され、「関白様の御馬のかい料」という名目で、軍馬の飼料十俵を出せと命じられた。底倉は「郷中の儀は、おいちらされ申し、一粒も持ち申さず」という苦境の最中に、隣の大平台の山小屋から穀物を借りて「役」を果たしたという。その代わり「百姓取り候儀もこれあるまじ」と、軍兵の奴隷狩りよけを明記した、安全保障書を手にした。

還住の制札

さらに村の肝煎役《きもいりやく》には、「百姓ども、方々へ走り、死に果て」た村で、「百姓ども尋ね返し申し、底倉にしつける」という還住《げんじゅう》の努力が求められた。大金で村の安全を買い、放火掠奪を免れ、軍役を勧め、村人を還住させる。それが村を守る肝煎の責務であった。

しかし村人の還住にも軍の許可が必要であった。先に見た通り、断りなしの小屋籠りは「曲事《くせごと》」とされ、あらためて「赦免」が必要であった。底倉より早く秀吉の軍に占領された伊豆の一帯の村々も、同じ四月初め、ほぼ同文の秀吉制札を手に入れていた。伊豆田方郡狩野（伊豆市）のうち田代郷（下狩野）三か村宛ての制札をあげよう。(62)

一、地下人百姓等、急度《きっと》還住せしむべき事、
一、軍勢甲乙人、還住の百姓の家に陣取るべからざる事、
一、土民百姓に対して、自然、非分の儀申し懸くる族これあらば、一銭切りたるべし、ならびに麦毛苅取るべからざる事、

冒頭の主文は、ふつう「村の百姓たちはきっと村に帰れ」という厳命だと理解され、還住令と呼ばれてきた。三か条は秀吉が村に出した帰村の強制令で、近世の農民を厳しく耕地に縛りつける土地緊縛令《きんばくれい》の始まりだ、というのである。そう見られるのは、「急度《きっと》」という語と「還住せしむべき事」という文言が、一見ひどく強圧的に見えるのと、同じ日付で同文の制札が、伊豆の一帯に大量に出されているからであろう。

しかし私はこの通説を疑う。「急度」というのは、確かに、間違いなく、という意味だし、この

頃の「令《せしむ》」は自分で何かをすることを表す。また「可《べし》」には命令のほかに許可の意味もある。それに、もし強制された帰村の命令なら、果たして村が口きき料・書き賃・朱印銭など大金を出してまで、そんな命令書を手に入れようとするだろうか。上からの通達か、下からの申請かは、帰村の強制か村の安堵《あんど》かを分かつ、大切な指標になるだろう。交付の内情を確かめてみよう。

この制札には、秀吉の右筆《ゆうひつ》（秘書）をつとめる山中橘内長俊から、田代郷の村人宛てに、次のような手紙が副《そ》えられていた。


当郷還住の御制札、遣わされ候、早々に立ち帰り、小屋《こや》懸《がけ》をつかまつるべく候、自然、非分の儀申し懸《か》くる仁《じん》これあらば、きっと言上《ごんじょう》せしむべく候也、

秀吉の制札が出た。早く村に帰って、戦火にかかった家を建て直すように、という。秀吉の制札は「還住の御制札」と呼ばれていた。その一通を田代郷の人々が、山中橘内に頼んで手に入れたものらしい。だから彼は、もし秀吉の軍で制札に背く者がいたら、すぐ上申するように（私が責任をもって対処しよう）と、わざわざ副状を書いた。

だから五月に入ると、さっそく橘内のもとへ苦情が寄せられた。「当村の七郎左衛門と与十郎の麦が兵士に刈り取られてしまった。当所の御制札は、あなたの申し次ぎで遣わされたものだから、どうか善処してほしい」というのである。麦秋の最中に、村が兵士の麦薙《むぎな》ぎにやられていた。それ

は明らかに制札の「麦毛苅取るべからざる事」に違反する。五月十一日、橘内はあわてて返事を書いて「惣百姓《そうびゃくしょう》として、順路に異見《いけん》せしめ、押妨《おうぼう》の動きこれなき様に相済《あいすま》し、もっともに候」と返答した。この頃、右筆の彼は、秀吉に従って小田原包囲の陣中にいた。

私が現地に出向いて糺明してもいいが（小田原から遠いし、陣を離れるわけにもいかぬ）、惣百姓の力で秀吉の制札を盾に兵士に抗議し、押妨（熟した麦の掠奪）をやめさせて、決着をつけるのが得策だ、と。

やはり橘内は、ただ右筆という立場で制札を伝達したのではなく、彼自身が直に村の依頼をうけて制札を世話してやっていた。そのために村から訴えを持ち込まれていた。村が制札の「申し次ぎ」に高い取次銭を払うのは、制札をもらった後に起きる、もめごと対策に奔走してもらうためであった。上から一方的に交付・命令されたものなら、「申し次ぎ」に訴え出ることなどありえまい。

なお冒頭に「きっと還住を」と明記する一連の制札は、村の名主や庄屋が、村を捨てた小百姓に帰村を強制するため、秀吉の威勢を借りたのだ、と見る余地も皆無ではない。だが、橘内と村のやり取りは、秀吉軍の兵士の濫妨を排除するために、この制札が使われていたことを示している。

還住の保障

では、なぜ村は還住の制札を求めたのか。あらためて「還住のご制札」三か条を見よう。

冒頭の主文は、村の百姓はただちに帰村することを許可する（もう敵地ではないのだ）、という還住許可証であり、味方の地となった証明書であった。だからこそ、第二条で、帰村した村人の家に秀吉軍が陣取るのを禁じ、第三条で、もし村人に非法を働き、麦秋の麦を刈り取れば、一銭切りの極刑に処す、と定めた。

これだけの保障があり、兵士たちにも徹底すれば、散りぢりになった村人も、まずは安心して村に帰ることができた。三か条は一貫して戦後の村の安堵を保障していた。戦いの終わった村に出された制札は、戦火の最中に出された「庇いの制札」と区別して、「還住の制札」と呼ばれた。

ただし、味方の村の安堵といっても、戦後の村の安定を目指すものである以上、「急度《きつと》還住」を実現するのは、権力の願望でもあった。首に縄をつけてでも百姓たちを村に帰したかったに違いない。大軍の侵攻にあった最前線の伊豆では、どの村々もいっせいに山に「小屋入り」して、村を離れてしまっていた。すでに四月（太陽暦なら五月）に入り、農耕の適期に猶予はなかった。

伊豆の村々へ秀吉の「還住の制札」がいっせいに与えられた直後、同じ四月下旬、家康から伊豆の差配を任された本多正信は、現地に「豆州の在々、小屋入り仕り候百姓衆、罷り出て、田畑毛等の儀仕付け候に」といい、時期を失せず「御油断なく御才覚」をと指示していた(63)。

山小屋に籠った百姓たちは村へ戻り、早く田畠の仕付けを、という。春耕なしには秋の年貢もありえないのだ。いったい領主側はどんな「才覚」を凝らしたか。

この本多正信の手紙から一か月ほどした五月半ば頃、伊豆の村々で徳川方の代官を務める伊奈熊蔵忠次が懸命の大宣伝を始めていた。ここには松笠郷《まつかさごう》百姓宛ての例をあげよう。

①安堵　「成箇《なしか》」（課税）は、これまで通りとする。
②安堵　「田地荒らさぬ様」に開発につとめよ。「定成箇の内、少しご宥免《ゆうめん》」しよう。
③減税　荒れた耕地を復旧すれば、「召返」（還住）し「指南」（庇護）するように。
④恩赦　逃げ散った百姓を「召返」（還住）し「指南」（庇護）するように。
⑤救恤　「種公用」（種籾・食料）がなければ「入り次第」に貸し付けよう。

領主側の「才覚」の骨子は、安堵・減税・恩赦・救恤《きゅうじゅつ》を総合した徳政策であった。郷中定書《ごうちゅうさだめがき》と呼ばれるこの施政方針は、いま知られる限り、五月四日から同十六日にかけて、伊豆国の田方・君沢・賀茂三郡の一帯に出され、七通のうち四通は「還住の制札」と共に伝わっている。この徳政策は、秀吉の還住の制札に重ねて出されていたことになる(64)。

これより先、天正十五年（一五八七）十月、浅野長吉は初めて若狭一国の大名になったとき、新しい領国に、①村を出た走り百姓は呼びもどせ、②荒れた耕地の年貢は半免とする、③来年の荒れた耕地の夫役《ぶやく》は免除する、④開発した耕地は無税にする、という施政方針を表明していた(65)。

①は還住＝恩赦の措置であり、伊豆の定書の④に当たる。次いで、その還住を促すために、②③の年貢・夫役の減免や、④の開発を非課税とする措置を講じよう、というのであった。④は伊豆の③に近いが、それよりも徹底している。百姓をただ働きさせてはならぬ、とも定めていた。ここ若

狭でも、いわゆる還住令は明らかに徳政のシステムに乗せて展開されていた。

この代替り徳政の習俗は、さらに近世の領主たちをも拘束した。

江戸時代の初め、元和四年（一六一八）六月、越後長岡の大名堀直寄《ほりなおより》は、越後本庄（新潟県村上市）へ転封になると、新任地に施政方針をこう表明していた。(66)

①一、この跡、村を立ちのき申し候百姓ども、如何様《いかよう》の科《とが》・緩怠《かんたい》仕り候とも、代替《だいがわり》の儀に候間、その科をゆるし、めし返し申すべく候事、

②一、来春耕作の儀、新田ならびに荒地ひらき申すにおいては、三年休みに申し付くべく候、作食・種籾の儀は、その身に応じ、かし遣すべき事、付、三か年、諸役有るまじき事、

①は百姓の召返《めしかえし》で、伊豆の④に対応する。②は開発免税と作食種籾の保証と三か年の非課税で、それぞれ伊豆の③と⑤にそっくりである。代替りの徳政には、中世末から近世にかけて、明らかに「期待される（領主のまもるべき）徳政像」があったに違いない。とくに注目したいのは①で、先に村を立ち退いた百姓は、かりに何か罪や失態を犯した科人でも、「代替りの儀」として罪を許し、村に帰ることを認める、という。百姓の召返、つまり百姓の還住には、もともと恩赦の意味が込められていたらしいのである。

豊前小倉（北九州市）の細川家では、忠興から忠利への代替りをうけて、元和七年（一六二一）

の八朔《はっさく》、「他国へ走った者も、帰参・帰国すれば罪を許す」と高札で公表した。これも代替りの徳政である。勝手に国を捨てた侍や百姓にも恩赦がある、と伝え聞いた弥三という人夫は、国恋しさにやがて上方から村へ帰ってきた、という。高札には「早々還住仕るべきものなり」とあり、恩赦の措置も伴っていた。この還住文言は、秀吉禁制の「急度還住せしむべき事」とよく似ている。(67)

フロイスの見た国替えの惨禍

代替りの徳政といっても、そこに何か牧歌的な現実がくり広げられたというのではない。現実はむしろ逆であり、だからこそ徳政による応急手当が求められた。フロイスはいう。「日本ではこうした国替えの際に、多くの掠奪破壊が行われるのが常」で、民衆の一人ひとりは、どうすれば危険に曝されずにすむか、と必死に行動した。伊予から筑前へ小早川氏の国替えが決まると、城下では群衆によってすさまじい掠奪がくり広げられた、と。(68)

また、文禄二年（一五九三）、大友領だった豊後が秀吉に没収された時も、現地では「（新たに）領土の引渡しを受けに来る連中は、見つけ次第にことごとくを、己れの物として没収してしまう。……自分たちは新たに豊後に入ってくる連中に、やがて殺されるか、捕虜にされるように思われた」という有り様であった。(69)

だから人々は、支配者が替わると聞けば「母国から逃げのびるべく家を出」た。新しい領主はその混乱と荒廃を一刻も早く収拾し、人々の被った痛手を癒さなければ、新たな支配を打ち立てることなど、とうてい不可能であった。

中世還住の原型――代替り徳政の系譜

このような治癒の方策は、中世を通じて「代替り徳政」と呼ばれ、それはあって当然というのが、世の中の通念であった。中世初めの一例をあげよう。(70)

文治五年(一一八九)九月、源頼朝が奥州に大軍を出して平泉藤原氏を破ると、頼朝のもとへ中尊寺の別当がやってきて、「当国合戦のあいだ、寺領の土民ら怖畏をなし逐電す、早く安堵せしむべきの旨、仰せ下されんと欲す」と愁訴した。寺領の百姓たちは、戦争に恐れて逃亡してしまいました。どうか寺領を安堵して下さい、と。この「早く安堵せしむべし」にも、安堵の強制という意味はない。

すると頼朝は、すぐに別当を呼んで「逐電の土民ら本所に還住すべし」「稼業をなげうって山林に逃げた奥羽の庶民を召し集め、本所に安堵すべし」といい、これをうけて中尊寺も現地に「雑人《ぞうにん》ら本《もと》の住所に還り、安堵の思いを成すべし」と通達したという。

さらに頼朝は、奥州奉行葛西《かさい》氏の申請をうけて、凶作と戦禍に窮迫した陸奥北五郡の村々を救うために、出羽の仙北・秋田地方から種子農料を移送するよう、徳政(出挙《すいこ》)の措置を講じていた。

還住の許可は、すでに中世の初めから、百姓を本の所に安堵してほしいという、地元の愁訴をうけて出され、徳政の措置によって裏打ちされるべきもの、とされていたのであった。

〔注〕

(1)ジョルジュ・デュビィ『ヨーロッパの中世――芸術と社会』(池田健二・杉崎泰一郎訳、藤原書店、一九九五年)、二〇〜二二頁。

(2)高木昭作「乱世」(『歴史学研究』五七四、一九八七年)。藤木「村の隠物・預物」(『ことばの文化史』中世1、平凡社、一九八八年)。

(3)「源威集」、福田豊彦「戦士とその集団」(同氏編『いくさ』一二〇〜一二二頁、吉川弘文館、一九九三年)。醍醐寺厳助「天文二年信州下向記」『新編信濃史料叢書』十、五〇頁、福原圭一氏のご教示による。

(4)『政基公旅引付』文亀二年八月廿二日条、一〇七頁。なお藤木「戦場の村の危機管理」(『荘園に生きる人々――「政基公旅引付」の世界』和泉書院、一九九五年)参照。

(5)『政基公旅引付』文亀元年九月五日条、六四頁・永正元年四月五日条、一九一頁。

(6)勝俣鎮夫「戦国時代の村落――和泉国入山田村・日根野村を中心に」(『社会史研究』6、一九八五年)。

(7)大日本古記録「上井覚兼日記」中、一一〇〜一一一頁。

(8)①角川文庫版『信長公記』巻二、一〇〇頁、②同巻一二、二八七頁・三〇一頁、③同巻一四、三六七頁。

(9)天正十六年正月廿三日、後閑宮内大輔宛て、北条家朱印「申定事」三か条の第一条付則、『戦国遺文』後北条氏編四―三二七六、二一九頁。

(10)以下の城籠り論は小林清治『秀吉権力の形成』第五章(東京大学出版会、一九九四年)に学んだ。川添昭二・福岡古文書を読む会校訂『博多筑前史料豊前覚書』五、立花御籠城之次第、一三三頁。柳川古文書館所蔵写本を参照した。この覚書は元和元年二月成立。

(11)享禄四年小田部氏古文書『増補訂正編年大友史料』15―三九四〜三九五。『太宰管内志』上、三四一頁、堀本一繁氏のご教示による。

(12)「矢野」がもし「井野」の誤記なら、町の西に寄った平地。

(13)「北条記」四『小田原市史』史料編、原始古代中世I、六四七頁。「小田原記」『越佐史料』四、二九三頁。

(14)注(10)前掲『豊前覚書』、二一〜二四頁。

(15)「東寺百合文書」ゆ函―三九・三一・四五。

(16)『日本教会史』上(大航海時代叢書Ⅸ)、三三三頁。なお藤木「村の隠物・預物」注(2)前掲、一〇〇〜一〇四頁参照。
(17)芸備史研究会『陰徳太平記』七三、下五二〇頁。「桂岌圓覚書」『戦国期毛利氏史料撰』五一〜五二頁。
(18)角川文庫版『信長公記』巻十一、二六三頁、巻十四、三五七頁。『校註若州三潟郡佐柿国吉籠城記』七〜八頁(美浜町、一九七〇年)、大森宏氏のご教示による。
(19)『フロイス日本史』10、一五九頁。
(20)①嘉永四年五月「立花山図」は立花織衛家文書。②「立花山絵図」は柳河藩立花家文書。
(21)『日本史』10、一五九頁。『十六・十七世紀イエズス会日本報告集』第Ⅲ期第5巻、二三一頁。
(22)『日本史』12、二二頁。『十六・十七世紀イエズス会日本報告集』第Ⅰ期第1巻、一七〇頁。
(23)以上『日本史』8、一七二頁・一八七頁・一八八頁・一九二頁。『十六・十七世紀イエズス会日本報告集』第Ⅲ期第7巻、一七〇〜一七一頁。
(24)毛利右馬頭宛て、『豊公遺文』一三三頁。「高木文書」三鬼清一郎編『豊臣秀吉文書目録』四二頁。『十六・十七世紀イエズス会日本報告集』第Ⅲ期第7巻、一八二頁。
(25)『日本史』11、六一頁。
(26)天正十八年五月廿七日付け長谷川秀一等三名連署書状、北条氏直宛て、「加能越古文叢」四三『加賀藩史料』一。六月八日付け朱印状、羽柴柳川侍従宛て、「立花文書」五五(柳川古文書館蔵)。
(27)「加沢記」三、内閣文庫蔵。峰岸純夫「地衆――後北条氏による百姓の軍事編成」(『戦国史研究』2)。
(28)「喜連川文書」四七『栃木県史』史料編、中世2、二三九頁。
(29)「榊原家所蔵文書」『静岡県史』資料編7、一四二二頁。なお同書は江尻城説には疑義ありとする。
(30)佐賀県立名護屋城博物館所蔵文書(もと「鍋島文書」三)、本多美穂氏のご教示による。なお三鬼清一郎編『豊臣秀吉文書目録』九三頁によれば、他に「かとかい城」「とくねぎ城」「釜山浦城」宛てがある。
(31)東京大学史料編纂所影写本「松尾神社文書」。酒井紀美氏のご教示による。岸田裕之氏も城と地下人の一体性に注目する(「『新出岡家文書』について」六三頁、『史学研究』二〇三、一九九三年)。
(32)文禄二年五月朔日、豊臣秀吉朱印「覚」案、「島津家文書」二―九五四、二一一頁。

(33)「永禄伝記」『福原家文書』上、五〇七頁・五一二頁。
(34)同右「永禄伝記」籠城の項、五四三頁。
(35)陶山静彦氏所蔵文書『戦国遺文』一―八一五、同二―九二五・一二八〇。
(36)「武州文書」一二・同一四、「内山文書」他、『埼玉県史』資料編6、中世2―一四〇一〜一四〇三。
(37)「鶴岡御造営日記」『神道大系』神社編二〇、鶴岡、三〇三〜三〇四頁。『小田原市史』史料編、中世Ⅱ―一九四・五六六。
(38)「快元僧都記」『神道大系』神社編二〇、鶴岡、二六三頁。
(39)角川文庫本『信長公記』巻四、一二七頁。同巻五、一三四頁。
(40)注(10)前掲『豊前覚書』二八頁。鳥飼については「蒙古襲来絵詞」、堀本一繁氏のご教示による。
(41)大久庵は福岡県筑紫郡那珂川町中原。注(10)前掲『豊前覚書』三三頁。
(42)『日本史』8、一七四頁。
(43)「箕輪覚書」『旧記雑録後編』一―六七七、三〇九〜三一〇頁。
(44)『十六・十七世紀イエズス会日本報告集』第Ⅲ期第6巻、一三五頁。同第7巻、一七四頁・二一一頁。『川中島合戦図屏風』右隻上部(個人蔵、和歌山県立博物館)、井原今朝男氏のご教示による。藤木「村の城・村の合戦」(朝日百科『歴史を読みなおす』15「城と合戦」、一九九三年)。
(45)(天正二年＝一五七四カ)五月十四日上杉謙信書状、岡田紅陽氏所蔵文書『新潟県史』中世三八六三。
(46)寛正二年十一月、菅浦大浦両庄騒動記「菅浦文書」三二三。天正六年霜月、角川文庫版『信長公記』巻十一、二五九頁。
(47)壬午(天正十年)三月六日、北条家朱印状、源五郎宛て二通。静岡県富士宮市精進川「渡井文書」『静岡県史料』二、五一六頁。
(48)①「三河物語」(『日本思想大系』26)一六二頁。②「結城氏新法度」七四条。
(49)地名の比定は静岡県史編纂室中世部会、加藤秀明氏のご教示による。
(50)酒井憲二編『甲陽軍鑑大成』本文編下、一七五頁・四一二頁。
(51)藤木『戦国の作法』(平凡社ライブラリー、一九九八年)二一四〜二一九頁、同「戦場の村の危機管理」注

（4）前掲『荘園に生きる人々』。
(52)高木昭作「乱世」（『歴史学研究』五七四）。
(53)遠江見附の例は延宝二年見附町由緒書上「成瀬文書」、原本写真は静岡県史編纂室、加藤秀明氏のご教示による。小山・結城氏の例は「小山市立博物館所蔵文書」「池沢清氏所蔵文書」『結城市史』史料編、中世七八五～七八六、「福田文書」、峰岸純夫氏のご教示による。同氏「東国戦国期の軍事的境界領域における『半手』について」（『中央史学』一八）参照。
(54)「備中吉備津神社文書」一六二『岡山県古文書集』二、二三六頁。岸田裕之「『新出岡家文書』について」六一～六二頁（『史学研究』二〇三、一九九三年）。山本浩樹「戦国大名領国『境目』地域における合戦と民衆」八五頁（『年報中世史研究』一九、一九九四年）。
(55)「萩藩閥閲録遺漏」二の一、赤川氏。秋山伸隆「戦国期における半納について」（『芸備地方史研究』一二五・一二六合併号、一九八〇年）。
(56)「毛利氏四代実録考証論断」五七、同右秋山論文による。
(57)①は注（55）前掲秋山伸隆論文二七〇頁、②は注（54）前掲岸田裕之論文六一頁。
(58)たとえば『政基公旅引付』一六九頁・一七〇頁・二二七頁、その他『織田信長文書の研究』等。
(59)伴五十嗣郎・幾田活司編「越前国相越記」（『福井市立郷土歴史博物館報』復刊一号）。
(60)大平台の制札は箱根町立郷土資料館蔵。底倉の史料は旧底倉村藤屋（安藤）勘右衛門所蔵『新編相州古文書』一、一三九～一四一頁等。なお以下、底倉の分析は、小林清治『秀吉権力の形成』（東京大学出版会、一九九四年）に多く教えられた。
(61)天正十八年八月日、豊臣秀吉朱印「御制札御判銭掟」、石田三成宛て、京都「本法寺文書」。
(62)以下、田代郷三か村宛ては、「天城文書」『静岡県史料』一、三九一～三九三頁。三鬼清一郎編『豊臣秀吉文書目録』五九頁には、同年四月付け伊豆国内宛て朱印三か条の「禁制」「条々」十九通が見える。
(63)本多正信書状、星屋修理宛て、駿東郡大平村「星谷文書」六『静岡県史料』一、五九四頁。追而書は「豆州の儀は、はや〳〵殿様（家康）へ遣わされ候」と伊豆の徳川領国化を示唆する。
(64)天正十八年五月十五日、郷中定書、和泉清司編『伊奈忠次文書集成』。制札と定書の伝存例は、田方郡飯田

文書・杉山文書・荒井文書、加茂郡金指文書がある。「松笠郷百姓」宛ては「飯田文書」二『静岡県史料』一、三九三〜三九四頁。

(65)七か条掟書、小浜市「清水三郎右衛門文書」『小浜市史』諸家文書編4、二二九頁ほか。同年七月丹羽氏の加賀移封後に入る。

(66)長岡市立中央図書館所蔵文書。なお、長岡入部直後の元和二年十月五日「村々中聞置目」もほぼ同旨。『長岡市史』資料編2、近世二六、三二三頁。なお藤木「村から見た領主」(朝日百科『歴史を読みなおす』13「家・村・領主」、一九九四年)、同『戦国史をみる目』(校倉書房、一九九五年)一四三頁参照。

(67)永青文庫「米家旧記録」、宮崎克則「一揆情報の内と外」『日本の近世』六、三五二〜三五三頁、一九九二年、福田千鶴氏のご教示による。

(68)『フロイス日本史』11、一一三〜一一七頁。

(69)同右、8、三三九〜三四三頁。

(70)文治五年九月十日条、「吾妻鏡」九『国史大系』前編、三五一頁。同日親義奉書「陸奥中尊寺文書」『鎌倉遺文』四〇五。同九月十三日・十月一日・十一月八日条、「吾妻鏡」九『国史大系』前編、三五二・三五九・三六二頁。「①仍岩井・伊沢(胆沢)・柄差(江刺)、以上三ケ郡者、自山北(仙北)方、可遣農料、②和賀・部貫(稗貫)両郡分者、自秋田郡、可被下行種子等也、③近日則雖可有沙汰、当時依深雪、可有其煩歟、明春三月中、可被施行、④且兼日可相触土民等者、」

Ⅳ 戦場から都市へ——雑兵たちの行方

かれらは姓を名乗れず、名ばかりの男たちであったが、かれらこそ騎馬の士分たちをささえる戦闘要員であり、物資運搬の支援要員であった。そして、平和の時代はかれらを大名家臣団からはじきだし、「軽き浪人」として巷にあふれさせることになったのであった。士分にあたる武士の牢人よりも、足軽・中間・又者が職を失い牢人になることのほうが、量的にも質的にも、社会の諸方面に大きな影響をおよぼした。

——朝尾直弘「十八世紀の社会変動と身分的中間層」

1　浪人停止令

戦争から平和へ、戦場から普請場へ

端境期《はざかいき》を戦場でどうにか食いつないでいた村の傭兵《ようへい》たち、凶作の最中に田畠を捨てて戦場を渡り歩いていた中間《ちゆうげん》や小者《こもの》たち、戦場を精いっぱい暴れまわっていた悪党たち。凶作と飢餓の戦国の底辺で逞しく生きたこれらの人々にとって、戦場は明らかに生命維持装置《サバイバルシステム》の役割を果たしていた。また戦国の世を覆った戦争は、あいつぐ凶作と飢饉と疫病によって、地域的な偏りを生じた中世社会の富を、暴力的に再配分するための装置であった、とさえいえるかもしれない。

だが、天正十八年（一五九〇）七月、関東の戦国大名北条氏が滅んだのを最後に、国内の戦場はすべて閉ざされてしまう。十六世紀末に起きた「戦争から平和へ」の突然の転換。「天下をとって、納まると同時に、まず困ったのは、かれらラッパ・スッパの連衆の処置であった。これまでは、助力を得たのであったが、関ケ原、夏・冬の戦いで、かれらには手を焼いている。……ひとまず整理をつけなければならぬ時が来たのであったが、その処置には、全く困惑したようであった。」

これは、折口信夫「ごろつきの話」の一節である。[1]戦場に充満していた雑兵たちの巨大な濫妨《らんぼう》エネルギーは、どこへいってしまったのか。生命維持装置を失った人々は、どうやって生きて行くことになったのか。秀吉の平和を受け入れた日本の社会は、戦争の廃絶、つまり大きな稼ぎ場の消滅によって、大変な難題を抱えこんでいたのではないか。

そう考えると、秀吉が日本の戦場を閉鎖したとたんに朝鮮侵略を始めた、という史実のもつ意味はまことに重い。悪党・海賊・渡り奉公人たちの多くは、新たなより大きい稼ぎ場を求め、再び傭兵となって大名軍とともに海を渡ったようである。あの大がかりな朝鮮の奴隷狩りは、紛れもなくその結果であった。

極言すれば、秀吉の平和というのは、国内の戦場にあふれていた巨大な濫妨エネルギーに、新たなはけ口を与えることで実現され、それと引き替えにして、ようやく国内の戦場を閉鎖することができた。だから秀吉は、名誉欲に駆られ、国内統一の余勢をかって、外国へ侵略に乗り出したというより、むしろ国内の戦場を国外（朝鮮）に持ち出すことで、ようやく日本の平和と統一権力を保つことができた、という方が現実に近いことになるだろう。

一方、農業を暮らしの第一とし、冬を越して夏を迎えるまで、一年の半ばにも及ぶ農閑期・端境期に、戦場をたった一つの稼ぎ場として、命をつないできた村人たちには、海を越えた朝鮮の戦場はあまりにも遠い。国内の戦場の閉鎖は、彼らにとって半年の失業を意味したに違いない。

ところが、その戦国の終わり頃から、あたかも秀吉の平和を象徴するかのように、大坂の築城と都市の改造に始まり、京の一帯でも聚楽第《じゅらくてい》・淀《よど》城・伏見《ふしみ》城・大仏殿が、地方でも諸大名の城と町造りが、また各地の鉱山のゴールドラッシュが、いっせいに始まっていた。周縁の国々からそこへ向かう人々の渦がはっきりと見えてくる。全国の戦場から、中央・地方の都市の巨大な普請場《ふしんば》（大規模公共事業）や金銀山へ向かう、激流のような人々の流れ。それがまた、秀吉の平和を受け入れた十六世紀末の日本社会に、大変な難題を突きつけていたようだ。

平和と浪人

天正十八年（一五九〇）十二月五日、秀吉は「浪人を禁止する。村から追放せよ」と発令した。令書は全四か条から成るが、標題には法の主題が「きっと申し入れ候、御代官所・自分知行《ちぎょう》の内、浪人停止《ろうにんちょうじ》、相払わるべき事」と明記される。あたかも関東・奥羽の制圧がひとまず終わって天下一統が成り、秀吉の平和が実現した直後に当たっていた。「牢人自身が平和の所産であった」と朝尾直弘氏はいったが、戦場の閉鎖が、失業した下々の武家奉公人たちを、平和な街角にあふれさせていた。このすばやい浪人対策は、いったい何を目指していたか。

この令書は、いままでなぜか注目されることが少ない。近江浅井郡の秀吉蔵入地《くらいりち》（直轄領）に宛てた、後世の写しがただ一通伝わるだけで、局地的な措置に過ぎない、と見られてきたためであろうか。しかし令書は、長束・増田・小出・富田・津田・前田と、秀吉の奉行衆が六人も名を連ね、その代官所（秀吉の蔵入地）だけでなく、自分知行（秀吉の家来たちの領地）をも対象に発令され、その骨子は後の秀吉の法にも受け継がれていく。秀吉の基本政策の一環と見るべきであろう。以下これを「浪人停止《ちょうじ》」という標題にしたがって、浪人停止令と呼ぶことにしよう(2)。まず第一条から。

一、主をも持たず、田畠作らざる侍、相払わるべき事、

村に住んで「おれは侍だ」といいながら、決まった武家奉公の先も、特定の主人も持たず、さりとて村でまじめに田畠を耕すわけでもない。そんな侍がわけもなく村にいては困る。そんな連中には「浪人」の烙印を押して、村から追い出せ、という。

具体的な措置として明示されているのは「(地下《じげ》を)相払わるべき事」だけで、標題にも第一・第二条にも、同じことがくり返し強調されている。つまり法の執行の重点は、明らかに村からの浪人の追放処分であった。だから掲げられた標題は「浪人の停止令」だが、現実には「浪人の人掃《ひとばらい》令」であった、というべきであろう。

侍の浪人といえば、ふつう主家を失った武士を思い浮かべる。だがここでいう侍は、武士のことではない。彼らは「武士の面々」とは峻別して、「奉公人、侍・中間・小者・あらしこに至るまで」などと一括された、武家の社会ではごく身分の低い奉公人のことであった。その武家奉公人のうちでも、戦場で主人を助けて戦闘に参加する若党や足軽が狭い意味の「侍」で、主人の馬を引いたり、槍や物を運ぶだけの「中間・小者・あらしこ」は、侍とも区別して「下人《げにん》」と呼ばれた(3)。

つまり、この浪人停止令が問題にしたのは、主家を失った武家の身の振り方ではなく、平和の実

現によって戦場の稼ぎ場を失った、臨時雇いの侍たちの行方であった。だが翌十九年令になると、取り締まりの対象は「侍」から「中間・小者・あらしこ」にまで広げられる。だから、この浪人停止令の侍も初めから、失業した下っぱの武家奉公人たちすべてが対象だった、と見る余地もある。

次いで第二条になると、浪人像と法の狙い目がもっと具体的になる。

一、諸職人ならびに商売人、この心得を仕来たり候わば、その分たるべし、この触れの後、彼の主をももたず田畠作らざる侍ども、職人・商売仕り候と申し候とも、地下を相払わるべき事、

もともと職人・商人の心得（経験）のある侍なら、たとえ田畠を作らない侍でも、村追放の対象にはしない。だが、この令書が出てからあわてて「職人・商売をしています」と申し立てても、にわか職人・にわか商人の侍は認めない、という。

もとから職人や商人を兼ねてきた侍はいいのだとすれば、「田畠を作らない侍」はすべて村から追い出せというのは、絶対条件ではなかったことになる。どうやら重点は、「主人を持たない侍」の方にあった。得体の知れない侍の排除（人掃い）が主眼であったらしい。

ところでこの法が、にわか百姓（侍が新たに百姓を始めること）はとくに拒まず、にわか商人・にわか職人だけに厳しいのはなぜか。一見すると、浪人が村に住む限り、百姓（農）になるか、主持

ちの奉公人（兵）になるか、と二者択一を迫っているように見える。だがそれだけではあるまい。にわか商人・にわか職人を規制する裏には、浪人たちが商人・職人になって、戦場から町場へ集中する動きが起きていて、それを抑えなければならぬ、という事情も隠されているのではないか。その事情は、浪人停止令の翌年に出た、いわゆる身分法で明らかになる。それは後に述べよう。

さらに第三条はいう。

一、奉公人のほか、百姓の中は、武具類を改められ、取上げらるべき事、

「主人を持たない侍」を浪人として村から排除したうえで、村人たちのもつ武具類を調べ上げ、しっかりした主持ちの奉公人にはその携帯を許し、百姓たちからは没収せよ、という。明らかに天正十六年に始まった刀狩《かたなが》りの一環である。

主持ちの奉公人といっても、その雇い主の武士も貧しく、大勢の家来を養う力はないから、ふだんは村や町で百姓・商人・職人などを兼ねて暮らす、戦時だけの奉公人であった。だからこそ、奉公人は百姓とは身分が違うと強調し、奉公人には身分の標識として、帯刀つまり二本差しを認めよう、という狙いがあった。その事情は近世の初期になっても変わらず、武家奉公人も「常の奉公人」（常備軍）と、「下々奉公人《しもじも》」（在村の予備軍）に分かれ、両者はその地位も峻別されていた(4)、という。

浪人と毒薬——毒の売買停止令

問題の浪人を、先に「得体の知れない怪しげな侍」といったのは、最後の第四条と関わる。

一、毒の売買の事、在中にて仕り候儀、これまた堅く停止し、薬屋にて、毒の薬を買いたし、と申す者候わば、とらえおき、糺明を遂げらるべきの事、

村々での毒の売買は禁じる。もし毒薬を買いたいという者が薬屋に現れたら、捕まえて糺明せよ、という。いったい浪人停止令に、なぜ毒の売買停止令が付記されたのか。

毒は中世では毒飼《どくがい》とか毒害といって、人殺しにも川漁にも広く使われたらしい。周防の「吉川氏《きつかわし》法度《はつと》」も、毒殺事件が起きたら、毒を売った人も買った人も共に、妻子・親類ものこらず成敗するという厳しい掟を定めていた。薬屋といえば、狂言『神鳴』にも、都を食い詰めた怪しげな旅の薬屋が登場するし、肥後の「相良氏《さがらし》法度」も、旅まわりの素人の祈念（呪術師）・医師（くすし、薬師）を禁じていた。(5)

ヤシ（薬師・香具師）の起こりは、野士《やし》つまり戦国の野武士たちが飢渇《けかち》（飢餓）を凌ぐてだてに始めた、売薬に始まるという（『守貞漫稿』）。これに安野真幸氏は注目した。この素人の医師もきっと野武士まがいの薬売りのことで、彼らは夜討《ようち》・山立《やまだち》・屋焼《ややき》などに活躍したスッパ・ラッパや、ヤシ・テキヤの世界とも深くつながっていたし、人殺しのプロと毒薬売りは、もともと一体だった

に違いない、と。(6)

浪人停止令に毒の売買停止令が盛りこまれた理由、つまり浪人と毒薬の奇妙な取り合わせも、これなら納得がいく。決まった奉公先もない侍は、危険きわまる毒薬売りか、闇の殺し屋と見られていたのである。浪人と毒薬の停止令は、割のいい雇い主と稼ぎ場を探して戦場を渡り歩く、悪党たちの封じこめ作戦でもあったことになる。

2　「身分法」と人掃令

天正十九年八月令をどう見るか

天正十八年（一五九〇）秋の天下統一のあと、奥羽に広がった一揆の抵抗を制圧するため、秀吉は翌十九年の六月下旬、再び奥羽に大軍を送るが、次いでその八月には三か条の「定」を出し、さらに奥羽の制圧にめどがついた九月、ついに朝鮮侵略の大動員を発令した。いま問題にしたいのは、この動員令直前の八月令三か条である。(7)

内容は後に詳しく見るが、この三か条は、秀吉の身分法として、多くの教科書に登場するほど有名だが、その評価は大きく二つに割れている。①豊臣政権が身分の固定化を目指した身分法令だとする国制の基本法説（通説）と、②その発令の時期から見て、朝鮮侵略に備えた国内の態勢固めのため、とする時限立法説（新説）がそれである。(8)

教科書の扱いはほとんどが①で、「秀吉の身分法令」あるいは「秀吉の身分統制令」と呼んで、「一五九一年、秀吉が武士の百姓・町人となることや、農民の転業を禁じた法令。武士が無断で主人を代えることも禁止。士農工商の制度的確立を意味する」という大きな評価を与えている。(9)じつは私もそう考えてきた。だが侵略のための緊急対策とみる②の時限立法説は、①の基本法説を真っ向から否定する。

ところが、三つの箇条それ自体は、どれもが前々からの秀吉令の寄せ集めで、細々とした施行細則を別にすれば、新しい立法は一つも含まれていない。しかも一見して、戦争から平和への急転のさなかに、浪人（主なしの侍）ばかりか、奉公人（主持ちの侍）も百姓も、あたかも「ベトナム後」ともいうべき大変な難題を、秀吉政権に突きつけていた様子が見えてくる。この法は、何よりも国内の戦場の閉鎖に伴う深刻な社会問題に立ち向かう、戦後処理策であったのではないか。

奉公人は町人になるな——戦場から都市への奔流

まず第一条を見よう。

一、奉公人、侍・中間・小者・あらしこに至るまで、去る七月、奥州へ御出勢《ごしゆっせい》より以後、新儀に町人・百姓に成り候者これあらば、その町中・地下人として相改め、一切置くべからず、もし、隠し置くについては、その一町・一在所、御成敗を加えらるべき事、

狙いは、武家に奉公していた「侍・中間・小者・あらしこ」が、奉公を捨てて町人や百姓になるのを阻止することにあり、受け入れ先の町や村に取り締まりの責任を負わせよう、というのである。

額面通りに読めば、まったく新たに立法された奉公人の廃業対策で、②の新説によれば朝鮮侵略の軍事動員を控えた「兵の確保」の政策、ということになる。

だが、右の主文「奉公人……新儀に町人・百姓に成り候者……一切置くべからず」は、先の浪人停止令の「侍ども、職人・商売仕り候とも、地下を相払わるべき事」（第二条）と、文脈も趣旨も実によく似ている。しかも、ここで求めている「一切置くべからず」という対抗措置は、浪人停止令にいう「相払うべし」と同じである。奉公人の廃業阻止というより、指令の核心はやはり人掃いに据えられている。次の第二条の②（後述）とも合わせて、新たな時限立法というよりは、むしろ浪人停止令の再令と見るのが妥当であろう。

一見したところ、奉公人が廃業して、百姓になるのも町人になるのも、ともに禁止とある。だが、そう解釈すると、「田畠作らざる侍」の排除（田畠を作る侍の許容）をうたった浪人停止令の趣旨と食い違う。それに、町人・百姓、町中・地下人、一町・一在所と、どれも町が先に掲げられている。法の視線は明らかに町場に注がれていた。この人掃令によって秀吉が阻止したかったのは、武家奉公人が百姓になること（兵から農へ）ではなく、もっぱら戦場から都市へ流れこむ奉公人（傭兵）たちの町人化（兵から商へ）の流れだったのではないか。

百姓も町人になるな——過疎化するムラ

次に第二条を見よう。

一、①在々百姓等、田畠を打ち捨て、或いはあきない、或いは賃仕事にまかり出る輩これあらば、その者のことは申すに及ばず、地下中も御成敗たるべし、②並びに奉公をも仕らず、田畠もつくらざる者、代官・給人としてかたく相改め、置くべからず、③もしその沙汰なきにおいては、給人の過怠には、その在所めしあげらるべし、町人・百姓として隠し置くにおいては、その一郷・同じ一町、曲言《くせごと》たるべき事、

前段①の狙いは、百姓たちが耕作を放棄して、商い・賃仕事に出るのを阻止することにあった。これも額面通り「農の確保」の政策と見るのがふつうで、権力の願望だけを重んじて、それは離村阻止つまり農民の土地緊縛策であったと論じてきた。いったい、農民が大切な田畠まで捨てて、どこへ吸い寄せられて行ったのか。田畠を打ち捨てた農民の側から、その吸引力ないし動因に迫って、この政策の背景を問うことはなかった。

だが、「あきない・賃仕事」に出る百姓たちの行動、つまり百姓の都市流入を具体的にあげて、それを禁じている以上、問題の根源は、耕作放棄を禁じた「農の確保」策というより、むしろ「都市流入阻止」にあった、と見なければなるまい。

なお、この①もまた、先に見た秀吉の天正十四年正月令とよく似ている（一〇四頁参照）。それは「百姓、年貢をはばみ、夫役以下これを仕らず、隣国・他郷へ相越すべからず」が主文で、それに「もし隠し置く輩にをいては、その身のことは申すに及ばず、その在所中、曲事たるべき事」とい

う制裁文言が添えられていた。

この制裁文言は、右の③とほぼ同文である。離村理由の年貢夫役《ねんぐぶやく》の滞納と耕作の放棄は明らかに表裏の関係にあったし、隣国・他郷へ移るのも、商い・賃仕事に出るのも、その実態は同じことであったろう。

これは、農民を耕地に縛りつける土地緊縛の法だ、というのが通説で、私もそう見てきた。だが、文面の裏側からのぞく現実は、人口の都市流入によってとめどなく進む村々の深刻な過疎化・空洞化であり、それをどうやって食い止めるか、という必死の対応が見えてくる。

なお①は十八年八月十日の奥羽仕置でも明示されていた。(10) その趣旨は「在々百姓他郷へあい越す」者は、その領主に断って召し返せ。もし帰らなければ、雇い主も共に処罰する、という。離村の理由には何もふれず、人返《ひとがえ》しの手続きを示したほかは、①と変わるところがない。つまり十九年令の前半①は、明らかにこの十八年令をじかに承《う》けており、これもまた新たな立法ではなかった。

次に、後段②の「奉公をも仕らず、田畠もつくらざる者……置くべからず」は、明らかに浪人停止令の再令である。ただし「主を持たず」が「奉公せず」に、「侍」が「者」に、表現が微妙に変わっているのは注意すべきであろう。つまり「主を持つ侍」という限定が外され、取り締まりの対象が、武家に「奉公するもの」すべて、つまり「侍」だけでなく、「中間・小者・あらしこ」にまで広げられた、と見られるからである。主を持たない侍(浪人)の規制から、決まった奉公先を持たないすべての奉公人の規制へと、取り締まりが強められた、と見るべきであろうか。

足軽や中間クラスの奉公人たちは、大名の家来たちの実に九割以上を占めたから、士分に当たる武士の牢人よりも、彼らが失業して牢人になる方が、量的にも質的にも、社会にはるかに大きな影響を及ぼしたのであった。(11)

なお、浪人停止令の「相払わるべき事」は、「置くべからず」に変わる。この時代「人を置く」は、「人を雇う」ことを意味したし（一一九頁参照）、次の第三条も「一切かかえべからず、よくよく相改め、請人をたて、置くべき事」といい、「抱える」と「置く」は同じ意味に使われている。だから「置くべからず」も、ただの居住禁令ではなく、怪しげな奉公人くずれを雇ってはならぬ、という雇用の禁令でもあったのかもしれない。

奉公人法度

さいごの第三条を見よう。

一、①侍・小者によらず、その主に暇《いとま》を乞わずまかり出る輩、一切かかえべからず、よくよく相改め、請人《うけにん》をたて、置くべき事、②ただし、みぎの者、主人これありて、相届くるにおいては、互いのことに候条、からめ取り、前の主の所へ相渡すべし、③もしこの御法度を相背き、自然、そのもの逃がし候については、その一人の代りに三人首をきらせ、彼の相手の所へ渡させらるべし、三人の代り申付けざるにおいては、是非に及ばれず候の条、その主人を

御成敗を加えらるべき事、

　勝手に主人を変える奉公人を、断りもなく身元引受人もなしに雇ってはならぬ、というのが主文①である。この箇条もまた、天正十四年正月令の第一条にいきつく。その法はいう。諸奉公人つまり侍・中間・小者・あらし子が、「その主に暇を乞わず」に飛び出すのは曲事（違法）だ。だから武家の方も「相拘うべからず」――断りなしに雇ってはならぬ、と。本人には「主に暇を乞う」ことを義務づけ、新しい雇い主にも「前の主に相届ける」ことを求めた。

　しかし十四年令も但書きでは「まへの主に相届け、たしかに合点これあらば」――前の主人に断って相手が承知すれば構わない、といっていた。つまるところ、底辺に暮らす奉公人たちの流動にはとても手が付けられず、せめて雇い主（秀吉の家来たち）の側に枠をはめて、武家同士のもめごとだけは避けよう、としていた様子である。

　それから五年後、戦場の稼ぎ場を失った奉公人たちは、少しでも割のいい奉公先を探して、さらに激しく転々とし、その流動が雇い主である武家たちの間にやっかいなもめごとを頻発させていた。それをどう裁くかが、この第三条付則②の主題であった。③の苛酷な定めは、秀吉の苛立ちをにじませる。紛争は「小者出入《こものでいり》」「下人相論」などと呼ばれ、新たに秀吉の城下町となって、全国の大名たちを集めた京都に集中していた。この箇条もまた、単なる奉公人法度ではなく、新たな都市対策法の重要な一環だったのである。

都市の下人相論

そんな小者出入りの一端を、文禄三年（一五九四）三～四月『駒井《こまい》日記』が詳しく伝えている。(12)

A（太閤秀吉の又家来）はいう。一昨年の冬に主人が死ぬと、二人の小者が勝手に逃げ出して、一度Bに雇われた後、また逃げ出して私の所へ戻ったが、Bに見つかって連れ戻されてしまった。ぜひ「ご法度」にしたがって、私に返してほしい、と。

一方、B（関白秀次の家来）はこう反論した。あの小者二人は、去年の冬に私の所を逃げ出した召使いで、捜していたらAのところにいたので、断って連れ戻した。たとえもとはAの譜代下人《ふだいげにん》だったとしても、一度は逃げ出して私に雇われていたのだ。それを連れ戻したとき、私に断らなかったのは明らかに違法だ。

そういえば、以前に九鬼嘉隆と上田吉丞の「小者出入」のときも、去年の村上義明と藤懸兵庫の「小者出入」も、共に前の雇い主に届けなかった方が越度《おつと》（違法）、という裁きだった。頻発している下人紛争のお手本に、どうか筋の通った裁きをしてほしい、と。

この日記を書いた駒井自身も、逃げ出した小者のことで同輩と争っていたが、相手は「御法」に従って小者を返してくれたという。中間や小者のような下人たちは、生涯ずっと一人の主人に隷属した筈という私の思い込みを裏切る。底辺の奉公人たちの激しい流動は想像を超えていた。

ところで、右の「小者出入」にしばしば引合いに出される「御法度」「御法」とは、秀吉の定めた法に相違ない。その趣旨は、無届けで他人の小者を雇うのは違法だが、前の主人さえ承知すれば、小者が雇い主を替えるのは自由、というものであった。その法の元は明らかに天正十四年令にあり、その習俗の源流がはるか戦国法にまでさかのぼることは、すでに見た（二二〇〜二二三頁参照）。

六十六か国人掃令

百姓・町人・奉公人・浪人に向けた一連の秀吉令には、人々が都市に流れ込むのを何とか抑制しよう、という意図が一貫して込められていた。そして、その抑制策には、「相払うべし」「置くべからず」と、法に背く転入者の排除を求める、人掃いの措置が必ず伴っていた。

関白秀次の「六十六か国人掃令」は、大がかりな戸口調査令として知られ、いまでは日本史の教科書にもよく登場する。その呼び名は、「一、当関白様より、六十六か国へ、人掃いの儀、仰せ出され候事」に由来する。これは、天正十九年（一五九一）三月六日付けで、毛利家が関白令を領内に通達した指令五か条の標題（第一条）である。[13]

それがとくに戸口調査令と呼ばれるのは、次の第二条に、

一、家数・人数・男女・老若共に、一村切りに書付けらるべき事、
付、奉公人は奉公人、町人は町人、百姓は百姓、一所に書出すべき事……

とあるからだ。村ごとに、家数・人数、男女・老若の別を、武家奉公人・町人・百姓と、職能別に

まとめて申告せよ、というのである。しかし、もともと人掃いということばには戸口調査という意味はない。ところが第三条を見ると、

一、他国の者、他郷の者、許容あるべからざる事、

付、……他国衆、数年何たる子細にて居住と、書き載せべく候、去年七月以来、上衆、人を憑《たの》むべしと申候とも、許容あるべからざる事、

とあって、冒頭に掲げられた「人掃いの儀」の狙いがここに明記される。他国・他村の者は、村に置くな。すでに村に住んでいるよそ者は、居住の年数とその理由を「書付」にして差し出せ。去年七月以後、村や町に転居した者は、たとえ身元引受人があっても村に置いてはならない（村を掃え）、というのである。もともと人掃令の主眼は、人の素性をよく調べて、よそ者を排除すること（人掃い）にあり、第二条の戸口調査はその一つの側面に過ぎなかった(14)。

だが豊臣政権は、日本中のあらゆる村や町から怪しげな新入りのよそ者を排除するつもりで、人掃令を出したのではなく、狙いはもっぱら都市的な場であった、と見た久留島典子氏の直感はまことに鋭い(15)。私はこの見方に大きな示唆を得た。

襖の下張りは語る

数年前に、京都東山の建仁寺にある大中院（もと華渓院）で、海北友松《かいほうゆうしょう》の描いた襖絵の裏から数々の古文書が発見された。それらは、秀吉の頃、京都所司代の役所で廃棄された文書を襖の下張りに利用したものらしく、したがって断片も多い。その中に、京都の町ごとに所司代の前田玄以に申告した、町人の由緒調べが含まれていて注目を浴びた(16)。

その一通は、田植えを目前にした天正二十年（一五九二）二月九日、京都の高倉通天守之町の「きもいり」たちによる「家主」の申告で、その断片にはこんなふうに書かれていた（抄録）。

喜藤次《はりや》　越前、在所は北の生(庄)、六年先に国を出申し候、

借家はみなくち、ほねし　名仙、

弥五郎《ぬしや》（略押）　国を二年先に出申し候、

治右衛門《きねや》（花押）　若狭小浜、国を九年先に出申し候、

町内の二十九人の「家主」ごとに、職種（肩書）・名前・略押（花押）、その下に、どこの出身か、いつ村を出たか、いまの住いはどこかなど、家主たちの由緒が記された住民申告書であった。

とくに村を出て、町へ入り込んでからの年数が詳しい。古く二十八年も前に町へ来たという者もあるが、多いのは六～十年で、郷里を出てわずか二年という塗師《ぬし》屋が一人だけいる。天正二十年

（一五九二）の二年前といえば、十八年（人掃令の前年）に当たる。まともに居住が認められる条件は、天正十九年令以前から住んでいて、少なくとも五、六年は住み続けていることが必要とされていたらしい。この由緒届は、先の毛利家の通達の第三条とも同じで、「他国衆、数年、何たる子細にて居住と、書き載せべく候」という関白令にしたがったものに違いない。

さらにこの住民申告書の末尾には、「きもいり」（町の代表）三名が「奉公人・百姓、かくしをき申さず候」と誓約していた。調べの焦点は、京の住人がいつ郷里を出て京へ来たのか、こっそり奉公人や百姓を雇ってはいないか、に向けられていた。町場に流れ込んだ武家の奉公人や村々の百姓たちを摘発し、以後の流れ込みを阻止するため、京都の町中に実施されたことは明らかである。

その誓約に注目した久留島典子氏は、こう指摘した。この調査は明らかに天正十九年八月令を承けている。違法者を払う基準はもっぱら居住の年数であり、奉公人を隠していないという誓約は、「奥州出陣以後、新たに町人になった奉公人を置いてはならぬ」という第一条に、また百姓を隠していないというのは「田畠を捨てて町に出た百姓を隠し置いてはならぬ」という第二条に、それぞれ対応する。ともかく、人掃いの主眼は、軍事動員のための戸口調査にはなく、焦点は広く都市的な場の不法居住者を調べ上げ、排除することにあった、と。

もう一通の下張りは、文禄二年正月の再々令を承けて提出された、翌三年（一五九四）正月の申告である。後半だけの断簡で、町の名は不明だが、「家持」十人のうち後半の四人分が、次のように記されていた。(17)

家持　丹波松波村の生れ、跡職は
　又六分、五年ほど
□□当町□□仕り候、　与介

家持　紀州□□田八介に奉公仕り候えば、
隙（暇）を乞い、当町に有り、
五年、小物売り仕り候、　喜三郎

家持　城州山崎の生れ、跡をば
弟の与六郎にゆづり候て、
当町に有り、五年、ひものや仕り候、　与四郎

家持　和州郡山の生れ、当町に
五年これ有り、かけもちに仕り、
商人仕り候、　小左衛門

町内の「家持」町人一人ひとりについて、出身地や前歴、在京の年数、職種や親類などを書き、

末尾に、もし申告漏れがあればご成敗もいといません、と誓わされていた。

面白いのは、小物売りの喜三郎で、彼はもと紀州で武家奉公をしていたが、元の主人に暇乞いして京に出て、もう五年経っている、とある。暇乞いをわざわざ明記したのは、おそらく天正十四年以来の奉公人法度を確かに遵守している、と主張したのであろう。

この申告の焦点もやはり在京の年数である。その年数が、どれもみな判を押したように同じで、「この町に住んで五年になります」とある。文禄三年（一五九四）正月から五年前といえば、これまた天正十八年（一五九〇）に当たる。おそらくそれは、天正十九年令にいう「去る七月、奥州へ御出勢より以後」という時限よりも以前からの京都住人であり、かけこみ商人やにわか職人ではないという主張を意味していた。申告が型通りだというのは、意地悪く見れば、町内の「家持」層の大方が、五年前どころか、ごく最近に都へやってきたばかりの新参者だ、と告白しているようなものではないか。

というのは、家主層の申告が、これら家持層とはまるで対照的だからである。その一か月ほど前（文禄二年極月十三日）、冷泉室町《れいぜいむろまち》東面の町内が同じく所司代に届け出た「家主衆分」の申告が、襖の下張り文書群とは別に伝えられている。(18)「家持」のそれと同じく、職種ないし屋号、出身地や前歴、離郷ないし在京の年数が記される。大きく違うのはその在京の年数で、長いものは三十年から五十年、短いものでも十六年で、二代目などというものもある。「家持」層がせいぜい五年という新参者であるのに比べると、「家主」層はその三倍から十倍の在京年数、つまり古参が特徴で、「家持」層がかなり流動的な階層だったのと対照的である。

新たな奉公人軍需

ところで一方、秀吉は朝鮮に戦場を持ち出し、そこに新しく巨大な軍需を作り出していた。天正二十年五月、秀吉自身が渡海を計画し「小者・若党、下々まで、召し置くべく候」と奉公人集めに努めるよう注意し、「俄《にわか》にはこれあるべからず」と戒めて、十分な用意を求めていた(19)。また、同年九月、加藤清正も、朝鮮の戦場から国元へ「人二千まで抱えよ」といい、「人を抱え置くべし、馬のりは申すに及ばず、鉄炮放し・小者、何れも限りあるまじく候」と指示していた(20)。侵略の開始とともに、若党(侍)も小者(下人)も、その需要は「何れも限りあるまじ」といわれるほどの状況にあった。

この侵略戦争による戦場の拡大が、村々を激しく流動させる大きな引き金であったことは間違いない。だが百姓たちが武家奉公人として海を越え、朝鮮に渡るといえば、もはや農閑期だけの短期の出稼ぎではありえない。村を過疎化させる動因を、侵略への動員だけで説明するのは無理であろう。次に見る日用停止令《ひようちょうじ》がそれを明かす。

3　日用停止令

戦場から都市へ――日用（日雇い）たちの奔流

もし戦争が戦国社会の最底辺を支える生命維持装置であったとすれば、戦場の閉鎖は新たな労働市場の開発を必要とした。「豊臣の平和」に引き続いた朝鮮侵略は、その第一の吸収先であった。また秀吉の大坂築城に始まる、中央から地方にわたる城と城下町の建設ラッシュ、さらに諸国にわたるゴールドラッシュつまり巨大な公共事業の連鎖が第二の吸収先となり、やがて治水干拓など大平野や海浜のあいつぐ巨大開発が第三の吸収先となっていった形跡である。近世社会の安定と成熟は、その先を待たなければならないのであろう。

大土木事業といえば、室町の世にあの銀閣を作った足利義政は「幕府財政の窮乏や寛正の大飢饉などの災禍をも顧みず、盛んに土木を興した」と、手厳しい批判にさらされる。(21)だが大飢饉の最中の公共事業が、将軍の手元に集積された富を一気に吐き出させ、飢餓にあえぐ底辺の普請人足たちに、かつがつ生命をつぐ手だてを与えはしなかったか、あらためて検討の余地がありそうである。

さて、フロイスは上方のすさまじい建設ラッシュを、こう報じていた。(22)秀吉は京都に、聚楽第・

淀城・伏見城、さらに摂津に大坂城などを造らせたほか、「日本中の領主全員に、自らの城の周囲において、できうるかぎり立派な屋敷を立てるように」命じた。天正十一年（一五八三）に始まる大坂城と町の建設には、五万ないし六万の人夫を長期にわたって働かせた。同十四年からは京都の上京《かみぎょう》を大改造して、ここに大坂城の二倍もの大きさの聚楽第を築かせ、やはり五、六万の人夫を働かせた。同十六年には淀城を築くのにも五万人が集められた。

また、それと並行して京都では、大仏と大仏殿の造営も進められていたし、これに引き続いて伏見城の大普請も始められる。こうして、上方には関白（秀吉）によって「強制的に造られた町」があいついで出現した。幾重にも並行して行われた大がかりな土木建築に集められ、使役された人夫は、膨大な数にのぼり、「領主たちの中には、領地から連れてきた者の外に、金を払って雇う人間に対してだけでも、毎日、百三十クルザードを支出」した者もあった。日雇いの大きな需要は、ごく内輪に見積もっても、年間、普請場ごとに、おそらく五、六万を超えていたことになる。

さらに地方でも、天正末年から毛利氏の広島城や徳川氏の江戸城をはじめ、秀吉軍のてこ入れした伊達氏の岩手沢城（宮城県岩出山町）や南部氏の福岡城（岩手県二戸市）など、諸大名の拠点となる城の建設が、大がかりな城下の町割り（都市計画）を伴って、本格化し始めていた。その実情の一端は、佐竹氏の水戸城とその城下町の建設ぶりを克明に記録した、文禄二年（一五九三）の『大和田近江重清日記』によって知ることができる。(23)

たとえば、後の慶長十九年（一六一四）九月、奈良の大仏本尊の鋳造の例を見ると、大工（一万六三五〇人）・こびき（一二〇〇人）・ふきや（一万七五〇〇人）・仏師（三〇〇〇人）が、一人当たり銀一匁三分〜一匁七分の賃金で働いたほか、日用《ひよう》二万四〇〇〇人が、ほぼ半額の六分五厘という賃金で雇われていた。また大仏の仮堂作りには、大工四万五〇〇〇人・こびき一万一〇〇〇人のほか、日用五万八〇〇〇人が雇われていた。(24)

もともと幕府から工事を割り振られたのは諸大名たちであったが、彼らの多くは費用だけ出して、工事そのものは大工頭や職人・日用まかせにした。この奈良の大仏工事だけで、日用の総数は延べ八万二〇〇〇人に及んだことになる。フロイスの見た秀吉の大土木も、この規模を下回ることはなかった筈である。

天正十四年（一五八六）、大坂築城を目のあたりにした豊後の大友宗麟は、「諸国よりの馳走の人夫、幾千万とも申すばかりなく候」と報じていた。同じ年の二月、貝塚の本願寺の日記は、「大普請ハジマル也、大坂ニハ……人足七、八万、又ハ十万バカリアルベシ」と記していた。

また『当代記』の慶長元年条は、その冒頭に「伏見普請として、二月に諸国衆上る、河内国の堤《つつみ》、関東衆これを築く」と記していた。(25) 諸国の大名が伏見城の普請にかり出されたほか、関東の大名たちは河内国内（大阪南部）の水利土木の工事にまで動員されていた、というのである。秀吉が大名に押しつけた土木事業は、城郭や城下の都市造りだけには止まらなかった。

二つの日用停止令

戦場から普請場へ、きりもない武家奉公人の需要が村々を揺るがし、秀吉は日雇い人夫を主題とする二つの指令A・Bで、その対策に追われていた。ともに年未詳だが、指令Aはその冒頭に「当郷の百姓……日用に出候わば曲事」といい、指令Bの冒頭に「日用取りの儀、去年より堅く御停止」とあって、百姓が村を棄てて日雇いに出るのをくり返し禁じていた。これら一連の指令を、Bの文言によって、秀吉の「日用停止令」と呼ぶことにしよう。(26)

Aは二月十日令で、京都奉行を務める前田玄以の名で出されている。Bは二月十五日令で、徳善院（前田玄以）のほかに、長束正家・石田三成・増田長盛ら秀吉側近の奉行衆も名を連ねている。

Aは京都の妙心寺に伝わった。その宛て先は、正内・北山・南禅寺門前・東九条・ぬかの辻子《ずし》・梅津・東寺・八条・妙心寺門前・龍安寺門前・鞍馬、と横一列に並んでいるから、廻状《かいじょう》（回覧板）として順番に触れ回されたものらしい。すべて京郊の村々ばかりである。この一帯の村々が日用稼ぎと過疎化の渦に捲きこまれていたのではないか。

Bは近江浅井郡の領主の家（上坂氏）に伝わった。冒頭で「諸国の百姓」の出稼ぎ動向を問題にしているから、もともと広い地域を対象とした法と見られるが、ここでは都の近国に出されていることに注目しよう。つまり日用停止令は、いまのところA・Bとも、都の周辺だけで発見されていることになる。

いったいA・Bはいつ発令されていたのか。いまのところ手がかりは、Bに署名した京都奉行、前田玄以の院号「徳善院」だけである。彼が朝廷から徳善院の院号を受けたのは、文禄五年（慶長元年＝一五九六）五月で、秀吉が死ぬのは慶長三年八月だから、Bはおそらく慶長二年で、その前年に出たAは、玄以にまだ徳善院の院号がないから、慶長元年か。(27)

なお、慶長二年二月十日、偶然にもAと同じ日付で、越後上杉氏（家老の直江兼続）も日用停止の指令を出し、「京都ならびに他国へ詰夫・立帰の事」という、越後から京に上る人夫役の定めの中で、「その在所のものの外、日りやう（日用）にて他所より雇い候儀、相止むべき事」と命じていた。(28)

都に長く滞在して夫役を務めるのが詰夫で、高役《たかやく》（五百石に一人）という基準で村々に割り当てるが、都に着いてからは、台飯《だいはん》＝扶持方として、一日に一升飯を給付する。ただし、村人が自分で人夫に出ないで、よそから雇った日用に肩代わりさせてはならぬ、というのである。折から京都では「伏見御普請、近国衆は二月朔日、関東の衆、三月旦より始めなり」といわれていた。(29)この「日用にて他所より雇い候儀、相止むべき事」と、日用停止令Aの「日用に出候わば曲事」は、内容もよく似ている。

日用停止令は何を目指したか

さて、Aの二月十日令はいう。文は短いが規制は多岐にわたるから、段落を①～⑤に分けよう。

①当郷の百姓、自然、日用に出候わば、曲事たるべく候、②在所中、一札を仕るべく候、③その上にて出候わば、その一在所、成敗すべく候、④日用の者どもを、手を廻し捕らえ候て、いずれの在所の者にても、糺明を遂ぐべく候、⑤もし出候わば、その領主ともに曲事たるべく候、その意をなすべく候也、

①いよいよ春耕という季節に、村の百姓が日雇いに出ることを厳しく禁止した。それを規制するのに、②村中の人々から法を守りますという一札（惣百姓連判の請書）を出させ、③村の連帯責任とし、④日雇に出た者は徹底して追及し、⑤さらに村の領主にも責任を負わせる、としたのである。

次に、Bの二月十五日令三か条を見よう。やはり段落ごとに⑥〜⑨に分けよう。

まず第一条から。

一、⑥日用取りの儀、去年より、堅く御停止なされ候ところ、⑦諸国の百姓ら、田畠を打ち捨て、まかり上り候について、御成敗を加えしめ、所々にはた物（磔）にかけさせられ候、⑧然れば、向後、日用取り召し仕《つか》い候族これあるにおいては、とらえ申し上ぐべく候、⑨すなわち、召し仕い候者の跡職《あとしき》、訴人に成し下さるべく候旨、仰せ出だされ候条、その意を得らるべき事、

⑥に「日用取りの儀、去年より、堅く御停止」とあるから、Aが日用停止令の初令で、このBはその翌年の再令、と見ることができる。ただし、再令といっても、同じことのくり返しではない。

⑦の「諸国の百姓ら、田畠を打ち捨て、まかり上る」は、明らかに天正十九年八月令にいう「在々百姓ら田畠を打ち捨て……まかり出る」を受けている。その法を犯し、村を棄てて都を目指した百姓たちが、各地で捕まっては、はたもの（磔、はりつけ）に懸けられているぞ、と村々を恫喝する。初令Aの掲げた「成敗」の方針は、ただの脅かしではなく、すでに断行されているのだ、というのである。

⑧日用取りを雇う者がいるから、村を棄てる者があとを断たぬ。日用取りの雇い主を見つけ次第、捕まえて密告せよ。⑨違法な雇い主の跡職（資産）は没収し、密告した者の褒美にしよう、という。

秀吉の初令Aが狙っていたのは、もっぱら日用本人と村（日雇いの供給源）の取り締まりであった。ところがこの再令Bは、日雇いに出ればはりつけだと脅かしてはいるが、むしろ新たな狙いは、雇い主（日雇いの需要先）の封じこめにあったようだ。AからBへ、取り締まりの大幅な強化であり、重点の大きな転換といってもいい。

なお同じ慶長二年十二月、秀吉に仕える三河西尾城主の原長頼が出した掟もよく似ている。(30)

一、百姓いっさい奉公に出まじく候、当年われ〳〵の所へ出候ものも返すべく候、他所へ奉公または逐電の百姓も、下として呼び返すべし、……自然、見隠し聞きかくし候わば、庄屋・

年寄曲事たるべし、

百姓が奉公に出ることは禁止する。今年になってから奉公に出た者は、すべて元の村へ返せ。自分の家中に奉公した百姓は率先して村へ返せ、という。ここにいう百姓の奉公も、「われ〳〵の所」（原氏の家中）、「他所」（よその家中）と、奉公先をはっきり示していて、明らかに武家奉公を指していた。

「ことし奉公に出た者は返せ」と時限を切ったのは、おそらくその二月に出た日用停止令Bの適用であろう。

春耕を控えた二月に田畠を捨てるという以上、百姓たちの出稼ぎは、農閑期のそれではなく、初めからその春の作付けを諦めた、いわば農業難民にほかならぬ。しかもBの⑦で「まかり上る」という以上、彼らはみな上方を目指し、都市へ流れ込んでいたことになる。広く地方に分散していた戦場から、いわば一極に集中する上方の普請場へ、秀吉が抱えこんだ問題の深刻さは、おそらくここにあった。

とすれば、日雇いを大量に吸収する大口の雇い主たちもまた都にいたに違いない。これまで戦国の戦場を訪ねてきた私には、濫妨人の集団を仕切っていた悪党の親分や、又蔵のような男を使って村々で傭兵集めをさせていた口入れ屋の姿、安野真幸氏のいうスッパ・ラッパの親分のことなどが次々と思い浮かぶ。しかし、どれも確かな決め手があるわけではない。

ところが、Bの第二条は、雇い主をはっきり断定して、私の想像をあっさり覆す。

一、知行それぞれに下され候ところ、人を相拘《かか》えざる故、日用を雇い候儀曲事に思召され候事、

日用の雇い主は実は「知行をそれぞれに下された者」であった。つまり、れっきとした知行取りの武家が、ふだん知行に見合うだけの常勤の中間や小者を雇わず、用のあるときだけ臨時の日雇いばかりで間に合わせるのはもってのほかだ、というのである。

加賀の前田家でも、天正二十年（一五九二）に朝鮮の軍役を手抜きした家来を「常々人をも抱えず、無嗜みなる分別……沙汰の限り」と怒り、また後の慶長十三年（一六〇八）にも、家来たちが「日用召し寄せ、公儀の御用を懈怠《けたい》」したのは「あるまじきこと」と叱責していた[31]。こうして、知行をもらいながら、急場だけ日用を雇って軍役や夫役をしのぐ風潮は、武家の間に度を越して広がっていたらしい。三鬼清一郎氏も、日用取禁止令は秀吉の家来が日用ばかり雇って召抱え人数を減らすのを禁じたもの、と見ていた[32]。村々から大量の日用取りを都に呼び込み、吸い込んでいたのは、実は秀吉に直属する大名や知行取りの武家であり、Bの⑨にいう違法な雇い主からの跡職《あとしき》の没収とは、日用頼みの武家から知行を取り上げることを意味していたことになる。

日用たちの世界

フロイスは「強制的に作られた町」といったが、天正十一年（一五八三）から慶長三年（一五九八）まで、わずか十五年の間に、大坂築城から伏見城の再建まで、巨大都市造りのために切れ目なく続いた秀吉の大土木工事は、すべて「知行をそれぞれに下された者」に、知行の高に応じて割り振られた。秀吉の家来たちが大量の日雇いを必要としたのはそのためで、日用を仕切る町の口入れ屋との間には、深いつながりができ上がっていたようだ。

日用取りの百姓の雇用については、大名側はなにも関与せず、もっぱら配下に多くの日用を抱える町人の日用頭《ひようがしら》の請負《うけおい》であった、という。つまり、日用取りの百姓たちは、こうした町方の手配師によって仕切られ、大名の下の日用奉行がそれを管理した。大名は日用の世界に口出しはできなかったのである。(33)

十七世紀の初めから、大坂や江戸など大きな都市には、日用頭や人宿《ひとやど》と呼ばれる、大勢の日用の口入れ屋がいた。彼らは武家や町方から都市の土木工事を請け負うとともに、地方の農村から都市に流れ込む日用取りに奉公先を世話する業者で、日用取りは彼らに束ねられて、それぞれ武家や町方に奉公し働いていた、という。(34) 大がかりな普請の中では、実は武家の日用が大きな比重を占めた。

慶長十七年（一六一二）閏十月、福岡藩は地元の遠賀《おんが》の普請に、延べ一二万八九二〇人を動員したが、そのうち一〇万五〇〇〇人は「奉公人」で、二万三九二〇人は「百姓役」であった。(35)

百姓役というのは村にかけられた夫役《ぶやく》であるが、奉公人というのは藩士に割り当てられた夫役で、それに雇われたのは日用たちである。意外なことに、河川の土木工事には、全普請人足の実に八割を武家の奉公人が占めていたのである。百姓の日用取りの多くが、武家奉公の形で都に吸い込まれていった背景には、こうした事情があった。

春を迎えたというのに耕作を放棄し、日用停止令など無視して、上方へ日雇いとなって流れ込む「諸国の百姓ら」の動きを、作付けが始まる前に何とか食い止めなければならぬ。AとBがいずれも二月に出された理由は、まさにここにあった。「在々は二月耕作をおこなう」（『元和年録』）といわれた通り、中世末頃の二月半ばは、いまの暦なら四月初めで、春耕の始まりに当たっていた。だから日用停止令は農閑期の出稼ぎまでも封じようとしていたわけではない。

日用停止令Bの最後の第三条も、なぜ百姓たちが春耕を捨ててまで日用に出たか、その事情を探る上で見逃せない。

> 一、御代官・給人《きゆうにん》、百姓にたいし、もし非分の儀申し懸くる故をもつて、百姓逐電つかまつるにをいては、御糺明の上をもつて、代官・給人曲事たるべきの旨に候、

田畠を捨てて都へ上るのが、日用取りをするためでなく、もし代官（秀吉直領の役人）や給人（知行取りの領主）の悪政に耐えかねた百姓の逐電だったら、その代官や領主を処罰する、というのである。百姓が春先に耕作を棄てるのは、領主の悪政に耐えかねたあげくの夜逃げかもしれず、また

その疑いも捨て切れなかったのだ。百姓たちは都の日用の魅力だけで田畠を捨てたわけではない。権力側にもその程度の認識はあった。

実は秀吉晩年の頃の上方は、あいつぐ天変地異から、大凶作と飢饉に見舞われていたのである。文禄三年（一五九四）は、京都に疾病が流行し（『時慶記』）、熊野には台風の被害があり、翌四年（一五九五）には五畿内を大洪水が襲った（『熊野年代記』）。

次の五年（一五九六）は四月からの「麦・麻一円に損亡」で麦も麻も全滅、「信・甲・関東洪水、百年以来の大水……知行の損亡、数を知らず」といわれ、秋には「浅間焼上……その故にや、秋毛少々凶」「諸国損亡」と大凶作が続いた（『当代記』巻二）。その年閏七月の大地震の被害はことに大きく、余震も一か月以上にわたり、畿内・関東諸国に土砂や白い毛が降り注ぎ（『向嶽菴年代記』）、その十月、あまりの天変地妖続きに、慶長と改元された（『続史愚抄』）。

一年おいた慶長三年（一五九八）も、「この秋、諸国凶年」、次の四年には、下総・上総・武蔵に「切々大風吹き、夏秋は凶」となり、「遠州はこの夏中に三千人餓死、関東中も餓死」と、大凶作につぐ大飢饉という惨状であった（『当代記』巻三）。

日本中に凶作と噴火と地震と飢饉があいつぎ、村々の田畠は荒廃した。しかし代官や領主の取り立ても厳しい。耕しても実りが期待できない人々は、やむなく田畠を捨て、身命をつぐ頼りを求めて都に走った。秀吉は、その動きを阻止しようと、各地で日用取りを捕まえて、みせしめの磔刑を強行していたが、それでもなお、村から都市の普請場を目指す、日用取りの動きを押しとどめることはできなかった。

ゴールドラッシュ

秀吉は大がかりな普請と並行して、朝鮮侵略の戦場を開き、戦場の閉鎖が引き起こす社会不安を避けようとしていた。だが、日本軍が朝鮮の戦場から追い出された後、「徳川の平和」の中で、あの雑兵たちの稼ぎ場は、いったいどうなってしまったのか。それを追うのは、もはや私の力を超えるが、村の日用たちの側から、ささやかな見通しだけでもつけておきたい。

その一つは、この時代に一気に顕《あら》われる鉱山の発達である(36)。秀吉の死の直後、慶長四年(一五九九)二月十四日、春耕の始まりを目前にして、加賀の前田利家は能登地方の代官に、こう指示していた。

海の向こうの佐渡で金山が発見され「ほりこ共《ども》」が集中し、「渡海の者共あまた」という事態が起きているようだ。越後では「渡海の金ほり共」一人につき十貫文の渡海料を取っているという。わが能登や越中の浦々でも、佐渡に渡る掘子からは一人五貫文ずつを取れ。だが、能登の「国の百姓ら(が)田地を打捨て(佐渡へ)金ほりに渡ること、一切に停止せしめ」よ。港にひしめく渡海者をよく見極めて「みだりなきように、いかにも念を入れよ」と。

この段階では、いわば関税(渡航税)の障壁を設け、百姓の耕作放棄を戒めるのに主眼を置いていた。しかし、三年後の同七年の春三月にも再令し、次いでその十二月七日になると、藩内に広く

「高札」を掲げて、「当国中の町人・百姓共、その外、如何様《いかよう》の者によらず、他国の金山へあい越すこと、堅く停止」という全面禁止に方針を変え、もしこの「法度」に背けば「一類ことごとく成敗すべし」とした。だが、人々の鉱山に向かう流れを押しとどめることはできず、この禁令は厳罰をともなって年ごとにくり返されていく。田中圭一氏によれば、金山の労働力として人買いの手を経て売られて行った人々も、相当な数に上ったと見られている。戦場で乱取りされた人々、つまり戦争奴隷の行方の一つが、ここにあったこともまた疑いあるまい。

出羽に国替えとなった上杉氏も同九年「他国へ金掘に出てはならぬ」という「毎年の御法度」を村中に徹底させよといい、「もし一人でも他国へ金掘に出たら一在所（村中）に課役（咎）をかける」と定めていた。「毎年の御法度」はほとんど反故《ほご》に帰していたのであり、隣の越後でも、同十年に「泊の百姓過半、佐渡嶋へ相越し、家を明ける」といわれていた。(37)

金山への出稼ぎによって、町や村に急激な過疎化の現象がおきていたことは疑いない。いわゆる農民の土地緊縛令は、百姓の一人ひとりを土地に縛りつけるためというより、むしろ中村吉治氏が注目した通り、現実に起きていた深刻な村の過疎化への対策の一環という、深刻な課題を背負っていた、というべきであろう。

築城ブーム

こうしたゴールドラッシュ以上に大きい吸収力をもったのが、各地の大規模な都市開発や寺社の修造である。それは先に見た上方の都市だけにとどまるものではなかった。全国の大名たちの大がかりな築城と都市造りが、天正十年前後ころ（一五八〇年代）から、いっせいに始まっていた。

関ケ原の戦いから十年後の慶長十五年（一六一〇）二月、春の作付けを控えて、伊勢の藤堂藩は「尾州なごやの普請について、百姓ども日用に出」るという深刻な事態に直面し、領内に緊急の対策を指令していた。(38) 春耕の時だというのに、近くの尾張名古屋城の普請ブームに浮き足立って、領内の百姓があいついで日用取りに出て行っている、というのである。新たな都市の普請場の日用稼ぎは百姓たちに田畠を棄てさせるほどの大きな魅力があった。

しかし、大名の側からいえば、あっさり田畠を棄てて、よその城普請に出て行かれては困る。何とか阻止しなければならぬ。そこで、庄屋を村の人質に取り、「国中境目《さかいめ》」に手を回し、とくに家族ぐるみ村を捨てて出て行く百姓は、逮捕して牢に入れ、「惣の見懲り」（みせしめ）に磔刑にせよ、と命じた。

一見すると、厳しい農民の土地緊縛令のように見える。しかし、そうではない。あたかも二月初めという農耕の開始を目前にした、藩当局の関心は、①に「田地を仕付け候まで、百姓走り候わぬように」という点にあり、②に「妻子引きつれ、他所へ参候もの」の阻止にあった。

その①は、百姓が春の作付けまで放棄して、他領へ日用取りに出るのが問題で、作付けを終えた後や、農閑期の日用取りなら構わない、というのが藩の本音であったろう。②は、単身での出稼ぎならともかく、家族ぐるみで他領に出るのは、欠落《かけおち》（夜逃げ）と同じことで、二度と村へ帰ってこないと見ていた。これを逆にいえば、百姓が田植えを終え、しかも単身で他領へ日用取りの出稼ぎに出るのは、歓迎はしないが、まあ本人の自由だ、というのであろう。

脇田修氏の研究によって、大坂の陣のあと元和六～九年（一六二〇～二三）にわたった、大坂の築城普請を見ると、日用たちの様子がもっとはっきりする。普請の持ち場は、大名の知行高に応じて割り当てられた。筑前の黒田家の普請ぶりは、元和六年の決算報告によれば、次のようであった。

まず、夫役人として国元の村々から動員された百姓は、わずか三百人足らずであった。彼らは食事付きで日当銀一匁三分をもらって、基礎工事のような熟練労働にあてられた。そのほかの人夫はすべて日用と呼ばれた現地雇いの日雇い人夫で、その数は延べ三十五万人近くにのぼった。日用たちは食事抜きで、日当銀一匁五分だけをもらい、主に建築資材を運んだりする単純労働にあたった。人夫のほとんどを日用で賄うのは、その後の城普請も同じことで、寛永十三年（一六三六）の江戸城の普請でも、細川家だけで延べ二十三万人以上の日用を使った、という(39)。

日当銀の一匁五分（ほぼ米五升に相当）は、この当時のふつうの日用の賃金で、夫役を務める百姓の日当は銀一匁三分（米四升に相当）というのが公定の相場であったらしい。慶長十二年（一六〇七）三月、池田利隆も「百姓に申渡す覚え」で、夫役は銭納が建前だが、もし相対《あいたい》ずくで雇われるときは「御法度のごとく、一日に四升づつの賃」と明記していた(40)。

ただ、日用は賃金が高いうえに怠けるので能率も悪いが、国元の百姓には夫銭（人夫に出る代わりの銭）だけを出させ、耕作に専念させる方が得策（「作毛を情（精）をだし、ましたるべき哉」）、というのが大名側の判断であった、という。慶長十六年（一六一一）夏に始まった禁裏（皇居）普請のとき、まわりの築地《ついじ》を築くのに、現場ではまとめて多数の日用をあてる予定でいたところ、よそから「大きなる事に候あいだ、日用は無用」という異議が出て、にわかに「めん〳〵つき」つまり大名ごとに自前の人夫で築くことになった、と報じられていた(41)。

戦国大名たちが村の動員にあたって、「よき者」を出せ、もし「夫同前の者」を出せば死刑だ、といっていたのを思い出す。上からの割り当て人夫は、日用を雇って凌ぐというのが、下は村々から、上は大名まで、もう江戸のごく初期には、すっかり世の習俗と化していたのである。

金沢藩では、元和末・寛永期（一六二〇〜四四年）になると、郡の夫役の主体は百姓から日用人足に大きく転換し、広く村々の日用によって維持され、日用頭という民間商人が、小百姓や頭振《あたまふり》など村々の下層民を自由に雇用する方式に変わっていく、という(42)。

その傾向は、大名に動員されても、「日用同前」の者に肩代わりさせる慣行を作り上げていた戦国の村の中に、すでに顕われていた。

なお、徳川幕府は寛永十八年（一六四一）五月の触《ふれ》で、たとえ諸大名の領内の出身者であっても、妻子を連れて長いこと他領に住み着いている者を、科《とが》もないのに無理やり呼び戻（召返）してはならぬ、と指示していた(43)。

諸藩が人返令を出して領内の労働力の確保に努めていたとき、幕府は三都の労働力を確保する必要から、諸大名に向かって人返令の停止を命令していた、というのである。人返令を農民の土地緊

近世初期（慶長・元和年間）の公的な大普請

年次	西暦	普請場	年次	西暦	普請場
*慶長 6	1601	近江膳所城	慶長19	1614	越後高田城
*同 6	1601	京都二条城	同 19	1614	尾張清洲城石垣
*同 7	1602	山城伏見城	元和 2	1616	摂津大坂城
*同 7	1602	美濃加納城	*同 2	1616	下野日光東照宮
同 8	1603	江戸市街	*同 2	1616	大和郡山城
同 9	1604	近江彦根城	*同 3	1617	摂津高槻城
同 9	1604	山城伏見城	*同 3	1617	山城伏見城
同 9	1604	江戸城資材調達	同 4	1618	江戸城西丸南堀等
同 9	1604	江戸貝塚青松寺辺建設	同 4	1618	江戸城半蔵口
同 10	1605	山城伏見城本丸	*同 4	1618	摂津尼崎城
同 10	1605	江戸城用石綱船	同 5	1619	摂津大坂城
同 11	1606	江戸城	同 5	1619	江戸城大手・桜田間
同 11	1606	山城伏見城石垣	*同 5	1619	播磨明石城
同 12	1607	駿河駿府城	同 6	1620	摂津大坂城
同 12	1607	江戸城天主台等	同 6	1620	江戸城大手門他石垣
同 13	1608	丹波篠山城	*同 6	1620	大和郡山城
同 15	1610	尾張名古屋城	*同 6	1620	備後福山城
同 15	1610	丹波亀山城	*同 7	1621	下野日光東照宮奥院他
同 16	1611	江戸城西丸	同 8	1622	江戸城本丸他
*同 16	1611	禁裏	同 9	1623	摂津大坂城
同 17	1612	江戸舟入場	同 9	1623	京都二条城
同 17	1612	京都二条城	*同 9	1623	山城伏見城
同 19	1614	江戸城	*同 9	1623	山城淀城

〈注〉

善積美恵子氏「手伝普請一覧表」

（『学習院大学文学部研究年報』15、1968年）による。

なお、*印は白峰旬氏の論文①②による。

①「慶長・元和・寛永期の近畿圏における諸城築城について」（『紀尾井史学』4、1984年）

②「元和・寛永期の公役普請について」（『日本歴史』562、1995年）

縛令とみなし、それを幕藩制の基本原則と見る見解は、この点からも再検討の余地があろう。

最後に、江戸のごく初期に大がかりな公の普請がどれだけ集中していたかを、善積美恵子氏の研究によって示そう(44)(前頁)。

ここで近世初期の公的な普請というのは、関ケ原の戦い以後、元和末年までの間に、諸大名を動員して行われた、徳川幕府の命令による大規模普請だけを指し、大名がそれぞれ自前で行った自分の城造りは含まれていない。それでも約二十年間の累計は四十五件ほどに上り、全国で行われた自前の築城も含めれば、この件数は数倍に上るだろう。

あいつぐ築城という巨大な公共事業によって、戦場に代わる新たな稼ぎ場が、どれだけ用意されていたか。つまり戦場を閉鎖し平和を保ち続けるために、日本社会がどれほどの規模の公共投資(社会の富の再配分)を強いられたか。この一覧表はそのことを示唆してくれるに違いない。

4　悪党停止令

普請場無残

一五九六年九月、フロイスは豪雨で崩れた大坂城の修理の光景を、こう報じていた。人夫たちの数は十万人にのぼり、多数の人夫の群れが、ある者は巨石の運搬に、ある者は新しい城と天守の建築に、昼夜を分かたず労役に従事している様子は、まことに哀れに満ちている。哀れなかれらは、肩を引き裂かれ傷を負いながら、絶えず足を水に浸しながら働いた。絶望のあまり逃亡する者たちは、しばしばただちに惨殺された(45)。

天正十四年（一五八六）二月、貝塚の本願寺の日記は、「このごろ、千人ギリと号して、大坂の町中にて、人夫風情のもの、あまたうちころす由」という世の噂を書き留めていた。

また『当代記』慶長二年（一五九七）正月条は、その下旬に始まった、秀吉の伏見城の再普請に働く人足たちの惨状を、秀吉批判も交えて、こう書いていた。

この近年の普請人の退屈、是非に及ばず。あまりに厳しく相かせぐあいだ、晩に及びては目見えず、あるいは石に当たりて身を残（損カ）じ、または煩《わずらい》につき、普請に出ざれば、その主人飯米を出さざるのあいだ、乞食となり、京中に充満せり。

この太閤秀吉公は、日本の小国には不相応の才人たり。然るところに、かくの如く、人の苦労を顧み給わざること、時の人不審と云々、中国・西国衆は重ねて高麗へ渡海す。(46)

都の普請人夫の労働は苛酷で、過労と栄養失調のため、夜になると目が見えなくなり、怪我をしたり健康を害《そこ》ねて、普請に出なければ、雇い主は飯米を与えないから、食えない人夫たちは、乞食になって京都にあふれている。人々は、秀吉ほどの大人物に、どうして民の苦しみがわからないのだろうか、と噂している。それに西国大名たちは、また朝鮮に動員だ。

この筆者は、人夫たちの質の悪さではなく、その労働条件の劣悪さ、つまり奴隷的な労働の実態に、厳しい目を向けていた。諸国から上方の普請現場に集まった、下積みの日用百姓たちの実像を的確にとらえたもの、と見ることができよう。

都市の普請ラッシュ、つまり新たな大規模公共事業にありつこうと、都市の普請場へ向かう人々の奔流は、戦場の雑兵から都市の日用へと、秀吉の予想した流れをはるかに超えて、村の地滑り的な荒廃を引き起こしながら続いていた。日用停止令の直面した現実はこれであった。

日本の戦場をすべて閉ざし、都市に人々を吸収したことによって、秀吉は都市の治安の問題でも、ただならぬ難題を突きつけられていた。

辻切・スリ・盗賊停止令

再侵略に踏みこんだ慶長二年（一五九七）三月七日、秀吉が長束・増田・石田・宮部・徳善院（前田）の五人の奉行に出させた、辻切・スリ・盗賊取り締まりの「御掟」七か条が、その深刻な内情をつぶさに明かす[47]。

盗人取り締まりといえば、すでに秀吉は天正十八年（一五九〇）八月十日にも、奥羽の豊臣化の一環として、盗人停止令を出していた。それは冒頭に「盗人の儀、かたく御成敗」と宣言し、「百姓連判の誓紙」（請状）の提出を求めて、その徹底を図り、もし事件や噂を耳にしたら、その郷・その在所（村や町）の責任で直ちに届け出よ、とした[48]。

奥羽制圧（秀吉の平和の達成）と同時に出されただけに、この盗人停止令は、戦場の乱取りを日常に持ち込もうとする、雑兵たちの逸脱を抑え込もう、というのが秀吉の立法の意図であったに違いない。

さて、慶長二年三月の「御掟」第一条は、掟の狙いをあけすけに語る。

一、辻切・すり・盗賊の儀について、諸奉公人、侍は五人組、下人は十人組に、連判を続《つ》ぎ、
　みぎの悪逆仕るべからざる旨、請乞い申すべき事、

侍・下人など下っぱの奉公人たちが、町なかで辻切・スリ・盗賊を働いている。それを取り締ま

らねばならぬ。侍には五人組を、下人には十人組を作らせ、それぞれ組ごとに、けっして悪党の所行（辻切・スリ・盗賊）をしませんと誓約させ、連判した書面を提出させよ、というのである。この悪党対策は、上坂・松下など秀吉側近の家来たちのほか、毛利・佐竹などの元戦国大名たちにまで、広く出されていた。この掟を秀吉の悪党停止令と呼ぼう。

治安対策といっても、世の闇にひそむ小悪党やコソ泥が問題なのではない。掟の副状にも「御家中の侍五人、下人十人組の連判、きっと仰せ付けらる」と明記された通り、ここにいう諸奉公人は、侍（足軽・若党）や下人（中間・小者・あらし子）など、大名に抱えられたすべての雑兵たちを指していた。言い換えれば、いま辻切・スリ・盗賊など、悪党のしわざを疑われ糾弾され、厳しく取り締まられているのは、れっきとした「御家中」つまり豊臣大名の侍・下人たちだったのである。

この掟の裏には、侍たちの辻切・スリ・盗賊の横行、つまり平和の街角でくり返される、見境ない殺人や強奪、そして群れをなした盗賊の頻発、という現実があり、それはもっぱら大名家中の奉公人によって引き起こされている、という認識があったことは疑いない。

無数の石川五右衛門たち

都を騒がせた盗人の石川五右衛門が、十人の仲間とともに釜ゆでの刑をうけたのは、文禄三年（一五九四）八月二十四日のことであった。(49)

盗人《スリ》十人・子一人ら釜にて煮らる。同類十九人は、これをはつつけ（磔）に懸く、三条橋の南の川原にて成敗なり、貴賤群集なりと云々、

盗人でスリの父子ら十余人が釜ゆでにされ、そのほかの同類十九人は磔にかけられた、という。石川五右衛門の名はないが、この父子はよほど大がかりな盗人・スリ集団の頭目であったらしい。その日、都人は京の三条河原へ見物に押しかけ、処刑は貴賤群集の目の前で行われた。それは明らかにみせしめの演出であった。

事件は大きな噂になったらしく、エスパニア商人のアビラ・ヒロンも、マニラから日本に着いたばかりだというのに、こんな噂を書き留めていた。京都・伏見・大坂・堺などを、盗賊の一団が荒らし回っていた。彼らは「だれかの財布を切るため」に人々を殺害し、夜明けの街角にはいつも死体がごろごろしていた。また、日中はまじめな商人の服装で歩きまわり、夜になると目星をつけた家を襲った。彼らの頭目は十五人いて、それぞれ三十〜四十人の一団を率いていて、彼らはいわば「一つの陣営」であった。捕まった頭目たちは生きたまま油で煮られ、身内はすべて磔になった。

またイエズス会のペドロ・モレホンも、このヒロンの記事に付けた注で、頭目は石川五右衛門といい、一党は「兵士のようななりをしていて、十人か二十人の者が磔になった」と書いていた。(50) 石川五右衛門の名がわかるのは、彼のおかげである。彼らは明らかに武装し組織された悪党の軍隊であった。秀吉の掟が「辻切・スリ・盗賊」を取り上げたのも、この現実があったからであろう。

スリというのは、もともと集団で大名に雇われていたスッパ・ラッパの仲間が、分かれて単独で行動するようになったものだ、というのが通説だが[51]、戦国のスリは群れてのし歩いていたらしい。九州の「相良氏法度」三九条は、「すり取りの事、くみ候てすり申し候あいだ……」と警戒する。厄介なのは訓練された組織でスリを働く連中で、そんな荒っぽい悪党の群れが、戦国初めの相良領に出没して、町場の人々を悩ませていた。

『甲陽軍鑑』も「奉公人の悪事九か条」に盗みや辻切をあげ、「すり・がんどう（強盗）のわざ」は「ほんの武辺をしかと存ぜざる」下々の侍のやることだ、と非難していた。毛利輝元も普請掟七か条で「無奉公のいたづら者」を排除せよ、「すり」にやられても深追いするな、夜中に出歩くな、と定めていた。都の普請場の頽廃ぶりが顕わである[52]。

石川五右衛門の一党が釜ゆでにされる前の年十月には、夜の京の町で辻切が起き、奉行所は町々の探索に乗り出し、「本百まんべん町南のつじにて、今夜人をきり申す事、……きうめい仕り候えども、一円存ぜず」と誓う一札を求めていた[53]。

いま秀吉の平和の街角に戦場の濫妨人たちが姿を現し、その悪逆・悪党ぶりが、世の厳しい弾劾にさらされていた。みせしめの大釜ゆでにもかかわらず、第二・第三の石川五右衛門は、侍・下人などの武家奉公人の中にいくらでもいる。それが秀吉の「掟」の認識であった。秀吉の平和後の日本は、都市の治安の面でも、大変な難関に直面していた。

この「都市の辻切・スリ・盗賊」法と、先に見た天正十四年の「村を出て行く侍・中間・小者・

百姓」の法を、重ね合わせてみると、秀吉の平和が直面した都市への激しい人口集中と、それによる都市治安の悪化と農村の過疎化、という構図がくっきりと見えてくる。

奉公人たちの五人組・十人組

いったい秀吉は、この事態にどう立ち向かおうというのか。

「御掟」の第二条。

一、侍五人・下々十人より内のものは、有り次第、くみたるべき事、

それぞれ大名の家中で侍五人組・下人十人組を作り、もし員数にはんぱが出たら、定員未満で組を作ってもよい、と。

軍書の伝えに、馬泥棒が奉公人の中にいる、とにらんだ武田信玄は、犯人を摘発するのに、「人数帳を取り寄せ、侍を十人づつ組ませ、御あらため」を行い、みごと盗人をつかまえた、とある(54)。泥棒の侍（足軽や若党）探しに十人組を作るというのが、秀吉の掟に似ている。この仕組みは秀吉の発明ではないのかも知れない。

秀吉はこの侍五人組・下人十人組を、単に連判誓紙を出す（連判を続《つ》ぐ）ために作らせたのではなく、しっかりした組織に仕上げようとしていた。さしあたりの狙いは、侍五人組・下人十人組を、

日ごろの行動を互いに監視させる組織とすることであった。だが究極には、もともと流動してやまない悪党の集団でもあった侍や下人たちを、大名たちに掌握させよう、と狙っていたのではないか。そう推測するのは、この掟が秀吉の海賊停止令とよく似ているからである。それは後にふれよう。

「御掟」の第三条。

一、みぎの組にきらわれ候ものの事、小指をきり、追放すべき事、

ふだん傍輩《ほうばい》から嫌われている者は、組に入れず、小指を切って追放せよ、という。組員の数ばかりか、質も問題にしているのである。おそらく指詰めの処分というのは、武家奉公人の世界から永く追放しようという、排除の烙印であったろう。

「御掟」の第四条。

一、右の組中、悪逆仕るもの、組中より申し上げ候わば、かの悪党成敗を加え、組中は異儀あるべからざる事、

もし組員が悪逆を働いても、組が自発的に密告すれば成敗は本人だけとし、組の責任は問わない、という。密告した者を免責とするのは、組織の自浄作用（カタルシス）に期待する、中世風の習俗

であるが、それを裏返せば、厳しい連帯責任が本来の狙いであったことになる。

「御掟」の第五条。

一、組の外より申し上げ候わば、悪党一人について、金子二枚宛、かの悪党の主人より、訴人に褒美として遣すべきの事、

逆にもし組の同輩が知らぬ振りをしていて、外から訴えられたら、その悪党（犯人）を雇っていた主人は、悪党一人につき金二枚ずつ、訴人に報償金として払え、と定めていた。このことを「高札」に掲げて、広く一般の協力を求めよ、と副状でも指示していた。秀吉は侍五人組・下人十人組そのものだけでなく、雇い主の武家にまで、報償金＝罰金の責任を負わせようとしていた。罪の密告に懸賞金を出すのも、それを高札で公示するのも、中世以来の検断の習俗そのままである。(55)

「御掟」の第六条。

一、今度、御掟に書立てられ候侍・下人、自今以後、他の家中へ出るべからず、ただし、本主人同心の上は、各別たるべき事、

この「掟」の請書に名を連ねた、五人組・十人組の侍や下人が、勝手に他の家中へ移ることを禁

じる。ただし主人が同意なら構わない、という。これまた戦国の初め以来、天正十九年八月令に到るまで一貫して受け継がれてきた、奉公人習俗の鉄則である。だが、せっかく連帯責任の組を作っても、これでは骨抜きに等しい。秀吉にも、中世以来の侍や下人の流動をくいとめる、有効な手立ては何もなかったようである。

最後の第七条はいう。

一、咎人《とがにん》成敗の事、夜中そのほか、みだりに誅戮《ちゆうりく》すべからず、その所の奉行へ相理《こと》わり、申し付くべし、其時にいたり、すまい、了簡に及ばざる族は、則刻相届くべき事、

悪党を働いた者を処刑するときは、あらかじめ所の奉行人に断ってから執行し、抵抗されてやむを得ないときは、事後ただちに報告せよ。家中の悪党といえども、勝手に成敗するなというのである。私的な制裁の禁止。それは秀吉の平和の鉄則であった。

戦争帰りの傭兵（戦場の日雇い）たちの始末をどうするか、戦場と日常が混在する中世的な時空をいかにして断ち切るか。この新たな課題が「秀吉の平和」の社会に突きつけられていた。

奉公人の連判と海賊の誓紙と

この掟を見て私は、天正十六年七月付けの秀吉の海賊停止令を思い出す。というのは、掟の冒頭

「連判を続ぎ、みぎの悪逆（辻切・スリ・盗賊）仕るべからざる旨、請乞《うけこ》い申すべし」という指示が、先に見た同十八年八月の奥羽盗人停止令（二四九頁参照）や、「海賊仕るまじき由、誓紙申し付け、連判をさせよ」という海賊停止令の第二条と、文脈が驚くほどよく似ているからである。[56]

この請乞は、請取とも書かれ、「誓約すること」を表す日常語であった。よく当時の誓約書（起請文）に「たしかに御請乞い申し上げ候事」などと明記されるのがそれである。請乞（「肯《ウケゴウ》ふ」も同じ）には「他人の要求に承諾の意を表明する」という意味が、また請取には「ある仕事の遂行を責任をもって引受ける」という意味があった。[57]法の遵守を誓う請状《うけじょう》の習俗と見てもよい。

しかし、秀吉が海賊たちに求めた連判の誓紙は、「浦方の者ども賊船御停止の誓紙」とも呼ばれたが、ただ海賊停止の法を守ります、と誓わせるだけの請状ではなかった。第二条に「国々浦々の船頭・猟（漁）師・いづれも船つかい候もの……相改」めと記された通り、明らかに広く海民たちの「改め」、つまり調査・掌握をその究極の狙いとしていた。

秀吉がこの盗賊掟第一条で「諸奉公人、侍は五人組、下人は十人組に、連判を続ぎ、……請乞い申すべし」といい、それを第六条で「御掟に書立てられ候侍・下人」と呼んだところにも、海賊と同じく流動してやまない武家奉公人を、「侍・下人が組ごとに署名捺印した名簿」の形で掌握したい、という意図が表れていた。単に「辻切・スリ・盗賊」の禁令を守りますと誓うだけでは、ほとんど実効のない、一片の紙切れに過ぎないからである。

海賊の調査と奉公人の調査が、共通した方式によって、つまり武士の分限帳や、奉公人・町人・

百姓を含む町村住人の家数人数帳の作成とはまったく切り離して、「侍・下人が組ごとに連署捺印した名簿」という、独自の体系をもって実施されようとしていた。

その最大の理由は、おそらく両者に共通する、殺し屋・盗賊的な性格、流動的かつアウトロー的な性格に求められよう。おそらくそれは、都で悪党・悪逆のレッテルを貼られた諸奉公人と、海賊を働くのを禁じられた海賊との、もともとの深いつながりに由来していた。勝俣鎮夫氏によれば、中世の海賊は海の侍だったのである。(58) 秀吉はもともと悪党的・流動的な傭兵＝下級奉公人たちを、組に編成し登録して、組織的に掌握したい、と狙っていたのではないか。

下人十人組から京の町の十人組へ

ところで、この慶長二年の掟から六年経った、慶長八年（一六〇三）七月頃、徳川家康はこの十人組の制を、盗賊の横行する京・伏見の市民の中へ持ちこもうとしていた。それは秀吉の掟が都市法だったという証拠でもある。その原文は未詳だが、次のような情報がある。

①この年、京都町人を十人組ということあり。将軍の仰せによってなり。洛中の上下は迷惑す。十人のうち一人悪事を犯せば、九人の者に同罪を与うべきの由なり。これは京・伏見そのほか辺土に盗賊乱行せしむのあいだ、政道のためにかくの如し。然れども、福人は貧人に組むことを愁い、財宝を他所へ運送し置かしむ。このまつりごと、洛中において先代聞かざるの由……。(59)

②京中市街の市人を十人づつ党を定められ、その党中に一人も悪行の者あらんときは、同じ組のものことごとく同罪たるべし、と令せらる。これは、京・伏見このごろ盗賊横行の聞えあるにより、陶冶せられんがためなり。[60]

京・伏見をはじめ各地に、盗賊が横行しているというので、将軍になったばかりの徳川家康の命令で、京の市民に十人組を作らせ、犯罪は組全体の連帯責任とした。ところが洛中の住民はこれに迷惑し、強く反発した。ことに金持ちは、もし同じ組の貧民が盗賊などの罪を犯せば、連帯責任の巻き添えで、家財を没収されてしまうと恐れ、財産をよそへ運び出して隠し始めていた、という。

その年の八月七日、京都の冷泉室町の東縁では、一番与《くみ》・二番与・三番与と、それぞれ九〜十人が三つの与（組）を作って、三つの組の名簿を奉行に届け出、あわせてその日、所司代板倉の定を守り、けっして賭けごと・女房狂い・悪事・奉公人の宿・酔狂をしない、という「惣町として定条々」をまとめて、末尾に誓約書（起請文）を組ごとに連署して取りまとめていた。[61]

九月十日には、京の中立売町も、「もし町中の家与十軒のうち一軒でも、悪者に宿を貸したり、自分でいたづら（悪事）をしたら、のこる九軒が責任をもって対処します」と奉行所に誓わされていた。[62]その十二月、冷泉町二番組の家主長次郎は、「今度、公儀より拾人与（十人組）の儀、仰せ付けられ」、新たに組頭を引き受けたのか、請人二人を立てて、「与（組）中」に迷惑（過怠銭）はかけないと、町惣中宛てに誓約書を書いていた。ひどく市民に評判の悪い施策であったが、十人組作りは強行され、治安維持の誓いと抱き合わせにして、推し進められた様子である。

その十年後、慶長十八年（一六一三）九月に冷泉町の書いた誓約書にも、もし背いたら「拾人組、同一町ともに、如何様にも御成敗」を、と明記していた。(63) 京の治安維持のために、十人組と町共同体がともに機能するよう、二重に仕組まれていたのであった。この組は、町内の家持の町人だけを、軒並みに十軒ずつ、機械的にまとめて作られたものらしく、借家人はその中に埋めこまれていた、と見られている。

なお、この十人組の制は、大坂夏の陣が終わった元和元年（一六一五）十月、敵方の残党や牢人の取り締まり、という新たな課題を担って再編成された、という。機械的な組み合わせはやめて、五人でも八人でも、町内の実情に合わせて、無理のない組わけに変えて、機能しやすいようにする、というのが再編の骨子であった。その翌年五月には、京のある町の九兵衛夫婦が、放火犯を匿ったという理由で、監視を怠った十人組ともども、所司代によって成敗されていた。こうして十人組は都市の暮らしに入りこみ、確かに機能を果たし始めていた。(64)

秀吉が直面していた「辻切・スリ・盗賊」問題は、実は都市の治安問題だった。稼ぎ場だった戦場の閉鎖ののち、都市が新たな稼ぎ場として登場し、「秀吉の平和後」の矛盾の焦点もまた、都市に集中し始めていた。一切の原因はそこにあった。秀吉はそのために、侍五人組・下人十人組を組織し、家康もこの下人十人組の制を、京都の治安維持のため一般市民に及ぼしたのであった。

〔注〕

（1）折口信夫「ごろつきの話」一〇「人入れ稼業の創始」三三三頁（『折口信夫全集』第三巻、中央公論社、一九六六年）。なお、引用は通用の仮名遣いに改めた。

（2）宛所は蔵入地代官の太田又介・称名寺・速水甲斐守・野村紀伊守、東京大学史料編纂所謄写本「平埜荘郷記」下、「大坂ヨリ触状ノ一通」と付記。なお勝俣鎮夫『戦国法成立史論』（東京大学出版会、一九七九年）二六六頁は、豊臣政権の「兵農分離」の原則として、この連署条目に注目し「主をもち軍役を負担するか否かが、兵と農の区分の基準であった」とする。高木昭作氏もこれを浪人停止令と呼び、いわゆる身分法令の先駆的なものと判断している（『日本近世国家史の研究』、Ⅸ章二七九～二八一頁、岩波書店、一九九〇年）。なお本章の史料検索は中村吉治『近世初期農政史研究』（岩波書店、一九三八年）に負うところが大きい。

（3）注（2）前掲高木昭作書Ⅻ章二七三～二七六頁参照。

（4）同右、三五一～三五四頁参照。

（5）「吉川氏法度」第六五条「毒害事」、「相良氏法度」第三七条「素人祈念医師制禁事」（『中世法制史料集』）。

（6）安野真幸「『相良氏法度』の研究（二）――〈スッパ・ラッパ〉考」（弘前大学教養部『文化紀要』四〇）四七頁。

（7）天正十九年八月廿一日、豊臣秀吉朱印「定」三か条、「浅野家文書」二五八、「小早川家文書」一―五〇四、「毛利家文書」三―九三五ほか「吉川家文書」「立花文書」等多数。

（8）本書は主に以下の研究に学んだ。①三鬼清一郎「人掃令をめぐって」『名古屋大学日本史論集』下、一九七五年。②峯岸賢太郎「幕藩制国家の確立と身分体系」（『歴史学研究』一九七七年別冊）、同『近世身分論』九九頁。③注（2）前掲高木昭作書Ⅸ章。④勝俣鎮夫「人掃令について」（東京大学教養学部『教養学科紀要』九二、一九九〇年）。⑤久留島典子「『人掃令』ノート――勝俣鎮夫氏の所論によせて」、永原慶二編『大名領国を歩く』吉川弘文館、一九九三年。⑥勝俣鎮夫「『身分統制令』と『人掃令』」（『歴史と地理』四六〇、一九九三年）。

（9）山川出版社『日本史用語集』（一九九二年版）一〇九頁「身分統制令（身分法令）」。

（10）「芝文書」ほか、藤木『豊臣平和令と戦国社会』（東京大学出版会）一九〇～一九一頁参照。

（11）朝尾直弘「十八世紀の社会変動と身分的中間層」、辻達也編『日本の近世』10「近代への胎動」（中央公論社、一九九三年）六二～六四頁。

(12)藤田恒春校注『増補駒井日記』文禄三年三〜四月の条、一二九〜一三一頁・一六七頁・一七三頁。
(13)安国寺・佐世元嘉連署状、粟屋・桂宛て、「吉川家文書」二—九七五。三鬼清一郎氏は本書の年次を二十年の誤記とする(「人掃令をめぐって」注(8)前掲)。ただし原文書を見る限り、日付だけ改竄・後補と見るのは難しく、三鬼説が成り立つのは全文写しの場合に限られる。
(14)勝俣鎮夫「『身分統制令』と『人掃令』」、注(8)前掲書。
(15)注(8)前掲書『大名領国を歩く』所収論文。「人の動きが激しく、欠落者が集まってくる可能性の高い都市的な場を主として調査対象にしていたと推測できる」(二八九頁)、「都市的な場に対しては、一様に命じられたと推測できる」(二九二頁)というのがそれである。ただし『唐入』という軍事的非常事態にたいする陣夫確保に関する法令」という評価(二九四頁)とは見方を異にする。
(16)宇野日出生「大中院文書について」(『京都市歴史資料館紀要』八、一九九一年)。久留島典子注(8)前掲論文、二八九〜二九二頁参照。
(17)「京都大中院文書」、横田冬彦「秀吉の都市改造と町衆」(『歴史を読みなおす』12「洛中洛外」四四頁写真)による。
(18)京都冷泉町文書研究会編『京都冷泉町文書』第一巻六、五〇〜五二頁。
(19)豊臣秀吉朱印「覚」二十五か条、秀次宛て、三鬼清一郎『豊臣秀吉文書目録』には「尊経閣古文書纂」三四、「豊公遺文」三五六頁を収める。
(20)加藤清正「おぼへ」三十五か条の第十五条、西村清氏所蔵『熊本県史料』中世篇第五、二三三頁、加藤清正文書集一七。
(21)『国史大辞典』「足利義政」の項、芳賀幸四郎氏の執筆、吉川弘文館。
(22)『フロイス日本史』2、一七頁・一一六頁・一二三頁。一五八六年十月フロイス書簡『十六・十七世紀イエズス会日本報告集』第Ⅲ期第6巻、二〇六〜二〇八頁・二二五頁・二四八頁。同第7巻、一二三〜一二四頁。同第Ⅰ期第2巻、二三一頁。
(23)小葉田淳編『大和田近江重清日記』、日本史研究会。
(24)中井信彦・高橋正彦編「大工頭中井家文書」(一)〜(一五)二八四、『史学』三七巻一号〜四六巻一号。

(25)「当代記」巻三、『史籍雑纂』二、六八頁。なお玉井哲雄「都市の計画と建設」・横田冬彦「城郭と権威」(岩波講座『日本通史』11、近世1、一九九三年)に詳しい。
(26)Aは年未詳、二月十日、前田玄以折紙、正内・北山・南禅寺門前・東九条・ぬかの辻子・梅津・東寺・八条・妙心寺門前・龍安寺門前・鞍馬宛て「妙心寺文書」七―二七。Bは年未詳二月十五日、徳善院玄以・長束正家・石田三成・増田長盛連署書状、上坂八右衛門尉宛て、「上坂文書」一―三〇号。なお注(2)前掲中村吉治『近世初期農政史研究』二二九～二三〇頁、脇田修『近世封建社会の経済構造』二四五頁以下参照。
(27)三鬼清一郎氏も慶長二、三年と推定している(「豊臣秀吉文書に関する基礎的研究」『名古屋大学文学部研究論集』史学34、八頁)。
(28)「徴古存墨」五、『新潟県史』資料編5、中世三、三六四二。
(29)「当代記」巻三、『史籍雑纂』二、七〇頁。
(30)浅井村物百姓中宛て、「参州岡崎領古文書」下、内閣文庫所蔵。
(31)天正二十年二月十五日前田利家書状、高畠石見守宛て、「高畠氏蔵文書」『加賀藩史料』一、四三七頁、慶長十三年二月十四日定書、同二、三六頁。
(32)注(27)前掲三鬼清一郎「豊臣秀吉文書に関する基礎的研究」『名古屋大学文学部研究論集』史学34、九頁。
(33)脇田修『秀吉の経済感覚』(中公新書、一九九一年)六～一四頁。
(34)吉田伸之「日本近世都市下層社会の存立構造」(『歴史学研究』五三四、一九八四年)五～六頁。
(35)「竹森家文書」『福岡県史』近世資料編七〇八号、上四一一頁。福田千鶴氏のご教示による。
(36)「三輪家伝書」『加賀藩史料』一、六一一頁。注(2)前掲中村吉治『近世初期農政史研究』二二一～二二五頁以下。田中圭一『佐渡金銀山の史的研究』四四～四七頁、刀水書房、一九八六年。なお「渡海ノほり子ニ一人ニ付て五貫めづつ」を、中村氏は「役銀」といい、田中氏は「渡りの役」としている。
(37)慶長十年八月廿八日堀秀治書状、出雲崎町鳥井儀資氏所蔵文書、注(36)前掲田中圭一書、四五頁から再引。
(38)慶長十五年二月八日、藤堂高虎書状、「藤堂文書」一『三重県史』資料編1、八一五頁。
(39)注(33)前掲脇田書一二～一三頁。
(40)第五条「池田利隆法令」(武州様法令)、大日本史料一二―五、慶長十二年雑載、三二〇頁。

(41)注(24)前掲「大工頭中井家文書」三三一。
(42)木越隆三「郡役と村の日用」『北陸社会の歴史的展開』、一九九二年。
(43)脇田修『近世封建社会の経済構造』二五一頁、同『日本近世都市史の研究』二四八頁。『御触書寛保集成』一二二九、第四条、六三〇頁。
(44)善積(現姓松尾)美恵子氏「手伝普請一覧表」(『学習院大学文学部研究年報』15、一九六八年)。同氏のご好意で訂正本を使わせていただいた。
(45)一五九六年度年報補遺『十六・十七世紀イエズス会日本報告集』第Ⅰ期第2巻、二七八頁。
(46)「当代記」巻三、『史籍雑纂』二、六九頁。
(47)①上坂八右衛門尉宛て、「上坂文書」一、折紙、副状とも。②宛所なし写、「毛利家文書」三―一一一五。③松下石見守宛て、『豊公遺文』五七五頁。④前欠か「承天寺文書」一三、『広島県史』古代中世資料編Ⅳ、八八一頁、原本写真は外園豊基氏のご教示による。それぞれ文言に小異。⑤三月十七日、常陸侍従(佐竹義宣)宛て、副状のみ伝存。なお、三鬼清一郎氏は特定の大名に宛てたものと見ている(注(27)前掲論文八頁)。
(48)「芝文書」「大阪市立博物館所蔵文書」、藤木『豊臣平和令と戦国社会』一八九〜一九一頁。
(49)大日本古記録「言経卿記」六、一三四頁。
(50)以上、ヒロンとモレホンの情報は『日本王国記』(大航海時代叢書Ⅺ)二二六〜二二七頁。
(51)注(1)前掲折口信夫「ごろつきの話」三〇頁、千葉徳爾『たたかいの原像』(平凡社選書)二一頁など。
(52)『甲陽軍鑑』下、二九五頁・三五九頁、『福原家文書』上巻、四八四頁。
(53)「大中院文書」⑤―2、注(16)前掲宇野日出生論文、八七頁。
(54)北条・武田軍の武蔵松山城攻めのエピソード『甲陽軍鑑』下、三〇二頁。
(55)藤木「落書・高札・褒美」『戦国の作法』(平凡社ライブラリー)参照。
(56)注(10)前掲藤木書『豊臣平和令と戦国社会』第四章「海の平和令＝海賊停止令」参照。
(57)天正廿年五月廿一日付け、伊達政宗代官石田宗朝の人掃起請文『貞山公治家記録』一八、上。『時代別国語大辞典』室町時代編一。
(58)勝俣鎮夫「日本中世の海賊と商人」『商業交易と生活習俗の変容』東京大学教養学部、一九九四年。山本隆志氏のご教示による。
(59)「当代記」巻三、『史籍雑纂』二、八二頁。
(60)「徳川実紀」一、『国史大系』一〇〇頁下段。
(61)注(18)前掲『京都冷泉町文書』第一巻、一八・一九、五八〜六〇頁。
(62)「諏訪家文書」『史料京都の歴史』七、上京区編。
(63)注(18)前掲『京都冷泉町文書』第一巻、一号の括りつけ文書一三頁、二四・三一、一〇五〜一〇六頁。
(64)鎌田道隆「京都における十人組・五人組の再検討」(『京都市歴史史料館紀要』三、一九八六年)。清水克行氏のご教示による。なお都市の治安維持の十人組(拾間組)は元和三、四年の長岡領新潟町にも見え(『新潟市史』資料編2)広く行われた形跡がある。田所和雄氏のご教示による。

エピローグ──東南アジアの戦場へ

日本軍、ルソンに侵攻か──マニラ総督の危機感

征韓役に従軍せし日本兵約十万人は、いまや無為にして貧困である。中には黄金にたいする欲望のため、かねがね彼らが垂涎《すいぜん》している、本島に侵入せんと企てる者もある。(1)

秀吉が死んで日本軍が朝鮮から撤退した翌年、一五九九年（慶長四）七月、スペインのマニラ総督テリョは国王に宛てた軍務報告で、日本情勢の変化に警戒感をつのらせていた。朝鮮の戦場から放り出された日本の兵士たちは行き場を失い、新たな稼ぎ場を求めて、わがルソン（フィリピン）を狙っている、というのである。

折からルソンには、森林の伐採や土木工事や舟漕ぎや戦闘など、荒っぽい力仕事に安い金で雇われる、貧しい日本人の日雇いや傭兵たちがいくらでもいたし、スペイン人の家庭にも日本人の奴隷が非常に多く、マニラの治安を脅やかすほどの大集団となっていた、という。(2)

このマニラ発の日本分析は、つい日本の中のことばかり考え、一国史観に陥りがちな私に、大きな衝撃を与える。朝鮮に持ち出された日本の巨大な戦争エネルギーは、次は東南アジアに向かって押し寄せ、すでに在住する日本人傭兵や奴隷たちも、呼応して反乱を起こすおそれがある。マニラ総督がたとえ一時にもせよ、そう緊張したことは事実である。

同じ頃、詳細な中国報告をまとめた、スペイン人のメンドーサの日本観も鋭い。内戦の止むときのない日本人は、耕作や播種よりも戦争に熱中して、たえず武芸と掠奪に鍛えられていて、これまでに幾度も中国やフィリピンを襲い、近隣諸国に恐怖を与えている、と語っていた。これに注目した真栄平《まえひら》房昭氏は、日本がアジア隣国にこれほどの軍事的な脅威感を与えた歴史的な背景には、狂暴な倭寇の侵略があったようだ、と見ていた(3)。

実はもっと早くからルソンには、しばしば日本人来襲の警報がもたらされ、さらに秀吉が天正十九年(一五九一)から文禄二年(一五九三)にかけて三度も、原田らを使者として入貢を求めたことで、ルソンは一挙に緊張を高めていた。すでに一五八三年六月、マニラ総督は、国王に「日本人は、この地方において、もっとも好戦的な人民である」と報じていた。また秀吉のマニラ遠征計画を知って、一五九二年の初め頃、「日本人敵兵来襲の懸念は各方面に於いて確認される」と軍務当局やマニラ市会に告げ、日本船の臨検、マニラ在住日本人の強制隔離や武器没収など、真剣な対策を求めていた(4)。あたかも秀吉が朝鮮侵略に乗り出した頃であった。

朝鮮から中国へ軍事行動を起こした秀吉は、その目を内陸の北京よりも、むしろ東シナ海をのぞむ寧波《ニンポー》に向けていたし、朝鮮侵略と並行して、東南アジアのルソン（フィリピン）・インド・高山国（台湾）などへも服属の脅迫文を送りつけていた。

これまで私たちは、その空しい結末だけを見て、「秀吉の見果てぬ白昼夢」として片付けてきた。だが、もし通俗の予定調和を排して、マニラの緊張の側から見たらどうなるか。秀吉が海賊停止令を通じて日本海域の倭寇世界をまとめあげ、その力をあげて強行した朝鮮への軍事行動は、一連の脅迫文書とともに、これら諸国に東南アジア世界への日本の殴りこみと受取られ、朝鮮の次はルソン・台湾、という強い警戒心と緊張を植え付けていた。一方、東南アジア世界の新たな再分割を目指す、ポルトガル・スペイン、イギリス・オランダの兵站基地として、日本は重要な位置を占めようとしていた。

しかし、その内奥に迫るのは、もはや私の力を超える。だが日本の戦場閉鎖後、海を越えて東南アジアに渡った日本の海賊・悪党・傭兵たちや戦争奴隷たちの行方を、見捨てるわけにはいかないだろう。耳慣れた海外雄飛論の幻想の彼方に、いったい何が見えてくるか。

よりどころの一つは、岩生成一《いわお》氏の研究である(5)。そこには、十六世紀末から十七世紀初頭にかけて、どれほど多くの日本人が東南アジア世界に散っていったかについて、数々の貴重な証言がある。その二は、日本人奴隷輸出問題を追究した岡本良知氏の研究で、ポルトガル側から衝撃の情報がつぎつぎに明らかにされる(6)。その三は、加藤栄一氏の近年の達成で、この時期の日本が、東南アジアで激突するスペイン・ポルトガル、オランダ・イギリスの戦略拠点とされ、傭兵や武器などの供給

に、どれほど重要な役割を担わされたかについて、オランダ側から迫力に満ちた追究がある。(7)

日本人の傭兵と奴隷

さて、十六世紀末から海を渡った日本人の総数は、とても特定できないが、おそらく十万人以上にのぼり、東南アジアに住み着いた人々もその一割ほどはいた、と岩生氏は推定する。そのうち、自ら海を渡ったのは、海賊・船乗り・商人、失業者・追放キリシタンなどで、また西欧人に雇われて渡海したのは、伝道者・官吏・商館員、船員・傭兵・労働者・捕虜・奴隷など、じつに様々であった。(8)

海外に流れた日本の若者は、鉄炮や槍をもって戦争に奉仕する「軍役に堪える奴隷」「軍事に従う奴隷」として珍重された。一五九八年にイエズス会の出した破門令決議書も、そうした東南アジアに暮らす日本人奴隷の日常を、少年は剽盗《ひょうとう》となって掠奪を働き、少女は不品行に身を委ね、初めからアジア漂泊を志して奴隷となり、解放後に放浪する者も少なくなかった、と見ていた。(9)

傭兵ときくと、私たちはF・フォーサイスの小説『戦争の犬たち』に登場するような、西欧の傭兵たちを思い浮かべ、日本人傭兵ということばにはなぜか違和感を覚える。しかし、イエズス会のカブラルは、すでに一五八四年（天正十二）、日本人を雇い入れて中国を武力で征服しよう、「彼らは打続く戦争に従事しているので、陸・海の戦闘に大変勇敢な兵隊」だ、とスペイン＝ポルトガル国王に提案していた。(10)

一五九二年（文禄元）、マニラ市外の日本町区域に隔離された日本人奴隷や傭兵たちは、一六〇三年（慶長八）中国系住民の大暴動が起きたときには、四百～五百人が総督に雇われて、その鎮圧に駆使され、先住民の反乱の抑えにも利用され、自らも暴動をくり返すようになっていた(11)。一六二〇年代のマニラ近郊に住む日本人は、実に三千人にも達していた、という(12)。

無数の山田長政たち

日本人傭兵たちのマニラでの評判はひどかった。有害なる国民にして、不面目な罪を犯し、多大なる害毒を流す。中国人よりもさらに不穏にして好戦的で、しばしば戦いをもってこの国を脅やかし、掠奪のためにきた彼らの船で、この国と海岸を荒らし廻った(13)。

そうした日本人の一人に、シャム（タイ）で暴れまわった山田長政がいる。彼は「海外に雄飛する日本人」の代表格として、いまも日本史の教科書に登場する。シャムの内乱に雇われ、日本人傭兵隊をひきいて活躍し、ついに毒殺された彼は、日本では徳川方の小大名大久保《おおくぼ》忠佐《ただすけ》に仕えた六尺、つまり主人のカゴをかつぐ下僕であったという(14)。日本人傭兵たちの源流がしのばれる。

一六〇八年（慶長十三）八月、マニラで日本人千五百人もの大暴動が必至、という形勢になると、総督は日本人すべての退去を命じて幕府に「当所に数年逗留の日本人のいたずらものども」によって「所々騒ぎにまかり成る」と強く抗議した。しかし日本側（家康・秀忠）は外国への介入を慎重に避けて、「近年、その国に到る日本人の悪逆をなす輩は、呂宋《るそん》法度《はっと》の如く、成敗いたさるべし」

とつっぱねていた。暴逆の日本人は現地ルソンの法で処罰してもいい、日本はあえて口出ししない、というのである。[15]千五百人もの在留日本人は、幕府の保護を失い、いわば棄民の運命にさらされたことになる。

一六一五年（元和元）末、マニラ総督が十五隻の艦船を率いて、モルッカ諸島のオランダ軍を攻撃した。日本では大坂戦争の終わった直後である。このとき総督は、五百人の日本人を一人あたり三クワルテの薄給で雇い入れたが、暴れ者ばかりで統制がとれず、ついにシンガポール海峡で陸に追放していた。日本人傭兵たちはスペイン側に雇われながら、敵のオランダ軍に情報を流したり、オランダ軍の救援にまわったりした、という。[16]

一六二一年（元和七）、イギリス側の情報によれば、日本からモルッカ諸島のオランダ要塞に向かったジャンク船は、五百人の日本人傭兵と多量の食糧・軍需品を積んだまま、日本の海岸に座礁していた。これら多数の日本人たちは「オランダ人の使役に服して、日本から運ばれしもの」であったというから、傭兵といっても、その実は金で買われた奴隷たちと変わらなかったらしい。

こうして、金で買われた日本人の傭兵や日雇いたちはとめどなく海を渡り、西欧諸国が東南アジア各地の要塞を維持するため、日本で調達する武器・食糧も莫大な量にのぼった。[17]

東南アジアに流れる武器と傭兵

十七世紀の初め、東南アジアの軍事的な緊張のなかで、徳川家康は一貫してどの国とも対外友好・機会均等・取引自由の外交を堅持した。その方針は、ポルトガル・スペインについで、オランダ・イギリスを呼びこみ、日本の海域にも四か国の厳しい緊張が次第に高まっていく[18]。

加藤栄一氏の研究によってオランダの動きを見ると、日本の平戸商館は、オランダ（連合東インド会社）の軍事行動を支える、東南アジア随一の兵站基地と化し、主力商品であった日本の銀とともに、平戸から積み出された軍需物資は、武器・弾薬のほか銅・鉄・木材・食糧・薬品にわたった。

一六一五年末から翌年二月まで、わずか三か月に出港した三隻の船の積荷目録だけで、日本製の鉄炮一二〇・日本刀二二三・槍五七、鉄丸など銃弾約一一万斤、火薬用の硫黄八二五〇斤・硝石二二二五斤などが、平戸からシャム・バンタンに積み出されていた[19]。

とくに注目したいのは日本人傭兵の流出ぶりである。一六一二年（慶長十七）、オランダ船のブラウエル司令官が平戸に入港した。目的は幕府の許可を得て、日本人傭兵を海外に連れ出すことにあった。彼はバンタンの総督にこう報告した[20]。

①我々はいま良く訓練された日本人を使っている。その給与は低く、安い食費で養われている。
②総督の指令通り、三百人もの日本人を送るには、多くの食糧がいる。だからとりあえず六十八名を送る。内訳は、大工九・鍛冶三・左官二、三名の外は、すべて水夫と兵士である。
③家康は必要なだけ日本人を海外に送ることに同意した。日本人傭兵はいつでも手に入る。

同じ頃、平戸商館長のスペックスも、日本人七十人を船で送り出した、と連合東インド会社に報告していた。日本人の傭兵といっても、①によれば、その多くはごく低賃金で雇われた、奴隷的な兵士たちであった。平戸が戦略的な中継基地として重視された要因の一つは、日本が高性能の武器のほか、安い労働力（傭兵）の供給源だったからだという。[21]

また②を見ても、日本人兵士や労働力の需要は大きかった。日本から東南アジアに送られた日本人の中には、職人たちも含まれていたが、大多数は水夫と兵士、つまり海賊的な傭兵たちで、平戸発シャム・バンタン行きの船には、彼らのための武器・弾薬も、かなり積み込まれていた。[22]なお③によると、傭兵の送り出しを幕府も公認していた、という。幕府が見て見ぬ振りをしていたのは事実だが、公認したという証拠は知られていない。

大坂戦争が終わった直後の一六一六年二月末（元和二年正月）、平戸で「バンタン到着後、向う三か年間（連合東インド会社のため）水夫・兵士その他の任務に服す」という契約を結んだ、日本人の名簿が作られていた。それは大坂出身のクスノキイチヱモンを頭人《とうにん》とする、雇われた日本人五十九名の傭兵名簿で、名前・職種・月給・当座の手付け金・請人名などが記されていた。[23]

仮に彼らの名前を手がかりに、その出身を推測してみよう。中にはミゲル、パウロなど、洗礼名だけのキリシタンが十三名ほどいる。だから詳しくはいえないが、カガミキチザヱモンやイチノセシロジローなど姓と名を持ち、侍を連想させるのはわずか三名、ソーヱモン、マゴビョーヱなど、格式ある衛門や兵衛（官途）のつく名で、村のオトナ百姓を連想させる者は十三名である。

残る三十名ほどは、ロクゾー、トメ、ヨサクなど、ごく庶民的な小百姓ふうの名前である。つまり、オランダに雇われた日本人五十九名の少なくとも半数は、ブラウエルが報告の①で書いたのと同じ、低賃金で雇われた奴隷的な兵士たちだったに違いない。彼らはモルッカ諸島・アンボイナ島など、激戦の続くオランダの拠点や船舶に、水夫や兵士として配置された(24)。

岩生氏はこれを契約移民と呼び、契約期限が終わった後は、自由市民として現地で活躍したものが少なくなかった、としている(25)。クスノキイチヱモンなど、姓を持つような頭人クラスはともかく、過半を占める、ロクゾー、トメ、ヨサクのような、小百姓ふうの傭兵たちが、果たして自由市民として活躍の場をもつことができたのであろうか。

武器・奴隷・傭兵の禁輸令

こうして日本の傭兵たちは、東南アジアの植民地奪い合い戦争や植民地の内乱の抑圧に、手先となって大きな役割を果たした。日本の戦略拠点としての役割も、元和六年(一六二〇)末、オランダ・イギリスの連合によって新たに結成された蘭英防禦艦隊が、平戸を母港として展開したことで、頂点に達した感があった(26)。

翌年七月、両国の艦隊は、台湾の近海で捕らえた、日本行きのポルトガル船とスペイン人宣教師を幕府に突きだし、マニラ(スペインの拠点)・マカオ(ポルトガルの拠点)を滅ぼすために、二千～三千人の日本兵を派遣するよう幕府に求めた。イギリス・オランダ対スペイン・ポルトガルの東南アジア戦争に、イギリス・オランダの傭兵として、幕府公認の日本軍を動員しようというのであった。

しかし、もともと友好・中立と交易の安全・自由を原則とし、国際紛争への介入に慎重だった幕府はこれを拒否した。そればかりか、七月二十七日付けで、幕府（将軍秀忠）は突然「異国へ人売買ならびに武具類いっさい差し渡すまじ」という、次の三点を骨子とする禁令を発した。(27)

① ［人身売買停止令］男女を買い取って異国へ渡海することを停止せよ。

② ［武器輸出停止令］刀・脇差、総じて武具の類を異国へ差越してはならぬ。

③ ［海賊停止令］日本人の躰《てい》をまねて、海上でバハン（海賊）をすることを止めよ。

①は秀吉の人身売買停止令の継承であり、幕府の最大の関心は、日本人の海外流出を阻止することにあった。③も秀吉の海賊停止令を承けているが、②は秀吉の先例は知られない。なお荒野泰典氏によれば、①〜③ともに中国の海禁策とも共通し、日本外交だけの特徴ではない、という。

オランダ・イギリス商館の反応

この発令の翌日、オランダ・イギリスの両商館の代表は、松浦隆信邸に呼ばれ、禁令の手交と説明をうけた。オランダ商館長カムプスは、禁令の内容をインド総督にこう報告した。カッコ内に、イギリスの平戸商館長リチャルド・コックスがどう受け止めたかを付記しよう(28)。

①将軍の認めた船のほかは、いかなる方法によっても、男女・子供・奴隷または買い取られた者を問わず、一人の日本人も国外に連れ出してはならない。

(外国人は奴隷を、男たると女たるとを問わず、購入して国外に連れ出すべからず。……日本の海員を我等の船に乗すべからず。)

②鉄炮・刀剣・槍・弓・大砲等や一切の兵粮・軍需品を、国外に持ち出してはならない。

(甲冑・刀・槍・長刀・火薬・弾丸・鉄炮などの武器を、海外に搬出すべからず。)

③将軍の領海内では、日本・中国・ポルトガル等いかなる国の船舶にも、海賊行為を行ない、いささかも損害を与えてはならない。

これで、秀忠令がオランダ・イギリスにどう伝達されたか、がはっきりする。

①の人身売買停止令は、男女・子供・奴隷の別を問わず、あらゆる日本人を買い取って海外に連れ出すことを禁じるもので、②の武器の禁輸令は、刀・脇差だけでなく、甲冑・槍・長刀・火薬・弾丸・鉄炮・大砲など、あらゆる武器・軍需物資が対象とされた。③の海賊停止令は、日本の領海でオランダ・イギリスの船が、日本船・中国船・ポルトガル船に、海賊行為をはたらくことを禁じるもの、とされた。

ここに傭兵のことは明示的には問題にされていない。だが永積洋子氏は、①のオランダ語訳には「雇用であれ、人身売買であれ」と詳しく記されており、この老中奉書（秀忠令）は明らかにオランダ船による日本人傭兵と奴隷の海外連れ出しを主な取り締まりの対象にしていた、と指摘する。[29]

事実、オランダ側（インド総督ヤン・ピーテルスゾーン・クーン）は、「我等ならびにイギリス人が、戦争のため日本人を船にて連れ出すことを禁じたり」と受け止めていた。またイギリス側（コックス）も「日本人を我等の船に乗込ませて連れ出すことを禁じた」ものと解釈していた。[30]

つまり、オランダもイギリスも、買われた奴隷たちだけではなく、金で雇われた日本人傭兵たちも含まれる、と理解したのである。幕府は、奴隷も傭兵も区別はなく、異人に金で買われていく者たちすべてを、①の人身売買停止令で取り締まろうとしたのである。それが日本側の伝統的な人身売買の理解であった。とすれば、秀吉が出した天正十五年の人身売買停止令も、同じ目で見直してみる必要があるだろう。

傭兵禁輸令の衝撃

傭兵の禁輸令がオランダ・イギリスに与えた衝撃は、ことに大きかった。オランダのインド総督クーンは、「このこと（日本人傭兵の禁輸）は、我等にとって不便をきたす」といい、それに代わる多数の兵士を、急いで本国から派遣するよう要請し、日本の商館にも早く有効な対策をとるよう、①〜③のように強く指示した。[31]

①「諸地方（東南アジアの各地）において当面の戦争が継続する限り、日本人がインドの他の国民と同様に役立つことは、何びとも疑わざるところ」だ。日本人傭兵なしではとうてい東南アジアの戦争を戦えぬ。将軍から再び日本人連れ出しの特権を得るよう、あらゆる手を尽くせ。

②さらに日本から「わが城塞や艦船、およびインドの戦争に要する軍需品を十分に供給」できなければ、戦況に深刻な影響を受ける。これ以上、日本貿易が制約されないよう、将軍に請願を重ねよ（武器だけでなく、米麦・葡萄酒・肉類など、食糧の禁輸も噂され、恐慌を来していた(32)）。

③海上のどの地点まで日本の君主の権利と裁判権が及ぶのか、その限界を明らかにせよ。だが、日本の周辺でポルトガル・イスパニアの商船を捕獲することは、われらの立場を危険に陥れる。十分に注意せよ。

オランダ・イギリスの対応は真剣そのものであった。オランダは幕府の真意を「国民をして、外国の戦争のために、大なる危険に臨むことなからしめん」ことにある、と読んでいた。日本からの武器の輸出も、傭兵の連れ出しも、領海での海賊行為も、日本が東南アジアの国際紛争に巻き込まれる可能性をはらみ、その危険はますます高まっていた。現にオランダ・イギリスは、スペイン・ポルトガルの拠点マニラ・ゴアの攻撃に、日本軍の派遣を求めていた。日本はその危険を避けようとしているのだ、というのである。

先に幕府は、マニラ総督から、日本人傭兵たちの島外退去を求められたとき、「現地の日本人の悪逆は、ルソンの法度で成敗を」と答えて、内政不干渉の立場をとっていたが、いまや消極姿勢だけで済まないほど、東南アジアの緊張は切迫していた。オランダ・イギリスの日本軍派遣要請は、公儀の交易権を侵犯するものと幕府は見た、と加藤栄一氏は指摘する。(33)

七月末の禁令(秀忠令)をうけた九州官権の取り組みは、本格的であった。もと海賊大名だった松浦氏によって外国船の臨検が始められ、八月六日、ジャカトラ(ジャカルタ)行きのオランダ船は槍を押収された。翌日には船内の火薬の捜査が行われ、九月十二日には長崎にいたイギリスのフリゲート船から、槍・長刀・刀など千挺余りが没収されたし、その後も武器の押収があいついでいた。(34)

おわりに

凶作と飢餓の続く日本中世の死の戦争は、「食うための戦争」という性格を秘めていた。その意味で、戦場は大きな稼ぎ場であり、生命維持の装置でさえあった。だから死の戦場の閉鎖、つまり秀吉の平和は、たしかに人々に安穏をもたらし、華やかな桃山文化を生み出した。だがその底で、稼ぎ場の戦場を閉ざした、十六世紀末〜十七世紀初めの日本社会は、アジア諸国の戦場と国内の新たな都市へ、金銀山へ、さらに全国の巨大開発へと、奔流のような人々の流動を引き起こしつつ、「徳川の平和」「日本の鎖国」へと向かおうとしていた。

一六二一年(元和七)七月、唐突に日本がとった奴隷や傭兵や武器の禁輸措置は、関ケ原・大坂の戦争を経て、日本国内の戦場が閉鎖された後、徳川の平和の裏で、東南アジアに放出された日本の戦争エネルギーの大きさの証明であり、大規模な戦略物資や傭兵・奴隷の日本からの流出は、東南アジアの軍事的な緊張に日本を巻きこむ形勢を招いた。禁輸令はその危機を回避するための必死の対策であり、戦国以来の日本人の激しい国外流出に歯止めをかける、大きな画期ともなった。

〔注〕

(1)岩生成一『南洋日本町の研究』二三六〜二三七頁、南亜文化研究所・地人書館、一九四〇年。なお引用に当たり通用の仮名遣いに改めた。

(2)同右二八五頁・二八九頁・三〇八頁。

(3)大航海時代叢書Ⅵ『シナ大王国誌』五五三〜五五八頁、真栄平房昭「『鎖国』日本の海外貿易」『日本の近世』1、一三九頁。

(4)注(1)前掲書、二三二頁。岩生成一『鎖国』(中央公論社、日本の歴史14、一九六六年)九七〜一〇七頁。

(5)注(1)前掲書参照。以下、文献・史料の検索に森弘之氏・荒野泰典氏のご教示を得た。

(6)岡本良知『十六世紀日欧交通史の研究』、一九三六年初版。一九七四年、原書房復刻版。

(7)加藤栄一『幕藩制国家の形成と外国貿易』、校倉書房、一九九三年。

(8)注(1)前掲書、九〜一三頁。

(9)注(6)前掲書、七六八頁・七七一頁。

(10)高瀬弘一郎「キリシタン宣教師の軍事計画」四『キリシタン時代の研究』、岩波書店、一九七七年。

(11)注(1)前掲書、二五〇〜二五一頁。

(12)永積洋子「日本町の残照」(『歴史と地理』四六〇、一九九三年)。

(13)注(1)前掲書、二八六頁。
(14)同右一六三頁。十四種の日本史教科書に登場(『日本史用語集』山川出版社、一九九二年)。
(15)「本受寺文書」「異国日記」、大日本史料一二―五、七〇七頁・七一六頁。注(1)前掲書、二五七頁。
(16)注(1)前掲書、二六一～二六二頁。三クワルテの価値は関哲行氏のご教示を得た。
(17)「プレーヤー及ロバートソン編フィリピン諸島誌」一九、大日本史料一二―三八、二〇五～二〇七頁。
(18)注(7)前掲書、二六～二七頁・三二頁・三七頁。
(19)同右四八頁表9、五一頁表10、五三頁表11による。
(20)同右六三頁注16。司令官報告は加藤栄一氏の五九頁訳文を要約。
(21)同右六六頁注51および九六頁。
(22)同右五二頁表11、五八頁。
(23)同右五四頁表12および五八～五九頁。
(24)同右五九頁。
(25)同右五九頁。注(4)前掲書、三四五～三五一頁。
(26)注(7)前掲書、七六頁。
(27)大日本史料一二―三八、一八三～二〇七頁。
(28)注(7)前掲書、九七～九八頁。加藤栄一氏の訳文を要約した。「和蘭国海牙文書館文書」大日本史料一二―三八、一九一頁。「リチャルド・コックス日記」大日本史料一二―三八、一八五頁。
(29)注(12)前掲永積論文参照。
(30)「コーレンブランデル編印度に於けるヤン・ピーテルスゾーン・クーンの業績に関する文書」大日本史料一二―三八、二〇〇頁。
(31)「バレンタイン著新旧東印度誌」大日本史料一二―三八、一九二～一九四頁。
(32)注(28)前掲「リチャルド・コックス日記」大日本史料一二―三八、一九〇頁。
(33)注(31)前掲書、一九三頁。注(7)前掲書、九五～九九頁。
(34)注(28)前掲「リチャルド・コックス日記」大日本史料一二―三八、一八六～一八八頁。

あとがき

先に秀吉の目でみた「戦争と平和」を、こんどは雑兵たちの目で見なおしてみよう。そう思い立ってから二年余りが過ぎた。その二年目は、気ままな遊学の機会にも恵まれ、史料集めに熱中しては古戦場を歩きまわる、という日々を楽しむことができた。重ねて遊学の労をとって下さった、桑山浩然さんに感謝したい。

いつも飢えと戦いに付きまとわれていた日本の中世、その戦場にくり広げられた人や物の掠奪。その戦争の惨禍、ことに戦場の奴隷狩りと雑兵たちの姿を、ありのままに見つめる作業を通じて、中世の戦争と近世の平和のもつ意味を考え続けた。

ただ、最後のまとめには手を焼いた。「中世の戦場」から「秀吉の平和後の社会」(近世)へ、私の興味が自分でも予期しないほどに広がってしまったからである。すっかり先学の研究に助けられたが、よく消化し切れなかった分だけ、これからのナゾ解きの楽しみが増えることになった。

私にとっては二十年ぶりの書き下ろしである。どうにか「戦場論」の試みになったかなとは思うが、「戦争論」にはほど遠い。ただ中世の戦争の意味をまるごと問うことは、とても私の手には負えそうもない。せめて若い読者の方々の手がかりにと、できるだけ詳しい注を各章の末に収めることにした。私の旧著『豊臣平和令と戦国社会』や『戦国の作法――村の紛争解決』の姉妹編として、あわせてお読みいただき、ご批判もいただければ、嬉しいことである。

編集部の能登屋良子さんには、まだ草稿の時から、二度も三度も目を通して助言していただき、また廣田一さんや岡恵里さんの声援にも励まされて、覚束ない推敲を重ねた。初めは、何か文集をというお勧めであったのを、我がままをいって、この書き下ろしを先にすることをお許しいただいた。週刊朝日百科『日本の歴史』26号「一向一揆と石山合戦」(一九八六年)以来の長いご縁である。あつくお礼を申し上げたい。

我がままといえば、もう三十余年このかた、妻の香代子に励まされ支えられて、研究を続けることができた。ことにこの本では、素読みから索引にいたるまで世話をかけた。末尾にささやかな謝辞を添えることをお許しいただきたい。

一九九五年五月七日　妻の誕生日に

藤木久志

朝日選書版　あとがき

『雑兵たちの戦場　中世の傭兵と奴隷狩り』(朝日新聞社、一九九五年)が世に出てから、ちょうど十年がたった。

そのあいだ、思いがけず広い読者に迎えられて、版を重ねながら、そのつど、こまごまとした補訂の筆を加えることができた。

さらにこのたび、朝日選書に収めるにあたって、これまで読者の方々から教えられた知見や、自分でもメモしておいたエピソードなどを新たに加え、さらに原本によって史料の誤記を正すなど、少しは新訂増補版にふさわしいよう、手を加えることに努めた。

もとの本の誕生から、選書への改版まで、すべてをお世話いただいた能登屋良子さんと、『戦国の村を行く』(一九九七年)、『飢餓と戦争の戦国を行く』(二〇〇一年)と本書を、私の朝日選書三部作とするのにご尽力いただいた岡恵里さんに、あらためて、お礼を申し上げたい。

『雑兵たちの戦場』など三部作の反響もあってか、ここ十年の日本中世の戦場論・戦争論の深まりは、目を見張るほどである。それらの成果すべてを、もし本書に反映しようとすれば、新たにもう一冊を用意する必要があるだろう。その営みは、もう若い読者の方々に委ねることにしよう。

二〇〇五年　初夏

藤木久志

戦国期の災害年表――凶作・飢饉・疫病を中心に

（本書第Ⅱ章一〇一～一〇二頁参照）

西暦	年号	災害情報（カッコ内は情報源と発信地域）
一四五〇	宝徳二	諸国疫病流行、京都最甚（京都1）、九月大雪（甲斐2）
一四五一	宝徳三	炎旱（大和1）、夏大雨洪水、洛中人多死（京都2）、北陸疱瘡流行（京都3）
一四五二	享徳一	冬京都・北陸疱瘡流行、小児多死（京都3）
一四五三	享徳二	洪水（能登）、北陸疱瘡流行（京都3）、天下太平徳政（京都2）
一四五四	享徳三	夏長雨（京都4）、大風（能登）
一四五五	康正一	兵革連続（改元）
一四五六	康正二	大餓死（能登）
一四五七	長禄一	病患旱損（改元）、旱損（大和1）
一四五八	長禄二	旱魃（大和1）
一四五九	長禄三	炎旱、凶作（大和1）
一四六〇	寛正一	天下飢饉、疫病、餓死（京都2・3）、旱魃凶作（讃岐）、五穀不実（会津、出羽1）
一四六一	寛正二	天下飢饉、疫病、炎旱、餓死数千人（京都、大和2、紀伊、能登、加賀、上野）
一四六四	寛正五	天下兵乱起こる（京都2）
一四六五	寛正六	六月旱魃、七月大風（肥前）、八月大風雨、大洪水（京都5）
一四六七	応仁一	天下兵乱（改元）
一四六八	応仁二	大洪水（紀伊）、大風、飢饉、疫癘、人多死（松前）
一四六九	文明一	夏大風（上野）、蝦夷乱、飢饉、疫病、人多死（松前）
一四七一	文明三	夏長雨・炎旱、天下疱瘡流行、人多死（京都6・7、上野、会津、松前）
一四七二	文明四	大旱魃（京都6・7）、大旱魃、大飢饉（上野、佐渡、会津）
一四七三	文明五	大旱魃（京都8）、大飢饉、餓死（甲斐2）
一四七四	文明六	大旱魃、凶作（上野）
一四七五	文明七	長雨大洪水（京都9）、疫病流行（京都3）、世上飢渇、人多死（上野）
一四七七	文明九	飢饉無限、小児疫病（甲斐2）、諸国大乱（上野）
一四八一	文明一三	天下疫病流行、人多死（甲斐2）
一四八二	文明一四	大風洪水、凶作飢渇、人多死（甲斐2）、洪水（能登、上野）
一四八三	文明一五	疫病流行（甲斐2）、洪水（京都7）
一四八四	文明一六	大風（能登、常陸、会津）、麻疹流行、小児多死（常陸）
一四八五	文明一七	夏旱魃、秋大雨（大和3）、天下大疫、兵乱（能登）
一四八六	文明一八	天下大疫（甲斐1・2）、大風（能登）
一四八七	長享一	火事、病事、兵革（改元）、疫病、人多死（甲斐2）
一四八八	長享二	疫病流行、人多死（京都3・4・6、甲斐2）、牛馬多死、三日病（出羽1）

一四八九	延徳　一	天変病事（改元）、疫病流行（京都5・6）、天下餓死（能登）、旱魃（常陸）
一四九〇	延徳　二	大風雨、大飢饉、餓死無限（甲斐2）
一四九一	延徳　三	天下疫病、人多死（紀伊、能登）
一四九二	明応　一	天下疫病、飢饉、人多死（京都3・5・6、能登）、大飢饉、牛馬餓死無限（甲斐2）
一四九三	明応　二	洪水（会津）
一四九四	明応　三	旱魃、凶作（京都7、能登、会津）、洪水（肥後）、大地震（会津）
一四九五	明応　四	大風洪水（京都2）、大風、飢饉（甲斐2）、鎌倉大地震（紀伊）
一四九六	明応　五	諸国大旱魃（京都6、能登、会津）、大水大風、凶作（甲斐2、能登）
一四九八	明応　七	諸国餓死（京都10、甲斐2）、大雨洪水（京都2・3）、天下大地震・津波（諸国）
一四九九	明応　八	諸国大飢饉、疫癘流行、人多死（京都3・6、能登、甲斐、会津）
一五〇〇	明応　九	長雨、天下疫病、人多死（京都6・10）、去年より九州飢饉餓死（肥前）
一五〇一	文亀　一	天下大旱魃、飢饉、人多死（京都2、讃岐）、大旱魃、地震（会津）
一五〇二	文亀　二	天下大洪水、人馬多死（京都10）、世中凶作（甲斐2）
一五〇三	文亀　三	天下大旱魃、諸国大飢饉、餓死（京都3・10、紀伊、加賀、上野、日向）
一五〇四	永正　一	炎旱連続（京都11）、天下大飢饉、餓死（京都10・12、紀伊、能登、甲斐2）
一五〇五	永正　二	天下疫癘、多死（京都10・13、能登、甲斐2）、日本国大飢饉（会津）
一五〇六	永正　三	諸国餓死（京都10）、諸国麻疹流行（上野）
一五〇七	永正　四	諸国鼠多し（常陸）
一五〇八	永正　五	長雨凶作（甲斐、会津）
一五一〇	永正　七	長雨洪水（京都11）、大地震、遠江大津波（紀伊、能登、京都14）
一五一一	永正　八	口痺流行、人民多死（甲斐2）、諸国洪水、不作（甲斐2）、飢饉（豊後）
一五一二	永正　九	大飢饉、餓死（京都3・5・10）、疱瘡流行、小児多死（上野）
一五一三	永正一〇	諸国餓死（京都10）
一五一四	永正一一	春飢饉（京都15）、天下大旱魃、大地震（京都3・5）、夏大旱魃（会津、出羽1）
一五一五	永正一二	天下唐瘡（能登）、大風（紀伊）
一五一六	永正一三	甲斐大地震（甲斐2、京都5）、東海道四月大氷雨（上野）
一五一七	永正一四	天下大飢饉（京都16）、大雪、大洪水、五穀不熟（甲斐2、上野）、夏旱魃（常陸）
一五一八	永正一五	大旱魃（紀伊）、天下大飢饉、餓死（京都12・15、紀伊、甲斐1・2、上野、常陸）
一五一九	永正一六	日本国飢饉、餓死（京都3・5・10・15、越後1・2、甲斐2）、大地震（京都5）
一五二〇	永正一七	大雨水損（甲斐2）、大地震（紀伊）
一五二一	大永　一	兵革天変（改元）
一五二二	大永　二	畿内近国、痘瘡死去（京都10）
一五二三	大永　三	都留郡大飢饉、小児疱瘡、死去（甲斐2）
一五二四	大永　四	夏大旱魃（上野）

一五二八	享禄一	炎旱（京都13）、旱魃（甲斐2）、日照（会津）
一五二九	享禄二	三日病、日本国中牛死（出羽2）
一五三〇	享禄三	洛中洪水（京都7、上野）、夏長雨（駿河）、夏天下疫病、人畜多死（甲斐1）
一五三一	享禄四	洪水（肥後）、小児疱瘡無限（甲斐2）
一五三二	天文一	連年兵革（改元）、洪水（肥後）、春夏飢饉、餓死、天下日照、疱瘡（甲斐1・2）
一五三三	天文二	天下日照、小児疱瘡（甲斐2）、五月大雨（甲斐1、京都17）
一五三四	天文三	諸国疫病流行、人多死（京都12・15、紀伊、上野）、餓死、疫病（甲斐2）
一五三五	天文四	大旱魃（大和2、鎌倉、会津）、咳気流行多死（甲斐2）、大風（上野、常陸）
一五三六	天文五	夏長雨、餓死、疫病（甲斐2）、九月大風（肥後）
一五三七	天文六	疫病流行（若狭、甲斐2）、大風大水（肥後）
一五三八	天文七	大地震（紀伊、肥後）、春飢饉（甲斐2）、飢渇（出羽2）
一五三九	天文八	秋蝗害凶作（京都18）、炎旱（鎌倉）、洪水、九月雪降、凶作餓死（肥後、日向）
一五四〇	天文九	諸国大飢饉、疫病（京都15、甲斐2、上野）、大風（紀伊、甲斐2、陸奥、出羽）
一五四一	天文一〇	飢饉、餓死（伊勢、甲斐2）、大風大雨（紀伊、甲斐2、陸奥、肥後）
一五四二	天文一一	秋大風、餓死無限（甲斐2）、大雨洪水（肥後）
一五四四	天文一三	夏餓死無限（甲斐2、豊後）、近畿大洪水（紀伊、上野）
一五四五	天文一四	大旱（大和2、甲斐2）、春飢饉（甲斐2）
一五四六	天文一五	大雨水損、餓死（甲斐2）、大風（会津）、地震（肥後）
一五四九	天文一八	地震（甲斐2）
一五五〇	天文一九	大風、世間餓死無限（甲斐2）、白土降る（上野）、洪水（会津）
一五五一	天文二〇	春中餓死無限（甲斐2）、天下大乱（上野）、虫損不作、餓死、大水（肥後）
一五五二	天文二一	凶作、飢饉（甲斐2、豊後）
一五五三	天文二二	旱魃（甲斐2、肥後）、地震（肥後）
一五五四	天文二三	大旱魃、腹病多死、大風（甲斐2）、加賀白山噴火（美濃）
一五五五	弘治一	兵革（改元）、数年旱魃（遠江）、大雨洪水（肥後）
一五五六	弘治二	咳気流行、多死（京都19）、天下旱魃（常陸）
一五五七	弘治三	天下旱魃、近年無双の大飢饉（京都20、大和2、常陸）、大風不作（陸奥）
一五五八	永禄一	天下大旱魃、餓死（京都12・15、大和2、紀伊、上野、常陸、越後1）
一五五九	永禄二	大旱（京都18、肥後）、長雨、二年荒亡（越後1）、大洪水、三年病流行（甲斐2）
一五六〇	永禄三	水損不作、徳政（越後2）、旱魃・長雨、三年病（甲斐2）、疫病流行（上野）
一五六一	永禄四	天下大疫病、多死（加賀、能登、甲斐2、常陸、陸奥）
一五六二	永禄五	大疫、多死（能登）、稲皆損（甲斐2）、大洪水、水損前代未聞（肥後）
一五六三	永禄六	麦大風損（甲斐2）、大水損（甲斐2）、大地震、大洪水（常陸）、高潮（肥後）
一五六四	永禄七	大洪水（肥後）

一五六五	永禄　八	諸国不熟、万民餓死（美濃）、長雨、不作、飢饉（上野、常陸、陸奥）
一五六六	永禄　九	夏霜大飢饉、天下三分一死（京都22）、旱魃凶作（肥前）、飢饉、人畜多死（陸奥）
一五六七	永禄一〇	大旱魃（大和4）、大飢饉、餓死（会津）
一五六九	永禄一二	三月大霰（紀伊）、四月大雪（陸奥）
一五七〇	元亀　一	七月大風（会津）
一五七一	元亀　二	大疫、疱瘡、小児多死（能登）
一五七二	元亀　三	三～五月霜雹霰（京都23、美濃）、地震（京都23）
一五七三	天正　一	八月大風（京都23）、旱魃、徳政（会津）
一五七四	天正　二	八月霜降、五穀不熟（上野）
一五七五	天正　三	地震（常陸）
一五七七	天正　五	大疫病（能登）、地震（上野）
一五八〇	天正　八	諸国大疫病、多死（京都12・15）
一五八三	天正一一	大水（京都23）
一五八四	天正一二	大地震（京都22、上野）、大旱魃（和泉）
一五八五	天正一三	大飢饉（京都24）、大洪水、地震、人畜多死（京都24、紀伊、美濃）
一五八六	天正一四	地震（上野）
一五八七	天正一五	二～六月大雨、不熟（陸奥）
一五八八	天正一六	七月大雪（美濃）、篠の実成る（上野）
一五九〇	天正一八	八月大風（能登）

情報源

［改元］続史愚抄・皇年代私記　［松前］北海道志　［陸奥］正法寺年譜　［出羽］1羽黒山年代記・2砂越年代記　［会津］塔寺長帳　［常陸］和光院和漢合運　［上野］赤城山年代記　［鎌倉］快元僧都記　［越後］1上杉年譜・2上杉家文書　［佐渡］赤泊村誌　［能登］永光寺年代記　［加賀］産福寺年代記　［美濃］荘厳講執事帳　［甲斐］1向嶽菴年代記・2勝山記（妙法寺記）　［駿河］宗長日記　［遠江］三浦文書　［伊勢］皇継年序　［若狭］若狭守護年数　［京都］1南方紀伝・2立川寺年代記・3年代記抄・4享徳記・5暦仁以来年代記・6親長卿記・7続史愚抄・8新撰和漢合運・9和漢合符・10東寺過去帳・11実隆公記・12皇年代略記・13二水記・14重編応仁記・15分類本朝年代記・16年代記首書・17祇園執行日記・18厳助記・19雍州府志・20続応仁後記・21細川両家記・22享禄以来年代記・23永禄以来年代記・24逸史　［和泉］宇野主水日記　［紀伊］熊野年代記　［讃岐］讃岐国大日記　［肥前］北肥戦志　［肥後］八代日記　［日向］日向記　［豊後］清末文書　［大和］1大乗院寺社雑事記・2興福寺略年代記・3法隆寺文書・4多聞院日記

索　引

史料上の用語を中心に、主な事項を抄出した。
なお→印は送り項目あるいは参照項目を示す。

ア　行

カ　行

サ　行

タ　行

ナ　行

ハ　行

マ　行

ヤ　行

ラ　行

ワ　行

藤木久志（ふじき・ひさし）
1933年，新潟県生まれ。新潟大学卒業，東北大学大学院修了。現在，立教大学名誉教授。文学博士。日本中世史専攻。
主な著書に『豊臣平和令と戦国社会』『村と領主の戦国世界』（以上，東京大学出版会），『戦国の作法』（平凡社ライブラリー），『戦国史をみる目』（校倉書房），『戦国の村を行く』『飢餓と戦争の戦国を行く』『土一揆と城の戦国を行く』『戦う村の民俗を行く』『城と隠物の戦国誌』（以上，朝日選書），『刀狩り』『中世民衆の世界』（岩波新書），『日本中世気象災害史年表稿』（高志書院）など。

朝日選書 777

新版　雑兵たちの戦場
中世の傭兵と奴隷狩り

2005年 6 月25日　第 1 刷発行
2021年 7 月30日　第 9 刷発行

著者　藤木久志

発行者　三宮博信

発行所　朝日新聞出版
〒104-8011 東京都中央区築地5-3-2
電話　03-5541-8832（編集）
　　　03-5540-7793（販売）

印刷所　大日本印刷株式会社

Published in Japan by Asahi Shimbun Publications Inc.
ISBN978-4-02-259877-6
定価はカバーに表示してあります。

落丁・乱丁の場合は弊社業務部（電話 03-5540-7800）へご連絡ください。
送料弊社負担にてお取り替えいたします。